# L'ÊTRE ET LA RELATION

BIBLIOTHÈQUE D'HISTOIRE DE LA PHILOSOPHIE

NOUVELLE SÉRIE

Fondateur : Henri GOUHIER Directeur : Jean-François COURTINE

# L'ÊTRE ET LA RELATION

avec

## TRENTE-SEPT LETTRES DE LEIBNIZ AU R. P. DES BOSSES

Traduites du latin et annotées

par

**Christiane FRÉMONT**

Préface de

**Michel SERRES**

*Deuxième édition revue et corrigée*

PARIS

LIBRAIRIE PHILOSOPHIQUE J. VRIN

6, Place de la Sorbonne, V[e]

1999

*Imprimé en France*
ISSN 0249-7980
ISBN 2-7116-0258-3

# PRÉFACE

Je m'étais trompé, je l'avoue. La démonstration, que j'ai tentée voici douze ans, de systématicité leibnizienne, me semble toujours recevable, mais le système comme tel, espace et contenu, me paraît s'être déplacé par l'effort du livre qui suit. Demeure la rigueur, mais son champ d'action a changé. La tour de Babel, immense, à construire, n'était pas achevée, elle l'est, maintenant. Je m'étais trompé, je l'avoue, j'avais imaginé la pyramide close. On peut dire heureux le chercheur qu'un suivant, sur les mêmes lieux, convainc de finitude et d'inachèvement.

*La deuxième monadologie*

J'avais cru, avec la longue tradition de mes prédécesseurs, que la question de la substance composée restait marginale pour le système. Non, je n'aurais pas dit que Leibniz la posait afin de plaire aux tout puissants jésuites et seulement pour éclairer le mystère de l'eucharistie. Quand un penseur touche profond, il est rare qu'il ait des mobiles médiocres ; pour penser profond, il faut vivre libre des groupes de pression, et Leibniz a ainsi vécu, jusqu'à la misère et l'oubli. La transsubstantiation, d'autre part, m'a toujours paru, elle a paru ainsi à l'histoire de la philosophie, un problème sérieux, central, cardinal, canonique. Nous n'en avons pas fini, encore, avec elle, quelles que soient nos raisons et leurs normes, nous en retrouvons des figures fortes dans la plupart de nos sciences humaines. Mais la *Théodicée* venait de s'achever, la mort se faisait proche, le système avait pris un tour unitaire, nous le prenions tous pour définitif, que faire de notions qui paraissaient surimposées ? De plus, il faut bien le dire, la question était difficile, enchevêtrée, inextricable, il fallait du courage pour s'y lancer.

Deux images, d'abord, alertent, celle de l'écho et celle du lien, ici vues dans leur limpidité. La première, acoustique ou musicale, est du groupe de l'harmonie. Tout ce qui touche à l'harmonie est de l'ordre du système, celui-ci bouge si le modèle change. La deuxième est plus commune, et elle a rapport aux modèles mathématiques. Et c'est là que ce livre m'a convaincu et m'a conduit à voir où j'avais manqué. La substance composée demeure sous lien, sous *vinculum substantiale*, traduit ici avec bonheur *lien substantial*, comme le nombre irrationnel reste sous racine. Dans les deux cas, le même mot est usité, il produit la même inquiétude. Comment une relation peut-elle être substantielle, comment un nombre peut-il être absurde ou irrationnel ? Cependant, il en est ainsi. D'où l'éclair qui déchire notre aveuglement, le système de Leibniz sans la substance composée serait une théorie des nombres où il manquerait la plus grande foule. Il serait plus lacunaire ou moins dense, il ne serait pas fidèle au réel, il y perdrait le continu. Ainsi la monadologie définitive n'est pas celle qu'on lit sous ce titre, elle doit être lue dans la correspondance avec des Bosses, où le vinculum apparaît. Il s'agit, très exactement, d'une découverte. On pourra dire heureuse l'historienne qui, fouillant les décombres laissés, met à jour une plaque de marbre ou un palimpseste, où nous pouvons lire en clair l'inconnu. La première *Monadologie* est atomistique, la deuxième est relationnelle. Comment n'avions-nous pas su lire ce texte, alors que nous savions que le système était celui de la communication des substances ? Il ne serait donc pas un système sans cette monadologie définitive.

### *La deuxième pyramide*

J'avais cru aussi, avec la longue tradition de mes prédécesseurs, que le système de Leibniz était centré sur celui que Pascal a nommé le Dieu des savants et des philosophes, et non pas sur le Dieu d'Abraham, d'Isaac, de Jacob. Rien n'est étranger à cette construction rationnelle comme un quelconque mysticisme. Le système de Leibniz serait, lors, ce que Bossuet appelait une folle anticipation de la vie triomphante. Il faut être convoqué au conseil de Dieu pour écrire sous son point de vue, pour annoncer la monadologie hors le site de la monade, pour la dire le profil sous lequel Dieu perçoit le monde, et pour trouver dans son entendement et sans contradiction, l'université sans borne des vérités vraies. Or cela signifie, en toute exactitude et pour le temps où sa pensée s'exprime, que Leibniz n'est pas chrétien, chrétien comme Pascal ou comme Malebranche. Son Dieu est sans génération, le système comporte une théodicée même, il ne comprend pas de christologie. L'âge des Lumières s'annonce.

Or la méditation métaphysique sur le lien, par l'exemple optimal de l'eucharistie, devient, à un moment, christique. On dira cet exemple optimal pour demander ce qu'il en est de la substantiation. La question est ici posée pour la première fois. Le vinculum est assez fort pour engendrer à partir d'une multiplicité de substances une substance composée, mais unique. Au sens actif du mot, le lien substantie, le lien produit de la substance, il ne la compose pas seulement. Or, à la transsubstantiation, le transport de ce lien a un effet semblable, quoique plus simple encore. Tout le mystère, alors, se retourne, et c'est l'eucharistie qui va illuminer la production de la substance composée. Oui, le mystère est la substantiation, la production de la substance par le lien, par le vinculum, le mystère est la création de l'Être par la Relation. C'est la question métaphysique primitive. Et la seule théologie peut advenir à son secours, non point celle de Dieu, celui que nous croyions le centre du système, mais la théologie de l'incarnation, celle où le Verbe se fait chair. On dira heureuse la philosophe qui a pu construire la deuxième des pyramides leibniziennes, non point celle de la *Théodicée*, où il s'agit des choses et des mondes, mais la pyramide incandescente et transparente des relations où s'appuient l'harmonie, le vinculum, l'eucharistie ensemble. Ce triangle des relations est celui de la création, il a créé les choses et les mondes. Ce triangle des relations, par le travail des relations, est producteur de l'Être même. Il est l'opérateur d'engendrement. Il s'auto-engendre et il crée les choses. Et il est le triangle de la trinité : Dieu est le créateur, par le vinculum. Il est fils, chair et corps, Il est harmonie par l'esprit, par l'esprit producteur, feu dans la pyramide. Celle de la *Théodicée* n'est que naturée ou en train de naître, elle n'est que seconde, physique, métaphysique. Oui, le Système est enfin clos, son centre est trinitaire, nous savons, par la relation, comment il produit : par cet opérateur adamantin.

Je souhaite de finir comme Leibniz, un jour, acheva sa préface. Il dit celui qu'il lit environné de ces lumières qui nous manquent ici-bas. On peut croire qu'il sait, à son tour. Mais je sais, maintenant, avec certitude, qu'avant de mourir, il a vu, heureux, cette pyramide, comme je l'ai contemplée dans ce livre, et qu'il fut pénétré de la lumière vraie. Et j'ai vu sous quelles ténèbres gisaient mes clartés.

MICHEL SERRES

## Abréviations

Les éditions de Gerhardt sont citées *Phil.* et *Math.* suivant tome et page ; Dutens (D.) également ; les *Sämtliche Schriften und Briefe* sont cités A, suivant série, tome, page.

Les chiffres romains entre parenthèses renvoient aux Lettres à des Bosses ; les chiffres arabes suivant certains titres de Leibniz désignent les paragraphes, sauf pour le *Discours de Métaphysique* où les articles sont indiqués en chiffres romains, conformément aux éditions. Les *Nouveaux Essais* sont cités suivant le livre, le chapitre et le paragraphe, et ceux de *Théodicée* d'après le numéro de l'article.

PREMIÈRE PARTIE

# L'ÊTRE ET LA RELATION

CHAPITRE PREMIER

# LA RELATION ÉPISTOLAIRE

*Le nombre des livres et la confusion des choses nous effraie.*
*La multitude des auteurs qui deviendra infinie en peu de temps les exposera tous ensemble au danger d'un oubli général.*

Leibniz

## LE SYSTÈME, LA LETTRE

Le nombre des correspondants de Leibniz a de quoi émerveiller : Ravier naguère en comptait déjà six-cent-quatorze… La passion de l'échange épistolaire exprime sans doute un esprit disposé au dialogue, conciliant, irénique, œcuméniste, on l'a dit ; elle est aussi mode du temps – mais peut-être encore autre chose ? Le choix de cette écriture a-t-il une valeur théorique, un sens assignable de l'intérieur même du Système ? Il n'y a là, d'ailleurs, aucune alternative, l'irénisme ayant aussi valeur théorique. Leibniz a eu sa vie durant et par toute son œuvre la volonté de rassembler les peuples, les églises, les esprits, les doctrines et les disciplines, critiquant ainsi les effets de la partition – ou de la rupture – tant historique qu'épistémologique. Mais de quel type est cette exigence ? Elle peut être en effet politique, morale, religieuse et philosophique, tout à la fois. Mais il se pourrait encore que la philosophie rassemblât en une seule et justifiât d'un coup toutes ces exigences.

La description du Système de Leibniz n'est plus à faire, considérons-en le résultat le plus simple : il y a totalité, éléments, relations, agencés avec économie et cohérence. La stylistique leibnitienne répond-elle à cette description rudimentaire ? Or voici justement ce contre-argument de fait, non négligeable, que Leibniz n'a donné aucun texte qui soit le Système lui-même saisi d'un coup d'œil ou démontré *more geometrico*. Il conclut en 1714 : « il est vrai que ma *Théodicée* ne suffit pas pour donner un corps entier de mon système ; mais en y joignant ce que j'ai mis en divers journaux, c'est-à-dire de Leipsic, de Paris, de Mr Bayle et de Mr Basnage, il n'en manquera pas beaucoup, au moins quant aux principes »[1]. L'état systématique, quant à l'écriture, n'existe pas, si, à un texte aussi riche, aussi complet semble-t-il, que celui des *Essais de Théodicée,* il faut encore ajouter d'autres écrits parus en divers lieux. Pas de Système, donc, pas de totalité stylistique achevée, mais, et fort heureusement, des Abrégés. Leibniz revient très souvent sur la nécessité de produire des Abrégés, résumés d'une totalité démonstrative : « il serait à souhaiter que les hommes eussent en quelques rencontres des Abrégés par écrit (en forme de Mémoires) des raisons qui les ont portés à quelque sentiment de conséquence »[2]. A plusieurs reprises, il conseille à des Bosses de se consacrer à la rédaction d'un Abrégé philosophique (Lettres I, II, III, X, XI) tant pour des raisons historiques – faire un manuel d'enseignement d'histoire de la philosophie – que théoriques : « je crois vraiment qu'on ne juge pas correctement de bien des choses si l'on ne considère pas l'ensemble ». Tout savoir pour bien juger : rêve d'un système historico-déductif, l'*Ars inventoriendi* antérieure à l'*Ars inveniendi,* rangement d'une bibliothèque suivant trois ordres, au moins, de classification[3]. Les querelles, souvent injustes, autour du jansénisme ne sont que l'effet d'un manque de systématisation : eussions-nous un Abrégé, accompagné d'un Répertoire ou d'un Index, des thèses augustiniennes et jansénistes, nos jugements seraient mieux fondés, moins partiels, et partant moins partiaux.

De ces Abrégés, Leibniz a donné au moins trois exemples : le *Discours de Métaphysique* (1686), la *Monadologie* et les *Principes de la Nature et de la Grâce* (1714). De ceux-ci, Leibniz écrit à Rémond : « Je vous envoie un petit discours que j'ai fait ici pour Mr. le Prince Eugène de Savoie sur ma Philosophie »[4] – destiné à faire comprendre à ceux qui ne sont pas accoutumés au langage de l'École, ni au style des Cartésiens, l'ensemble de ses méditations. L'Abrégé doit donner en bref – *Breviarium Philosophicum* – une image globale mais réduite de la totalité : l'ensemble lui-même réduit à ses lois. Le Système est présent dans ses principes, non dans ses multiplications : l'Abrégé donne un schéma global à partir duquel

1. A Rémond, juillet 1714, *Phil.*, III, p. 618.
2. *Nouveaux Essais,* IV, chap. XVI, § 3.
3. *Nouveaux Essais,* IV, chap. XXI, § 3.
4. *Phil.*, III, 624.

on peut déduire les expressions locales. Pour celles-ci, reste à chercher dans la profusion diffuse des écrits un autre type d'écriture.

Considérons ces textes souvent rassemblés sous le nom d'opuscules, publiés aux *Acta Eruditorum,* au *Journal des Savants,* aux *Mémoires de Trévoux ;* qui s'adressent, dit P. Schrecker, au public relativement restreint de « ceux qui savent ». Ils traitent d'une question précise, voire d'une seule notion, objets d'une controverse entre érudits. Par exemple : les *Méditations sur la connaissance*... ouvrent une polémique contre les Cartésiens sur le critère de la connaissance et le rapport des notions aux choses. La *Réforme de la philosophie première,* revenant sur les difficultés de deux articles parus au *Journal des Savants,* médite sur le concept, fondamental, de substance. Il serait long et inutile de dresser l'inventaire des opuscules et des problèmes qu'ils traitent ; retenons simplement que leur but est fort différent de celui des Abrégés, puisqu'il ne s'agit plus de travailler sur la totalité, mais sur un élément singulier, lequel définit une entrée possible dans le Système, en élucidant un problème particulier : par la physique, la métaphysique, la logique ou les mathématiques, etc. De tels écrits pourraient recevoir le titre d'Eclaircissements, pour ce qu'ils s'inscrivent, le plus souvent, dans une polémique contemporaine[1]. Les trois *Eclaircissements* du *Système Nouveau* ont un seul et même but : éclaircir la notion de concomitance, mal comprise : « Je vois bien, Monsieur, par vos réflexions que ma pensée, qu'un de mes amis a fait mettre dans le Journal de Paris a besoin d'éclaircissements »[2]. Le mot est intéressant : *éclaircir* consiste à faire passer à la clarté un terme qui restait confus ou obscur – opération qui n'est pas seulement de méthode ou de stylistique, mais désigne aussi ce que Leibniz nomme la perception distincte des monades. L'analogie ne se limite pas au seul jeu de mots, car les Eclaircissements ne parviennent à expliquer une notion singulière qu'en dévoilant ses rapports à d'autres, et, en dernière instance, au Système – comme il se fait dans la monade. Par exemple, la notion de force au *De ipsa Natura* devient claire et distincte lorsqu'on la rapporte à celle de substance ; par exemple, l'union de l'âme et du corps doit être rapportée à la loi générale de l'harmonie préétablie. Tel lieu renvoie à tel autre, et à la totalité ; car c'est le Système tout entier qui produit la plus grande clarté sur chacun de ses lieux singuliers. Ces textes, donc, opuscules ou éclaircissements, offrent l'analogue, dans l'écriture, de ce que sont les monades dans le système du monde : des points de vue

1. Ainsi : « Je prends la liberté, Monsieur, de vous envoyer cet éclaircissement sur les difficultés que Mr. Bayle a trouvées dans l'hypothèse que j'ai proposée pour expliquer l'union de l'Âme et du Corps ». (1698), *Phil.*, IV, 517.

2. *Phil.*, IV, 498.

particuliers qui renvoient les uns aux autres, des lectures partielles de ce que serait le Système pris dans sa globalité, des miroirs de la totalité textuelle qui en réfléchissent plus clairement tel aspect, et confusément tous les autres. Toutes les métaphores leibnitiennes empruntées à la musique ou à l'architecture sont ici pertinentes.

Les deux premiers genres, abrégés et opuscules, obéissent à la loi de la représentation, au sens leibnitien : les premiers par la technique du modèle réduit, les seconds par celle du point de vue.

Poursuivons l'analogie, du système du monde à celui des textes : si les abrégés sont comme la totalité, et les opuscules comme les monades, que dire des lettres ? La lettre se distingue de l'abrégé mais se rapproche de l'opuscule : il n'est jamais question, dans les Lettres au P.des Bosses, de donner en petit l'ensemble du Système, mais d'approfondir certaines choses qui restent obscures à l'interlocuteur. Il ne s'agit pas cependant, comme dans les opuscules, des éléments du Système, dont Leibniz parle, publiquement, dans les journaux. Le rapport épistolaire se dit *commercium* – commerce (comme pour les substances), échange, relation. Dans cet échange, Leibniz et des Bosses se félicitent de leurs *communicationes.* Ils s'intéressent à la circulation des lettres à travers l'Europe : tel relais sera meilleur que tel autre, tel chemin plus rapide, tel retard ou obstacle brouille la compréhension. Le terme générique, enfin, est *correspondance.* Faisons donc des Lettres ce qui permet la communication, le support des échanges, les relations elles-mêmes, les voies ou les chemins de l'harmonie, qui mènent d'un élément à un autre, et des éléments à la totalité. Non le Système en raccourci, ni ses éléments miroitants, mais les liens invisibles qui sous-tendent l'ensemble. Commerce, communication, correspondance : les termes sont à la fois épistolaires et monadologiques. Leibniz apprend à des Bosses comment il faut lire, comment il convient de mettre en relation les éléments qui forment le texte et le monde leibnitiens.

Le livre – Somme ou Traité – isole son auteur dans ses certitudes, provoque, risque en tout cas la polémique, interminable. Celle-ci, Leibniz en est conscient, ne fait guère progresser le savoir, mais le retarderait plutôt : car elle encourage l'esprit de secte, en matière de religion bien sûr, mais de philosophie aussi. Quand le livre veut, à tout prix parfois, démontrer ou avoir raison, la lettre se permet des hésitations, des lenteurs, des erreurs, elle suit des lignes multiples qui, patiemment, construisent l'objet du savoir. Elle ne s'adresse pas à tous, ni à un public anonyme, ni même à plusieurs, mais à tel interlocuteur, dans telles circonstances et pour tel effet choisi ; Leibniz parfois le rappelle à son correspondant : les sujets débattus ici ne concernent pas le public[1]. La lettre est une relation particulière qui, dans son effectivité même, purge les rapports théoriques de leur violence. Entendons par rapports théoriques la lecture que font Leibniz et ses contemporains de l'histoire philosophique et théologique, et la situation épistémologique du dix-septième siècle, telle qu'elle produit ou empêche la constitution d'une Europe des Lettres. Leibniz revient à plusieurs reprises sur le thème de la lecture, du commentaire et de la compréhension d'un texte philosophique (I, V, IX, X), opposant l'intolérance, à éviter parce qu'elle mène à l'erreur, à une lecture irénique qui seule peut produire la vérité. Les controverses sur le jansénisme, par exemple, et le fanatisme qui les accompagne, sont l'effet d'une interprétation délibérément partiale et polémique de l'histoire (X). Or – c'est une constante chez Leibniz – le savoir ne naît pas de la controverse[2]. Les *Préceptes pour avancer les sciences* décrivent la situation épistémologique du siècle en termes proprement leibnitiens, ceux-là mêmes qui disent le monde de la *Monadologie*, mais affectés du signe négatif. L'ensemble des rapports entre les savants produit très exactement l'anti-harmonie, ou la cacophonie, royaume du mal : « *Quand je vois le peu de concert des desseins, les routes opposées qu'on tient, l'animosité que les uns font paraître contre les autres, et qu'on songe plutôt à détruire qu'à bâtir, à arrêter son compagnon qu'à avancer de compagnie, ... j'appréhende que nous ne soyons pour demeurer longtemps dans la confusion. (...) Je crains même qu'on ne se dégoûte des sciences et que par un désespoir fatal les hommes ne retombent dans la barbarie. A quoi cette horrible masse de livres qui va toujours augmentant pourrait contribuer beaucoup : car enfin le désordre se rendra presque insurmontable, la multitude des auteurs qui deviendra infinie en peu de temps les exposera tous ensemble au danger d'un oubli général* »[3]. C'est bien l'inverse du monde leibnitien, où il y a ordre et harmonie partout ; comme si la plus mauvaise série avait été amenée à l'existence, par inversion du principe de l'économie divine : comment parler de la République des Esprits en Europe, si au plus grand nombre de moyens correspond le plus petit nombre d'effets ? Si la multitude de ces esprits « excellents » et la quantité de ces « belles découvertes », sous la loi de la discorde, produisent, à

1. Lettre IX, p. 119. Cf. (entre autres) à Bayle : il ne faut pas « prostituer le raisonnement » sur la quantité de force (*Phil.*, III, 60) ; « il est souvent inutile, et même dommageable, de publier (la vérité) par rapport à des profanes » (au même, III, 67).

2. Outre les tentatives pour faire cesser les controverses en matière de religion (et l'écrit qui porte ce titre), citons ces mots adressés au Landgrave : « Tous les colloques dont j'ai vu l'histoire et les actes ont été peu propres à éclaircir la vérité. Quand on agit de vive voix, tout revient à l'adresse, à l'éloquence et à la promptitude de quelques particuliers ».

3. *Phil.*, VII, 160. (Le titre est d'Erdmann).

terme, par le renversement du principe *de maximis et minimis,* un effet négatif, le dégoût de la culture et le retour à la barbarie ? Cela dit pour l'espace culturel contemporain de Leibniz ; mais, dans le temps, se retrouve la même loi : Leibniz est le seul à proposer une lecture concordante de l'histoire, quand les autres la lisent par ruptures et oppositions. Aussi n'a-t-on pu concilier la nouvelle et l'ancienne philosophie faute d'avoir su lire les Péripatéticiens (I). La mauvaise lecture ne tient pas compte des lieux où les concepts sont valides, et les transporte inconsidérément à d'autres questions : la notion d'entéléchie est bonne en métaphysique, mais non dans la physique particulière des corps ; l'atome, concept valide pour la description des phénomènes corporels, ne vaut pas pour leur explication [1]. La mauvaise lecture procède par négations plus que par affirmations : à ne lire des auteurs que leurs interdits, on construit une histoire où les ruptures se succèdent. En revanche, une lecture qui ne retiendrait que les affirmations, les thèses positives, produit une histoire harmonique : « J'ai trouvé que la plupart des Sectes ont raison dans une bonne partie de ce qu'elles avancent, mais non pas tant en ce qu'elles nient » [2]. Lire l'histoire *sub specie affirmationis,* c'est à-dire lire chaque auteur ou chaque doctrine en ce qu'ils ont de meilleur (fécond, économique, congruent) : un grand Prince aurait raison de la confusion et de la croissance incontrôlable des polémiques à condition de faire « tirer la quintessence des meilleurs livres » [3]. Lire selon le principe du meilleur, comme Dieu fait le monde. La meilleure série parmi les possibles comportera cependant du négatif, mais sa vérité est à chercher dans la convenance des éléments positifs. Ainsi va la culture : chacun a plus de chances d'avoir raison dans ce qu'il affirme que dans ce qu'il nie. Erreur, péché, négation. Seule une lecture volontairement positive saura « déterrer et réunir la vérité ensevelie et dissipée sous les opinions des différentes sectes des Philosophes » [4]. Seule donc, une lecture qui saura mettre en relation les éléments positifs écrits ou déposés dans l'histoire. Alors apparaîtra la vérité, laquelle est plus répandue qu'on ne le pense, « mais elle est très-souvent fardée, et très-souvent aussi enveloppée, et même affaiblie, mutilée, corrompue, par des additions qui la gâtent et la rendent moins utile » [5]. L'histoire de la philosophie est monadologique, il faut la lire selon la loi de l'harmonie : chaque secte ou doctrine est comme un

1. A Rémond, *Phil.*, III, 620.

2. A Rémond, *Phil.*, III, 606-607 (cf. éd. GF., LEIBNIZ, *Principes de la Nature et de la Grâce, et autres textes,* p. 288-289).

3. *Phil.*, VII, 162.

4. *Phil.*, III, 606. (GF., p. 288).

5. *Phil.*, III, 624.

point de vue juste sur la vérité, à condition de le considérer – justement – comme tel. L'irénisme de Leibniz est théorique [1].

Reste à montrer le rôle des lettres par rapport à la situation épistémologique et historique ainsi décrite. La notion même de culture est en jeu ; car ce n'est pas seulement l'ignorance qui peut produire un retour à la barbarie, mais bien le savoir lui-même, ce qui est plus grave.

Le risque n'est plus « l'inondation prompte et générale de toute l'Europe par les Barbares » [2], mais la submersion de l'espace culturel par cette « horrible masse de livres qui va toujours augmentant ». Masse des Barbares, masse des livres, les deux ont même effet : l'indifférence au savoir et la confusion. Les deux produisent un désordre général par effacement des relations ordonnées et différenciées qui construisent une culture. Ainsi la croissance désordonnée des perceptions produit l'étourdissement. La circulation des lettres s'oppose au stock des livres, à leur croissance incontrôlée – à l'inondation. Car la circulation trace des chemins, établit des rapports et des différences, quand l'inondation les efface ; elle ordonne l'espace envahi par les livres, dessine un réseau grâce auquel on peut, fil par fil, comprendre d'où et comment naît tel problème, où et comment il rencontre tel autre, quel savoir il présuppose et quel il construit. Le réseau de la communication donne une information précise sur le champ culturel de l'Europe [3]. Circulation contre masse, lettre contre livre. La lettre reste un texte ouvert, texte à suivre où les questions ne sont pas définies une fois pour toutes, ni entièrement résolues. Le livre, en revanche, se donne comme un Traité qui impose les termes dans lesquels les questions sont définitivement posées pour leur résolution. La lettre et le livre impliquent deux types de relation ; car si lettre est, et entretient une relation continue et variée, le livre comme stabilité close n'en permet peut-être qu'une seule, polémique, celle, semble-t-il, que Leibniz déplore, la haine, la violence : le fanatisme. Symétrique de la Barbarie : on ne craint pas tant une invasion des barbares venus d'ailleurs qu'une sorte de barbarie intérieure. Barbare est l'étranger, l'autre, qui se tient au-dehors d'un espace donné, qu'il peut envahir ; fanatique vient de *fanum*, mot de religion mais surtout mot d'espace, celui que délimitent les paroles sacrées. Le fanatique se tient à l'intérieur d'un espace clos qui se défend du pourtour : symétrique du barbare, puisque chacun, de part et d'autre de la limite, fait le même geste d'opposition. La barbarie est présente en Europe, par les

1. Voyez pour exemple Rita Widmaier, *Leibniz korrespondiert mit China*, Francfort, 1990, p. 295 *sqq.* ; cf. compte rendu Ch. Frémont in *Studia leibnitiana*, 1992, XXIV, 1, p. 119-120.

2. *Phil.*, VII, 162.

3. Cf. *op. cit.* ci-dessus note 16, p. 284 *sqq.*

sectes qui se battent les unes contre les autres, et ne tirent leur existence que de ce combat, par interdictions et anathèmes : toutes choses que Leibniz désavoue et déjoue. Le désordre et la confusion ne signifient pas seulement l'absence totale de relations, mais à terme leur uniformité : toutes se réduisent à une seule, la violence. Si les lettres sont écrites pour construire l'Europe contre cette sorte de barbarie qu'est le fanatisme, c'est qu'elles substituent aux relations uniformément violentes des relations différenciées, et par là, pacifiques. Les lettres en effet ré-ordonnent l'espace culturel, en dévoilant les relations exactes des thèses et des sectes les unes aux autres : Leibniz leur assigne un lieu et une fonction spécifiques à l'intérieur d'une Encyclopédie possible. Et partant, si telle secte a raison en son lieu (ou : sous tel point de vue), elle ne risque plus de rencontrer telle autre pour s'y opposer. Point de rencontre, point de choc. C'est le sens de la réconciliation leibnitienne : la paix se rétablit grâce à l'Encyclopédie.

La fin des *Préceptes* pose la question de l'Encyclopédie : est-elle possible, qui pourrait la constituer, quelle méthode serait à suivre pour réaliser ce grand ouvrage ? On sait le rêve leibnitien d'une encyclopédie historico-déductive qui rassemblerait sous l'ordre théorique la succession des thèses dans l'histoire. Mais qui peut reprendre ainsi l'ensemble des connaissances humaines pour les exposer démonstrativement ? un seul homme ne saurait accomplir ce travail de longue haleine. Et l'histoire n'est pas finie. Et l'on n'a pas fini d'abstraire les théories de toutes les pratiques exposées au théâtre de la vie humaine [1]. Leibniz, en attendant, réfléchit sur les substituts possibles de cette encyclopédie : « il faut se servir par provision d'un *succedaneum* de cette grande méthode ». L'Ars inveniendi, le Calculus ratiocinator et la Spécieuse générale sont ici allusivement désignés comme substituts théoriques et abrégés mnémoniques du grand ouvrage. Etant donné que ces substituts sont eux-mêmes restés à l'état de projet, on est en droit de poser la question suivante : trouvera-t-on dans l'œuvre de Leibniz quelque chose qui pourrait être, inchoativement du moins, l'analogue de l'impossible encyclopédie ?

La Correspondance prise en son entier pourrait se lire comme une une pratique substitutive de la constitution d'une encyclopédie : circulation, encyclopédie, le mot est le même, au mouvement près. Si la circulation des lettres tisse sur l'Europe un réseau théorique où questions et réponses sont multiples, et multipliées par la circulation même, pourquoi ne pas considérer ces textes épars comme une totalité qui donne une leçon précise sur l'espace culturel de l'Age Classique ? L'ensemble des lettres semble

1. Le *Discours préliminaire* et l'article « Encyclopédie » de Diderot et d'Alembert poseront le même problème dans les mêmes termes.

répondre à l'une des conditions énoncées aux *Préceptes :* « ce ne sera que peu à peu, à diverses reprises, ou par le travail de plusieurs, qu'on viendra à ces éléments démonstratifs de toutes les connaissances humaines, et cela plus ou moins tard ». Par la multiplicité des correspondants, par celle des savoirs qu'ils représentent, et par leur mise en relation, on obtient sur chaque question une telle variété de points de vue qu'elle pourrait à la limite fonctionner comme la totalité. La Correspondance avec le P. des Bosses n'a ici de valeur qu'exemplaire et locale.

## Protocole de lecture

### *Le contenu des lettres*

Comment lire les Lettres au P. des Bosses ? Peut-être doit-on faire un choix. On peut les lire telles qu'elles se présentent, comme une suite de réponses à des questions déjà déterminées. Considérer, donc, l'écriture leibnitienne comme non-autonome : Leibniz écrit sur commande, et c'est des Bosses qui suscite l'ordre et la matière de sa réflexion. Il est alors possible de dresser l'inventaire des questions et des réponses. Des Bosses, professeur de théologie, a lu les Scolastiques et connaît leur interprétation d'Aristote ; il sait le refus cartésien de la doctrine aristotélicienne en physique ; il pense, pour avoir lu le P. Fonseca, que les Cartésiens se trompent sur la notion de substance.

Les premières lettres du jésuite soulèvent des problèmes issus de la philosophie d'Aristote : quel est le rôle des formes dans le mouvement ? En quel sens peut-on parler de la force active des créatures, si le concours de Dieu est toujours nécessaire ? Comment l'âme se rapporte-t-elle au corps ? Qu'est-ce que l'unité d'un être ? En résumé, que faut-il rejeter, que faut-il conserver de la doctrine d'Aristote ? Des Bosses a lu l'article *Rorarius* du *Dictionnaire* de Bayle, et le double rapport de Leibniz aux Péripatéticiens et aux Cartésiens n'est pas clair pour lui. Dès sa seconde lettre, il résume sa position en cinq propositions héritées de l'aristotélisme : l'Être et l'Un sont interchangeables ; le continu est divisible à l'infini ; l'infini en acte n'est pas donné dans la Nature ; l'unité est le principe du nombre ; dans les causes et les principes, le progrès ne doit pas aller à l'infini, mais s'arrêter quelque part. Ces propositions commandent les discussions des lettres de 1706, et Leibniz répond point par point. Le grand problème des huit premières lettres concerne la relation de l'entéléchie à la matière, de façon très générale ; or il se trouve que les trois dernières lettres de 1706 sont consacrées à la question du corps des anges, problème qui semblait n'intéresser des Bosses qu'incidemment. Dans sa lettre du 20 août 1706, il dresse la liste des propositions prohibées dans les Collèges ; entre autres, la dix-neuvième : « Dieu seul est celui qui peut mouvoir les corps mais les Anges, l'âme raisonnable, et les corps eux-mêmes ne sont pas causes efficientes du mouvement, mais seulement occasionnelles ». Cette proposition donne à Leibniz l'occasion d'un développement plus important, semble-t-il, que ne l'exigeait la question. C'est que la relation de l'ange à son corps apparaît comme une figure locale du rapport de l'entéléchie à la matière, et que cette figure met en place l'idée de substitution ou de vicariance (Lettre VII), ce qui permet de varier sur les degrés possibles de connexion. A ce titre, le rapport de l'ange à son corps peut jouer momentanément le rôle de paradigme pour l'union de deux substances hétérogènes. Paradigme momentané parce que insuffisant tant que l'idée de corps n'est pas théoriquement construite.

Peu à peu, et par l'intermédiaire de questions que l'on peut dire polémiques, des Bosses s'intéresse de plus près au Système. La querelle du jansénisme est certes un fait d'histoire, qu'il rappelle lors de la parution à Anvers, en 1705, d'une *Histoire des controverses sur les Secours de la Grâce divine,* et à Bruxelles, la même année, d'un livre intitulé *Le véritable esprit des nouveaux disciples de Saint Augustin :* c'est pour lui l'occasion de réfléchir sur la violence et l'autorité, questions qui importent à Leibniz et qu'il lui importe de discuter avec un membre de la Compagnie – l'interlocuteur est bien choisi, à l'intersection de la philosophie et de la théologie, et du savoir et du pouvoir. D'où l'aspect théorique que prend la question : l'autorité que l'Église exerce sur les fidèles s'appuie sur une violence objective que l'on fait aux textes ou à l'histoire, et la notion de système sera mise en place comme garant de l'authenticité. Au fil des lettres, les questions se multiplient et se concentrent sur le Système : la notion de monade, l'harmonie préétablie, le principe du meilleur, les degrés de l'âme ; vient enfin, à la Lettre XIX, la grande question : comment expliquer l'eucharistie dans le système de l'harmonie ?

La question de la transsubstantiation est au centre de toutes les lettres des années 1709 à 1716, au point de ne laisser place, ou presque, à aucune autre. C'est des Bosses qui la pose, à la fin d'une lettre, en trois lignes : « mais d'abord, il me plairait de savoir comment vous défendez la présence réelle du Christ dans l'eucharistie conformément à vos principes »[1]. Pour la Confession d'Augsbourg, il y a présence réelle du corps du Christ lorsqu'on reçoit les espèces matérielles ; pour Leibniz donc, se pose la question philosophique de la matière : si le corps est, suivant les cartésiens, substance étendue, l'on ne comprend pas que le corps du Christ

1. *Phil.*, II, 388.

puisse occuper le même lieu que le pain et se trouver en plusieurs lieux. Il convient de ne pas négliger l'importance des raisons théologiques dans la réflexion sur l'essence des corps dès 1679[1]. La présence réelle fait problème, et c'est pour répondre à cette question, rejetée à la fin d'une lettre de quatre pages consacrée à la différence des âmes humaine et animale, que Leibniz invente, à la Lettre XXV, sa théorie du *vinculum substantiale.* Celle-ci résout certainement le problème de la présence réelle, mais permet principalement de construire la notion de substance composée, c'est-à-dire de penser le corps comme substance véritable et non plus comme agrégat. La réponse déborde largement ce qui l'avait suscitée – comme si ce point de théologie rendait tout à coup lumineuse la grande question philosophique du Système : comment passer de la multiplicité des substances simples à l'unité de la substance composée ?

Lisons donc autrement les Lettres au P. des Bosses : non comme une suite de réponses, mais comme un texte multiple doué d'une logique interne, quoique apparemment suscitée par les circonstances – n'est-ce pas cela même, l'harmonie préétablie ? L'écriture leibnitienne est en grande partie autonome, et les lettres forment un ensemble de problèmes qui nécessairement convergent vers une question essentielle, posée par la théologie et résolue pour elle, mais qui, en retour, sert de modèle optimal à celle de la métaphysique. On lit, à la première lettre : « et celui qui enseigne la théologie rencontrera partout la philosophie ». Cet avertissement semble tout à coup concerner Leibniz lui-même plus que des Bosses : car c'est bien une question venue de la théologie qui permet de poser et de résoudre un problème non encore élucidé dans le Système.

De quoi s'entretiennent Leibniz et des Bosses ? De la querelle du jansénisme, du corps des anges, de l'union de l'âme et du corps, de la substance composée, de la transsubstantiation. De quoi s'entretiennent-ils ? De la Relation. La barbarie européenne se nourrissait de la violence des polémiques, Leibniz lui oppose le projet encyclopédique et la réunion des églises autour du Christ. Relations ordonnées, pacifiques. La question métaphysique pose un problème analogue : quelles relations penser entre les monades pour produire leur unité ? Cela impose de réfléchir sur la transsubstantiation. De quoi s'entretiennent donc Leibniz et des Bosses ? Du Christ.

1. Cf. *Si l'essence des corps consiste dans l'étendue* (1691), in LEIBNIZ, *Système nouveau de la nature et de la communication des Substances, et autres textes*, GF., p. 45, note 3.

*Figure négative de la relation, la violence*

Réformer, non renverser. Le mot apparaît deux fois dès la première lettre : « vous êtes entré dans le juste dessein de réformer et développer la philosophie à l'usage de l'école » ; et, plus loin : « j'ai toujours été d'esprit à choisir de réformer les idées reçues plutôt que les renverser ». Au Landgrave, autrefois : « Je ne prétends nullement à la gloire d'être novateur ; au contraire, je trouve ordinairement que les opinions les plus anciennes et les plus reçues sont les meilleures »[1]. Ne jamais couper, censurer, condamner, ni supprimer, mais recueillir. Cela signifie qu'il y a place pour tout : les nouvelles idées n'excluent pas les anciennes, celles-ci n'empêchent pas celles-là, non qu'il soit permis ou possible de tout mélanger, mais bien parce que l'espace culturel est susceptible d'ordre et d'harmonie. Les « mélanges philosophiques » induisent des interprétations erronées : mieux vaut donner des propositions enchaînées, qui se soutiennent mutuellement (X), parce que le sens et la cohérence sont inséparables. L'ordre n'est pas nécessairement celui des raisons, car l'enchaînement déductif n'en est qu'un cas particulier. Localement, toute philosophie laisse voir un ordre, globalement aussi l'histoire de la philosophie, et c'est lui qui donne un guide de lecture que l'on peut dire juste, au sens logique et moral ; juste, c'est-à-dire non violent. Dans les deux cas, l'ordre est systématique, topologique pour mieux dire, multiple selon les points de vue ; mais quel que soit le point de vue choisi, c'est toujours la mise en relation des éléments ou des sous-ensembles qui permet la compréhension du tout et de la partie. La lecture non violente sait accueillir en réformant. Réformer n'est pas concilier : Honoré Fabry donne un bel exemple de réforme manquée (I), parce qu'elle tourne à la simple conciliation, sans faire avancer la philosophie. Pire : au lieu d'ordonner les éléments pour produire un sens nouveau, elle mélange sans discernement. Honoré Fabry fut l'un des premiers jésuites à tenter d'accorder Aristote et Descartes ; mais sa lecture, plus polémique qu'irénique, a plutôt servi à exacerber la querelle. Or la Lettre VI met en garde contre la polémique : si les jésuites publient un jour la Correspondance échangée entre Arnauld et Quesnel, qu'ils en retiennent l'enseignement théorique, qui peut faire avancer la théologie, de préférence à la controverse. Mais pour concilier Aristote et Descartes, Honoré Fabry a pris pour guide les discussions qui agitaient alors les esprits. Par exemple, la négation cartésienne de l'âme des bêtes : Fabry la prend pour essentielle et la reprend à son compte, mais sans voir son rapport positif à la production

1. Lettre du 12 avril 1686, cf. LEIBNIZ, *Discours de Métaphysique et Correspondance avec Arnauld*, éd. Le Roy, Vrin, 1988, p. 89.

du mouvement dans la matière. De son côté, l'École juge fausse la prétention des cartésiens à expliquer les qualités et les phénomènes des corps par figures et mouvements : Fabry accepte le verdict, et maintient les qualités occultes des post-aristotéliciens. Le résultat de sa lecture est un double échec : « il a trop et cependant trop peu concédé aux Modernes, ou trop et trop peu accordé à l'École ». C'est dire que dans les deux cas il a rejeté ce qui fait la force de chaque doctrine : l'entéléchie, notion opérante au niveau métaphysique des principes, et le mécanisme, valide dans l'explication des phénomènes. On obtient de la sorte, au lieu d'un système, un mélange de thèses qui, loin de s'appuyer, s'excluraient plutôt ; car les corps deviennent habités de forces ou qualités causes de leur activité, cependant qu'il n'y a pas d'âmes ni d'entéléchies. La question de savoir l'origine de ces qualités et leur mode d'action reste donc entière.

Au sens leibnitien, réformer n'est pas concilier pour le plaisir de la conciliation : c'est donner son lieu et son sens à chaque hypothèse au sein d'un ensemble possible qui serait comme l'Exposition de la vérité. On lit à la Lettre V : « il est vrai qu'on peut expliquer tous les phénomènes naturels des corps (sauf les perceptions) par grandeur, figure et mouvement. Mais on ne peut expliquer les mouvements eux-mêmes (qui sont causes des figures) sans faire appel aux Entéléchies ». Il est possible de construire un système global d'explication de la nature par intégration des données positives de plusieurs sous-systèmes : ainsi, ne pas censurer les entéléchies, mais donner un sens nouveau, c'est à dire une place dans la philosophie des Modernes, à cette intuition aristotélicienne d'une puissance portée par elle-même à l'action. Pour ce faire, lui donner un appui scientifique, la notion de force telle que la définit la dynamique ; et montrer comment ses effets se trouvent expliqués par les thèses cartésiennes. A propos des péripatéticiens et des cartésiens, Leibniz écrit à Rémond : « les deux partis ont raison, pourvu qu'ils ne se choquent point »[1]. L'important est dans la condition : qu'ils ne se choquent point. A entendre au sens de la théorie du choc : qu'ils ne se rencontrent pas dans le même lieu, ne se dirigent pas vers le même point, en d'autres termes, qu'ils ne prétendent pas expliquer la même chose. Le choc est modèle de violence : les deux partis seraient alors sur une même ligne du réseau, c'est la rencontre polémique, l'opposition. Au contraire, à les situer sur deux chemins différents, on comprend qu'ils puissent converger sans s'opposer, c'est l'harmonie. Le vrai et le faux se distribuent topologiquement, l'opposition simple de la logique du tiers-exclu est un modèle faible : fausse en un lieu donné, la notion d'entéléchie est vraie en un autre ; vrai et

1. *Phil.*, III, 607 ; GF., *Principes de la Nature...*, p. 290.

faux sont des fonctions à l'intérieur d'un système. Chaque système philosophique porte au moins une vérité qui peut prendre place à l'exposition du savoir : chaque philosophie, comme chaque monade, dit confusément – c'est à dire partiellement – le vrai, à son niveau, ou de son point de vue particulier. La lecture irénique sait trouver, d'abord, l'élément vrai ; mais aussi – ou plutôt cela revient au même – comprendre le rapport de chaque élément à la vérité, ou au savoir global. Qui ignore ce rapport départage l'histoire de la philosophie suivant le vrai et le faux, conserve ou rejette les systèmes comme bons ou mauvais : c'est ainsi qu'on invente une histoire par coupures et censures. Or, dans l'histoire comme dans la nature, rien n'est sans raison : le déroulement même de l'histoire philosophique a valeur théorique, et celui qui pourrait rassembler toutes les connaissances en un vaste système – mais seul Dieu le peut, omniscient et irénique – en constaterait la cohérence. Il y a ordre et harmonie partout, et si les esprits sont petits dieux dans leur département, la connaissance aussi est harmonique et ordonnée. Cela interdit, par éthique et théorie, la censure et le mépris, la violence.

Leibniz condamne sans relâche la violence qu'il constate partout dans le monde savant. Elle ne peut que nuire : les éditeurs de Trévoux devraient peut-être user d'un autre ton, sous peine de voir leur journal interdit; l'attitude des gens de Sorbonne contre les jésuites est bien autant condamnable que celle des jésuites contre les jansénistes ; les critiques font preuve d'injustice envers les auteurs dont ils parlent avec mépris (II, IX). Et les Pères, encore moins que d'autres, ne devraient encourir ce reproche : or leurs propos contre les jansénistes sont par trop venimeux. La dixième lettre accuse ouvertement l'Église et le parti jésuite d'user d'une violence injustifiée : « qu'est-ce d'autre, sinon une sorte de violence, contre laquelle on ne peut se protéger que par un crime (en abjurant ce qu'on pense vrai) ? » Violence double, dans les rapports humains mais aussi à l'intérieur des consciences, mais aussi dans la notion même du vrai. Or si le vrai et le faux sont des effets de système, la querelle, dans son contenu théorique, pourrait bien n'avoir pas de sens. Vus de loin, c'est à dire d'Allemagne et du protestantisme, jésuites et jansénistes ne sont que des frères ennemis, car aucune raison solide ne fait pencher la balance d'un côté ni de l'autre : « je ne vois nullement la nécessité de la grâce efficace en elle-même, je ne vois pas non plus de l'autre côté ce que les Vôtres réprouvent si fort dans la doctrine d'Arnauld ; en sorte qu'à mon avis, les auteurs, de part et d'autre, se jouent une vaine tragédie ». (VI) La querelle est de l'ordre du spectacle, et qui n'y a point de part la déplore, car son enjeu n'est pas théorique mais politique : qui, des jésuites ou des jansénistes, prendra le pouvoir, à la Cour et dans les collèges ? D'où l'image, à la Lettre IX : les propositions jansénistes condamnées sont « semblables à un nez de cire », que l'on tord à l'envi ; on peut leur faire dire ce que l'on veut : simple question de lecture. Or l'image du nez de cire s'applique d'ordinaire à l'interprétation de l'Écriture, qui va sans discernement d'un côté ou de l'autre ; le choix de cette métaphore suggère ce que Leibniz ne dit pas clairement : que le sens que l'on donne à ces propositions relève de l'autorité seule, selon l'usage que l'on en veut faire, non du savoir ou de la critique. La même lettre met en garde l'Église et les princes contre l'abus de pouvoir : car celui-ci, par sa nature même, est porté à l'excès ; l'exercice du pouvoir, même dans la juste mesure, est encore un danger.

N'attendons pas de Leibniz qu'il prenne parti dans la querelle : il n'est ni juge ni partie, mais démonte la situation, donne les raisons et circonstances qui ont produit le jansénisme : « il n'y aurait pas aujourd'hui ce que vous appelez jansénisme si des hommes pleins d'hostilité n'avaient pas suscité un tel tollé contre l'œuvre de Jansénius, ayant à cœur leur secte plus que la vérité ». (X) Le jansénisme, issu de la polémique, n'existe que par elle – comme peut-être tout mot en *-isme*. Le jansénisme n'a d'existence que celle que lui donnent ses ennemis : on a inventé ou fabriqué le jansénisme, fantôme menaçant que les jésuites agitent aux yeux des fidèles pour mieux asseoir leur pouvoir. Augustin Gazier, dans son *Histoire générale du mouvement janséniste*, confirme l'intuition de Leibniz : « Les jésuites et leurs sectateurs sont les seuls qui croient avoir rencontré ce phénomène ». On l'a inventé, puisqu'il semble qu'une lecture intégrale de l'*Augustinus* ne présente rien qui ne soit déjà chez saint Augustin : « Augustin et Jansénius ont la plupart du temps le même poids ». (X) Comment a-t-on inventé le jansénisme ? En censurant, en fractionnant, en coupant les propositions de leur contexte, et en prenant pour thèses (positives) les thèmes polémiques, donc négatifs : lecture violente. Exemple : ne pas voir, ou vouloir, que le sens des mots soit fonction de l'ensemble qui les contient. *Liberté, nécessité, possibilité, impossibilité* ont chez Augustin et Jansénius un sens spécifique, qui n'est pas celui des Écoles ; refuser cette spécificité infléchit le sens global de la doctrine, et fait de la différence une opposition volontaire. On prend ainsi ce qui est positif – différent, nouveau – pour du négatif. Et inversement : le même type de lecture prendra pour positif ce qui est négatif, et la polémique pour thèse. Il fallait comprendre que les propositions condamnées sur la liberté et la nécessité n'ont de sens que par rapport aux thèses pélagiennes qu'Augustin lui aussi avait combattues, mais ne s'opposent pas nécessairement aux doctrines des jésuites (tel est du moins l'avis de Leibniz). Et c'est aussi ce qui fait le danger du jansénisme lui-même : car l'*Augustinus* est un ouvrage de polémique, donc de censure, qui vise à anéantir ce qu'il reste de pélagianisme dans l'Église. Ce qui est à condamner n'est pas tant le contenu que le projet lui-même : on ne peut admettre chez Jansénius cette « virulence inconsidérée à condamner les autres » qui est une entrave à la liberté de penser. Encore une fois, si Leibniz ne prend point parti dans la querelle, ce n'est pas manque de conviction ni d'information, mais plutôt finesse : il a trop bien déjoué la situation pour se laisser prendre au piège. Dans les deux cas, quelle que soit la doctrine, il y va de l'autorité et de la prise du pouvoir ; car les jansénistes se comportent envers les pélagiens comme les jésuites envers les jansénistes. Or l'on ne peut défendre et pratiquer la liberté de penser qu'en se mettant à l'écart, en dehors de cette configuration de combat, pour montrer aux antagonistes qu'ils jouent le même jeu. Se battre pour la liberté de penser, c'est encore se battre, et donc la nier. La guerre et la liberté sont incompatibles, l'irénisme n'est pas tant l'amour de la paix que de la liberté de penser.

La lecture irénique s'articule à la pratique du système : la volonté de considérer les écrits de Jansénius comme un véritable système est constante : c'est une « somme », un « système », un « ensemble ». Le formalisme a une efficace propre : « on satisfait à beaucoup d'objections pour peu qu'on les rapporte aux règles formelles ». (III) Avoir la totalité sous les yeux permet de mieux juger l'élément, voire de répondre aux objections qui autrement seraient insurmontables, parce que la place d'une notion ou d'une thèse désigne sa fonction et constitue sa définition. C'est l'intérêt de l'Abrégé, c'est l'intérêt aussi des Index qui permettent de répertorier les thèmes et les concepts à l'intérieur d'un ensemble. Il eût donc fallu situer l'*Augustinus* au sein d'un système théologique déterminé par le dogme déposé dans l'Écriture, la doctrine augustinienne, les hérésies pélagiennes et enfin le jansénisme et les décisions du Vatican. Considérer ensuite, l'œuvre de Jansénius comme une totalité, et, à l'aide d'un index, retrouver les propositions condamnées à Rome : ce qui aurait dû être le fondement du travail de Dumas (X). L'index servirait d'abord à vérifier que les propositions en question se trouvent effectivement dans l'*Augustinus :* simple question de fait, où l'Église, à tort, se croit infaillible, mais qui est aisée à contrôler. Il permettrait aussi de s'assurer du sens de ces propositions, en indiquant leur place dans l'œuvre : « mais le doute peut être levé, si l'on renoue le fil de ses méditations ». (XXVI) Toute bonne lecture doit s'intéresser aux buts, aux circonstances, à l'ensemble, non à des propositions isolées : toute bonne lecture est systématique. L'Église au contraire impose une lecture fractionnaire, en retirant l'œuvre de l'enseignement et des discussions, en la réduisant à un petit nombre de propositions singulières. Il est évident que tout régime de violence commence par interdire les communications, couper les connexions et monopoliser le circuit. C'est remplacer le savoir par le pouvoir – Dumas, historien, semble admettre que l'autorité des censeurs du Vatican puisse tenir lieu d'examen théorique –, c'est affirmer l'infaillibilité de l'Église dans les questions de fait. La présence et le sens des propositions condamnées relèvent du fait : que Jansénius ait écrit ceci ou cela n'est pas un article de foi, et l'opinion que l'on peut avoir sur la question ne relève même pas de l'assentiment intérieur, mais de la simple critique. Exiger un tel assentiment est un abus, car c'est faire passer au domaine de la croyance ce qui appartient à celui du savoir. Il est certain que l'Église a tout pouvoir sur ce qui relève de la croyance, le problème étant de définir ce domaine. Or sur cette question, catholiques et protestants ne s'accordent point, et Leibniz ne s'en cache pas : l'Église est infaillible sur le dogme, mais non sur la doctrine, que l'on doit seulement respecter (X)[1]. Pour l'Église catholique, le dogme, déposé dans l'Écriture, est nécessairement complété par la doctrine, qui l'interprète et le développe en « dogme vivant » ; mais l'Église réformée refuse la tradition qui prétend enrichir le dogme ; celui-ci seul est article de foi, et l'on peut toujours refuser la doctrine. Faire passer la doctrine pour dogme est violence, et revient à introduire de nouveaux dogmes. La querelle est ici l'effet d'une ignorance volontaire, et ne tiendrait pas contre une bonne lecture critique – à supposer que l'on voulût la faire.

Pour sortir de la bataille, il fallait trouver un point fixe, une référence, un lieu certain où l'Église est pour tous infaillible : le Christ médiateur, puisqu'il n'y a de stable au Vatican que « les dogmes du salut remis autrefois par le Christ ». La christologie est la condition de la réunion des églises, monades fermées dans leur relation unitaire à Dieu, mais en harmonie pourtant puisque toutes ont la foi et disent sur elle un point de vue particulier. Qu'est-ce que le dix-septième siècle ? Bossuet mais aussi Pascal, et François de Sales ; Descartes mais aussi Malebranche ; le temps des grandes christologies, de la Contre-Réforme et de la Compagnie de Jésus. Et c'est Leibniz, qui finit sa vie sur la question de la transsubstantiation[2]. Or, l'un des grands problèmes du siècle est aussi de comprendre ce que c'est que le corps : siècle de la physique, dit-on justement ; mais qu'est-ce que la physique, sinon une théorie des échanges

1. Voyez la *Lettre sur les différends de la religion,* in LEIBNIZ, *Système nouveau....*, GF., p. 23 *sqq.* (A, I, VI, 75).

2. Maurice Blondel soulignait dans sa thèse latine (*De Vinculo substantiali et de Substantia composita apud Leibnitium*, Paris, Alcan, 1893 ; traduction française par Claude Troisfontaines, Louvain-Paris, 1972) l'influence du mystère eucharistique sur la philosophie du XVII^e siècle.

entre les corps ? Science des médiations, science de la communication dans la matière. Science des relations : la mécanique par exemple est indifférente à la chose qui tombe, mais attentive aux chocs, aux mouvements et aux chutes. La métaphysique à son tour réfléchit sur la notion de corps, ce lieu étrange où l'âme est ensevelie. Qu'est-ce que le corps ? Comment peut-il y avoir des corps qui ne soient point des fantômes ? L'âme semble plus facile à connaître que le corps, qui garde quelque chose de mystérieux. Comment peut-on être corporel ?

« *Ceci est mon corps* » : physique, métaphysique ou théologie ? On a trop souvent lu le dix-septième siècle comme le siècle du Père, peut-être faudrait-il le lire aussi comme celui du Fils. A côté du Dieu garant des vérités éternelles, il y a le Verbe fait Chair, ou le savoir incarné. L'œuvre de Leibniz ne pose et résout que des problèmes de relation, médiation, communication. Le Christ est au centre de la réunion des Églises, il est encore au centre de la théorie des corps, par la transsubstantiation, le *vinculum* et la substance composée.

CHAPITRE II

# LA RELATION SUBSTANTIALE

La question de la substance composée, liée à celle de la transsubstantiation, occupe toute la correspondance dès la Lettre XIX, thème fondamental où converge la multiplicité des problèmes déjà posés, déjà présents de façon sous-jacente. Pourquoi cette dérive vers le mystère eucharistique ? Des Bosses suscite la question, mais Leibniz s'en saisit et la développe en une recherche qui va bien au-delà de l'intérêt religieux. La transsubstantiation est plus qu'un exemple, plus qu'une cause occasionnelle ou un adjuvant[1] : la coïncidence de ces deux objets, le corps eucharistique et le corps substance composée, devient une cohérence, leur voisinage une nécessité. L'exemple se fait ici paradigme, car l'opération eucharistique se révèle modèle optimal pour la production de la substance corporelle. La théologie, ici, éclaire la philosophie.

Le *vinculum* s'inscrit dans la problématique de l'harmonie, par la métaphore de l'écho, qu'il convient de prendre au sérieux. Le modèle musical[2] est canonique dans le Système : globalement, l'harmonie en est la loi structurale, répétée localement en sites multiples. Les textes sont nombreux et bien connus, du *Système nouveau* à la *Monadologie*. Leibniz juge le modèle opératoire, aisé à comprendre : « le mot d'harmonie est un terme de l'Art, je l'avoue, mais non pas un terme qui n'explique rien,

1. Voyez Maurice Blondel, *Une énigme historique : le Vinculum substantiale d'après Leibniz et l'ébauche d'un réalisme supérieur*, Paris, 1930. Pour sauver l'hypothèse du *Vinculum*, Blondel, comme tous les commentateurs, s'efforce de la détacher du problème de l'eucharistie. Or il est démontrable que les deux questions sont théoriquement inséparables.

2. Patrice Bailhache, dans *Leibniz et la théorie de la musique* (Klincksieck, 1992), analyse, à travers les correspondances avec Henfling et Goldbach (dont il donne traduction), l'intérêt de Leibniz pour la théorie des intervalles et des tempéraments.

puisqu'il est expliqué fort-intelligiblement et qu'on n'y oppose rien qui marque qu'il y ait de la difficulté »[1]. La nature tout entière étant l'œuvre d'art de Dieu, il n'est pas étonnant que sa loi soit d'esthétique. Le terme d'harmonie est-il vraiment explicite ? – des Grecs à Mersenne, les usages sont multiples et la définition varie. Leibniz entend-il ce mot en son sens technique ? On peut en douter : car il dit tout aussi bien accord, terme qui, pour la science musicale, n'est pas synonyme d'harmonie. Et, derechef, faut-il prendre le mot accord dans son acception la plus technique ? Ce n'est pas sûr : car il dira aussi bien entente, concomitance, voire communication, expression. Leibniz cependant fait crédit à la valeur explicative de ces notions musicales, indépendamment de leur technicité ou de leur difficulté. Mais toutes se rapportent au terme qui reçoit dans le Système une définition rigoureuse, à savoir l'*expression :* un rapport constant et réglé entre un terme et un autre.

Le monde de l'harmonie préétablie implique la différence. Toutes les monades s'entr'expriment parce qu'elles représentent toutes le même univers sous leur point de vue particulier. Principe des indiscernables : « il n'y a jamais dans la nature deux êtres qui soient parfaitement l'un comme l'autre, et où il ne soit possible de trouver une différence interne ». (*Monadologie*, art. 9) Nul ne trouvera deux feuilles d'arbre absolument semblables. Loi de l'harmonie : « chaque substance simple a des rapports qui expriment toutes les autres et elle est par conséquent un miroir vivant perpétuel de l'Univers » (*Monadologie*, art. 56). Le principe des indiscernables est la condition de l'harmonie : si chaque monade est différente de chaque autre, l'accord le plus riche est possible, car les monades détonneront de multiples façons – jusqu'à l'accord de septième au moins, que ne désavouait pas Rameau. Le monde- orchestre : toute monade détonne par rapport à toute autre, puisqu'elle obéit à ses propres lois et tire tout de son propre fonds ; le monde-ville : chaque monade détonne encore par rapport au tout, puisqu'elle le représente imparfaitement, en le modifiant suivant son point de vue propre. A chaque fois la différence est condition de l'ordre, toute répétition étant exclue. Et pourtant toute monade est miroir du même univers et en renvoie l'image, mais une image à chaque fois différente, comme si ces miroirs étaient miroirs déformants : « miroirs vivants ». L'important, dans le Système de l'Harmonie, n'est pas tant l'unité de l'objet que la multiplicité de ses images, et leur différence. Qu'est-ce qu'une image ? Non une copie parfaite, un double, ni un reflet.

1. Cinquième Ecrit à Clarke, *Phil.*, VII, 412(90, sur 31) ; cf. éd. Robinet, PUF., p. 165. Toland contestera son intelligibilié : cf. les *Réponses aux Remarques critiques sur l'Harmonie préétablie*, in LEIBNIZ, *Principes de la Nature*..., GF., p. 295 et Introduction, p. 10.

La définition que donne Descartes au livre quatrième de la *Dioptrique* semblerait ici pertinente : « il n'y a aucunes images qui doivent en tout ressembler aux objets qu'elles représentent..., en sorte que souvent, pour être plus parfaites en qualité d'images, elles doivent ne pas lui ressembler ». Leibniz développe ce paradoxe de l'image jusqu'à en faire la loi de construction de son univers : les monades ne le renvoient pas comme fait un miroir ordinaire, mais plutôt comme la partie d'un tableau renvoie à la totalité [1]. De l'objet au miroir, et inversement, le parcours est simple, rectiligne, direct ; mais de l'« amas confus de couleurs » à la beauté de l'ensemble, le parcours est multiple et compliqué parce qu'il implique des rapports à toutes les autres parties. L'image réfléchie par un miroir ordinaire serait le degré zéro de la peinture, comme l'écho le degré zéro de l'harmonie : l'absence de différence, donc quelque chose qui reste en-deçà de l'accord. Mais le « miroir vivant », parce qu'il est véritablement sujet de l'image qu'il renvoie, focalise, concentre, modifie ou traduit l'aspect de l'objet qu'il renvoie. L'harmonie n'est pas l'unisson, la symphonie exige que les musiciens jouent des partitions différentes, et, bien plus, ne se voient ni ne s'entendent [2]. La pertinence de la métaphorique musicale dans le Système invite à en poursuivre la cohérence, en définissant l'écho comme un chemin acoustique particulier qui produit un effet sonore singulier, qui, faisant décroître la richesse de l'harmonie jusqu'à la nier, ramène l'identique, l'unisson, le degré zéro de l'accord, à consonance nulle. L'analogie autorise, oblige même, à situer de plein droit le *vinculum* dans le champ de la communication intersubstantielle.

Résumons, en langue métaphysique et musicale. Soit donc l'idée de rapport. L'harmonie préétablie, d'abord inventée pour penser l'accord de l'âme et de son corps, suppose une relation entre deux ordres différents, le substantiel et le phénoménal : la série des phénomènes corporels traduit celle des perceptions de l'âme. Ce rapport est constant et réglé parce que préétabli. Il implique une différence ontologique, il s'écrit a/b. La notion d'harmonie se trouve transportée au monde, que Dieu a créé « ἁρμονικώτατους », le plus harmonieusement possible : cela veut dire que toutes les monades sont accordées les unes aux autres, formant un ensemble harmonique au sein duquel chacune garde sa différence spécifique. Le rapport de deux monades s'écrit, de nouveau, a/b. On voit, dans ces deux cas, que la différence est condition de l'accord. Celui-ci est l'union de deux ou plusieurs sons rendus à la fois pour produire ensemble

1. *Phil.*, VII, 306. Cf. trad. Schrecker, *Opuscules philosophiques choisis,* Vrin, 1966, p. 90.

2. Cf. Lettre à Arnauld, 30 avril 1687 ; voyez Ch. Frémont, *Complication et singularité*, Revue de Métaphysique et de Morale, N°I, 1991, p. 109-110.

un tout harmonique. L'accord parfait se compose de trois sons différents, le son fondamental, sa tierce et sa quinte ; tout accord se laisse mathématiquement exprimer par une fraction de la forme a/b. L'écho, en revanche, apparaît comme un passage à la limite de cette opération, limite inférieure ou degré zéro, puisque les termes qui le constituent sont la même ou les mêmes notes renvoyées sans différence par la paroi. L'écho est cette forme très particulière d'accord – singulière, et qui exige des conditions spéciales – où l'écart est nul entre les deux sons, où le rapport s'écrit a/a. Or cela donne un modèle intéressant pour penser le *vinculum substantiale*. Quelle relation est en jeu dans l'opération qui fait passer de la multiplicité des substances simples à l'unité de la substance composée ? Il faut transformer un agrégat, ensemble non lié de monades, en un substantié, ensemble de monades muni d'une relation d'unité : trouver entre les monades une relation telle que l'ensemble initial soit identique à l'ensemble terminal, à l'unité près, c'est-à-dire au statut ontologique près. Cette opération implique entre les éléments un rapport spécifique. Ce rapport, intermonadique, joue au seul niveau substantiel, et ne suppose aucun changement d'ordre : il concerne les monades, non les phénomènes, ce qui fonde, non ce qui apparaît. Mais il exige, comme condition particulière, le redoublement ou la répétition du même. Le lien ne doit rien ajouter, sinon l'unité, ou la cohésion, pour reproduire l'agrégat sous forme de substantié : le produire comme être. Qualitativement (par les perceptions des monades), l'agrégat et la substance composée sont identiques, leur rapport s'écrit donc a/a. Le modèle de l'écho est pertinent : la paroi réfléchissante rend un son qui est le même, et qui pourtant est un autre, la différence des deux sons est nulle, à l'émetteur près ; mais ce changement de source est un opérateur d'unité.

L'écho redouble le même son, les deux vibrations de l'air sont égales, du son donné par l'émetteur au son rendu par la paroi l'écart est nul. Comment s'applique la métaphore ? Reprenons-en l'analyse, à la suite d'Yvon Belaval[1]. Les monades sont les émetteurs, le *vinculum* la paroi réfléchissante, le substantié l'écho lui-même. Il est évident que l'écho n'est pas donné en l'absence des émetteurs, il les suppose comme condition nécessaire : « l'Echo des monades, de sa propre constitution, est ce qui, sitôt posé, exige les monades ». (XXXVII) Mais les émetteurs, ou monades, n'en sont pas la condition suffisante : « mais il ne dépend pas d'elles ». Si l'on pose l'écho, le substantié, on suppose du même coup les monades ; mais si celles-ci sont données, il n'est pas nécessaire qu'il en suive aucun substantié : il peut y avoir un simple agrégat. La condition

1. *Leibniz. Initiation à sa philosophie*, Vrin, p. 248.

suffisante du substantié est à chercher dans le *vinculum substantiale*. Celui-ci lui donne son existence et son identité. L'identité d'une substance simple découle de sa définition : un être sans parties, doué de perception et d'appétition. Chaque substance est unique, c'est-à-dire identique à elle-même et discernable de toute autre. Son unité fonde sa réalité, l'Être et l'Un sont choses réciproques. Est-ce à dire que seules les substances simples sont des êtres réels ? toutes les autres choses alors ne seraient que des phénomènes bien fondés. Des Lettres à Arnauld aux Lettres à des Bosses, tout se joue sur cette question : peut-on transporter la notion d'unité du simple au composé[1] ? Comment construire logiquement le concept de substance composée ? Une telle substance est constituée d'une multiplicité de monades qui entrent dans sa composition à titre de requisits. Or, cette composition ne pourra produire qu'une multiplicité de points de vue, accordés les uns aux autres par l'harmonie, mais en aucun cas un point de vue unique ou unitaire, identique à lui-même et discernable de tout autre. Un tel assemblage ne forme pas un être, c'est-à-dire une unité, mais un simple agrégat, harmonique et bien fondé. La présence d'une monade dominante suffit-elle à produire l'unité du composé ? Certains textes inviteraient à répondre par l'affirmative, comme cette lettre à de Volder : « Je distingue donc : 1) l'entéléchie primitive ou âme, 2) la Matière, je veux dire matière première ou puissance passive primitive, 3) la Monade achevée par les deux précédentes, 4) la Masse ou matière seconde, ou Machine organique à laquelle concourent d'innombrables monades subordonnées, 5) l'Animal ou substance corporelle que la Monade dominante dans la substance corporelle rend une »[2]. Il semble que la présence d'une monade dominante soit le dernier niveau d'intégration où la machine animale trouve son unité. Les Lettres à des Bosses répètent qu'il n'y a de substance composée que là où il y a une monade dominante avec un corps vivant organique. Monade dominante et substance composée sont inséparables, mais à la différence de la lettre de 1703, il n'est jamais dit que la monade dominante fasse l'unité de la substance composée. Et ceci parce que logiquement, et métaphysiquement, elle ne peut le faire : car la monade dominante, comme les autres monades, est une certaine représentation de l'univers, plus distincte donc plus parfaite que les autres (ce pour quoi elle peut passer pour le sujet des modifications) ; mais elle n'est qu'une représentation de plus, non l'unité de toutes les représentations. Elle ajoute à la multiplicité au lieu d'en faire l'unité. Lettre XXVII : « Je ne vois pas ce que la Monade dominante enlève à

1. Y. Belaval, *Etudes leibniziennes*, « Sur le simple et le composé », p. 172-205. Les Lettres à Arnauld comptent 11 façons d'être composé(du réel au chimérique).

2. *Phil.*, II, 252.

l'existence des autres monades, puisqu'en vérité il n'y a entre elles aucun commerce mais seulement un accord ». Un accord, c'est à dire une multiplicité de sons en harmonie ; la monade dominante laisse les monades subordonnées exprimer l'univers à leur façon, elle l'exprime, quant à elle, plus parfaitement, à ce titre elle est dite « agir » sur les autres, sans pour autant les lier entre elles. Elle n'est pas leur écho mais une partition singulière plus complète sans doute, une perception plus distincte donc plus remarquable. D'où la suite du texte : l'unité de la substance corporelle ne peut venir que du *vinculum substantiale*.

A quelles conditions celui-ci doit-il répondre pour produire une véritable unité entre les monades ? Toutes ses caractéristiques tiennent à une seule contrainte : il ne doit rien ajouter au composé mais seulement le transformer en un être qui ait une véritable unité, faire d'un agrégat une substance : le *vinculum* réalise, non une transsubstantiation, mais une substantiation. Il est parfaitement logique que la théorie du *vinculum* apparaisse pour résoudre le problème de la transsubstantiation : car la transsubstantiation n'est que le transport de la substantiation d'un agrégat à un autre, lorsque ce qui substantie ou substantialise l'agrégat des monades du corps du Christ est transporté à celui des monades du pain.

La substantiation demande, premièrement, que le *vinculum* ne fasse pas partie de l'agrégat : il n'est donc pas contenu dans les monades, ni dans la dominante ni dans les subordonnées, comme serait une modification ou un accident ; il n'est qu'une relation. Ce pour quoi Leibniz répète qu'il est « surajouté » par Dieu : non pas *additum*, comme on ajoute un élément, mais *superadditum*, comme quelque chose qui vient se superposer ou se surimposer à un ensemble d'éléments. Le schéma est semblable à celui qui ouvre le *De rerum originatione radicali :* trouver une unité supérieure qui donne la raison de l'agrégat des choses finies. Condition sine quà non : que cette unité soit supérieure au monde, c'est à dire extérieure à la série des états du monde : « car cette Unité dominante dans l'Univers ne régit pas seulement le monde, mais elle le construit, elle le fait ; elle est supérieure au monde, et pour ainsi dire au-delà du monde, et par conséquent elle est la raison dernière des choses »[1]. Si cette unité était dans le monde, elle serait un élément du monde, dont il faudrait encore expliquer la présence. Dieu existe par cette relation privilégiée : l'unité d'une série hors la série. En mathématiques, la raison d'une série est dans la série, et ce modèle est appliqué dans son exactitude à la substance simple : on peut lire dans l'âme de César tout ce qui est arrivé et arrivera à l'individu César, mais l'âme et l'individu ne sont pas réellement séparables ; l'âme est dans

1. *Phil.*, VII, 302 ; cf. traduction P. Schrecker, *Opuscules philosophiques choisis*, p. 83.

le corps dont elle rend raison. Mais pour que l'âme, substance simple, puisse s'unir au corps, il faut bien que celui-ci ait une certaine unité. A un niveau plus élémentaire donc, la question se pose de nouveau, analogue à celle qui ouvre le *De rerum :* comment penser l'unité dominante d'un agrégat ? Les premières lignes du texte autorisent l'analogie : l'unité du monde, agrégat de choses finies, est à penser comme celle du corps, agrégat de monades. Localement, pour chaque corps, et globalement, pour le monde pris en son entier, la question de l'unité est posée et résolue par le même schéma : une relation extérieure vient s'imposer aux multiplicités. Au *De rerum*, c'est Dieu le Père qui fait l'unité du monde (mais l'unité n'est qu'harmonique, car le monde n'est pas un tout dont Dieu serait l'âme) ; dans les Lettres à des Bosses, c'est le *vinculum* qui fait l'unité du corps et produit un être – ainsi le verbe fait chair se fait pain et vin. L'extériorité du lien à l'agrégat précise la nature de sa relation aux monades : elle n'est pas nécessaire métaphysiquement, mais simplement naturelle, ou physiquement nécessaire (XXXI, XXXIV, XXXVII) : les monades, là, sont exigées, mais non essentiellement requises. Il n'y aura par conséquent aucune contradiction, ou impossibilité logique, à ce qu'elles soient séparées du lien. D'où la relation de celui-ci à Dieu : il en est directement dépendant, il relève de la puissance, non de l'entendement. Si la nécessité du lien était métaphysique, elle serait une vérité éternelle, et Dieu n'y pourrait rien changer. Mais, par puissance absolue, il peut supprimer une relation dont la nécessité est simplement physique : d'où la possibilité de la transsubstantiation, en particulier. « Surajouté » par Dieu, le lien peut aussi bien être transporté à d'autres monades : cette action, étant possible, n'est pas incompréhensible, bien qu'elle soit de l'ordre du miracle – il suffit que Dieu veuille, ici et maintenant, rendre compossible l'incompossible. Mystère de l'incarnation, mystère de la présence réelle.

Deuxième condition. Le *vinculum substantiale* est ce qui réalise l'union. Il est donc un principe d'action ; mais il faut qu'il soit privé de perception. Tout être doué de perception est une monade, qui définit un point de vue particulier sur l'univers : le lien, alors, ne ferait qu'ajouter un son dans l'harmonie universelle. Il faut donc concilier ces deux exigences : le *vinculum* doit être actif tout en étant démuni de ce principe d'action qu'est la perception – actif à la manière de l'écho, qui rend un son qu'il n'a pas produit. Le registre musical est ici encore attendu : l'écho n'est pas une comparaison isolée, mais bien l'élément d'un système de métaphores, dont la cohérence lui donne sa valeur explicative. Une perception est une partition déterminée dans une symphonie, ou une note déterminée dans un accord. Mais cet accord, ou cette symphonie, n'a pas d'unité objective (elle ne la tient que du sujet percevant) parce que son existence reste morcelée, solidaire de la présence multiple des musiciens. La symphonie, écrite sur plusieurs partitions, distribuée en livrets, n'a d'unité que subjective, pour l'oreille qui l'écoute, et pour le chef d'orchestre ; mais les sources sonores sont multiples et séparées dans l'espace. De la même façon, en l'absence de lien, les corps ne sont que des phénomènes dont l'unité est simplement subjective, produite par la perception d'un sujet (XXV, XXXII, XXXVII) : tous les corps seront machines ou tas de pierres, troupeau, armée, paire des diamants du Grand Mogol… Comment trouver une unité objective, qui n'ajoute rien à l'ensemble, mais le reproduise *sub specie unitatis :* en termes musicaux, qui ne « détonne » pas, mais produise la répétition identique de l'accord ou de la symphonie, issue cette fois d'une seule source sonore, non plus distribuée dans l'espace mais passant par un seul point ou projetée sur un même situs ? L'écho donne le modèle de cette opération : l'accord qu'il rend est bien le même, mais son unité est objective, puisqu'elle vient d'une paroi unique, non d'une multiplicité de sources. Ce que l'on entend par l'écho, ou ce que l'on perçoit dans le corps, n'est plus la production originaire multiple rassemblée par la perception subjective, mais l'effet global objectif produit par le lien à partir des requisits élémentaires. Il faut que le composé soit un écho, sinon il serait un nouvel être, différent de l'agrégat ; il faut que le *vinculum* soit une paroi réfléchissante, non une source sonore singulière, car alors il aurait une perception propre qui viendrait enrichir l'harmonie. Le *vinculum* est cette relation privilégiée qui agit sans perception, il est le seul acte de la création qui ne découle pas d'une substance.

D'où la troisième condition, et le problème qui en suit. Le *vinculum* doit agir, puisqu'il produit l'unité ; mais il est de lui-même sans point de vue, n'étant pas une substance. Privé de perception, il n'est pas une monade ; il n'est pas non plus un accident des monades, parce qu'un accident ne peut être en plusieurs sujets. Il est donc une Relation, et pourtant il est dit substantiel. Dans plusieurs lettres la difficulté de nommer le lien se fait sentir, et les premiers textes où il apparaît le désignent par sa fonction : « une certaine union, ou plutôt quelque-chose de réel qui unifie ». (XXV) La lourdeur des expressions est signe du malaise que provoque un objet philosophique qui est à la fois Être et Relation. Comment une relation peut-elle être dite substantielle ? L'application de cet adjectif au lien ne va pas sans problèmes : d'où une discussion, à la Lettre XXXV, sur le mot *substantiel ;* car des Bosses est tenté de faire du lien un mode de la substance. Or, s'il est mode, il est produit, et non producteur : comment pourrait-il réaliser la substance composée ? Par rapport au mode, donc, il faut le dire substantiel. Mais la discussion recommence : comment est-il substantiel, n'étant pas substance ? Est substantiel, à proprement parler, ce qui a une individualité et des qualités issues de son propre fonds : or le *vinculum* les tire des monades ; condition de la production du substantié à partir des monades, il n'est ni une monade ni le substantié lui-même, mais l'effectuation de leur relation d'union. Il n'est donc pas, à la lettre, substantiel. Mieux vaudrait traduire « *substantiale* » par *substantial* : le lien n'est pas une substance, il est très exactement ce qui substantialise. Tous les textes le définissent comme un acte plutôt qu'une nature : « ce réalisant », « ce qui réalise », « quelque chose de réel qui unifie », « principe d'action du composé ». (XXX, XXXI, XXXVI) Il est comme un milieu entre la substance et la modification : seule la substance mérite véritablement son nom, parce qu'elle est source originaire de toutes ses modifications. Le *vinculum* est comme la substance en ce qu'il est source – mais à la manière de l'écho – des modifications du composé (XXXV) : s'il est la forme substantielle du composé, il n'est pas sujet des modifications des monades : au contraire, ce sont elles qui « influent » sur lui et lui donnent ses modifications (XXXIV) ; le lien substantial est alors leur lien (naturellement) et non celui d'autres monades. La relation est spécifique des éléments qu'elle unit : tous les liens sont semblables par leur fonction mais différents par ce que l'on peut appeler leurs qualités, c'est-à-dire l'ensemble des modifications multiples qu'ils tiennent des monades et dont ils deviennent le sujet collectif dans le composé. Il faut bien que le lien substantial tire quelque chose des monades, sans quoi le composé serait qualitativement différent des composants : il ne serait pas écho mais harmonie nouvelle. Or, la présence du lien, c'est-à-dire l'existence même de la substance composée, ne change rien aux phénomènes : les apparences resteraient les mêmes en l'absence de tout lien substantial, elles auraient simplement un moindre degré de réalité, puisque l'unité qu'on y perçoit resterait subjective. Le lien garantit la réalité du composé au niveau de la composition même, comme font les monades au niveau des éléments. Substantial, donc, car il donne au composé quelque chose comme une unité substantielle.

La difficulté est de penser le rapport des trois termes, lien substantial, substance composée, monades. Tous trois doivent être pensés simultanément, mais il faut distribuer sur eux deux types de simultanéité : l'une formellement nécessaire, l'autre simplement naturelle. Du lien substantial à la substance composée, le rapport est formellement nécessaire, ou de nécessité logique ; mais des monades au lien, le rapport est naturel ou physique. En d'autres termes, l'existence du *vinculum* est contingente par rapport aux monades et nécessaire par rapport à la substance composée ; mais l'existence de celle-ci est elle-même contingente. La substance composée n'existe que *sous vinculum ;* les monades en revanche peuvent exister sans lui, mais non pas lui sans elles, car aucune relation n'est hors les éléments. Il se trouve que le terme de *vinculum* reçoit aussi un usage mathématique[1], qui peut, par comparaison, faire comprendre en quoi le lien est substantial, d'un côté contingent, d'un autre nécessaire. Entendons par *substantial* ce qui, n'étant pas substance, donne à un être sa substantialité, c'est à dire son unité (donc sa réalité) et son identité (donc sa différence spécifique). Leibniz désigne par « *vinculum* » tout signe qui unit des éléments numériques quelconques. Mais le *vinculum* unit aussi bien les analysables que les inanalysables[2]. Cela veut dire que dans le premier cas le *vinculum* est contingent par rapport aux quantités qu'il modifie : « ce *vinculum* a cela de commode qu'on peut le dissoudre ». On reconnaît, par analogie, le rapport du lien substantial aux monades : il n'est pas nécessaire, pour celles-ci, d'être *sous vinculum ;* elles existent, réellement, sans lui. Le *vinculum* est contingent par rapport à l'existence des éléments, nombres ou monades. Mais il est des cas où le *vinculum* ne peut être séparé de la quantité qu'il modifie : ainsi « le *vinculum* d'une racine sourde est indissoluble ». Cela veut dire que le nombre $\sqrt{2}$, par exemple, n'est donné que *sous vinculum* : si l'on ôte celui-ci, celui-là du même coup disparaît. Le nombre 2 existe par lui-même, le nombre $\sqrt{2}$ requiert, nécessairement, un *vinculum.* Traduisons, analogiquement : si les substances simples existent indépendamment de tout lien (premier cas), les substantiés n'existent que par la présence d'un lien substantial (deuxième cas). Si l'on dissout le lien, la substance composée est du même coup anéantie, réduite en ses éléments essentiels, les monades ; et l'existentiel a perdu sa réalité spécifique. Le *vinculum* est nécessaire à l'existence (contingente) de cet être nouveau, nombre sourd ou substantié.

Le *vinculum*, mathématique ou ontologique, est hypothétiquement nécessaire pour le contingent et contingent pour le nécessaire : non point substantiel à proprement parler, mais requis pour la substantialisation du contingent : *substantial.* L'analogie tentée ici n'est point vaine, puisque Leibniz écrivait en 1695 : « eodem se modo habere contingens ad necessarium, quam numerum surdum ad rationalem »[3]. Or, quoique le

1. Lettre à Oldenburg, 27 août 1676, *Math.,* I, 114, A, III, I, 564, 569, 579 ; *Mathesis Universalis, Math.*, VII, 55 ; Couturat, LEIBNIZ, *Opuscules et Fragments inédits,* p. 101, 109-110, 122, 134, 141 ; A. Robinet (*Architectonique disjonctive, Automates systémiques et Idéalité transcendantale dans l'œuvre de G.W. Leibniz,* p. 85) indique en outre maints usages du mot en d'autres disciplines, histoire naturelle, droit, physique ; mais seul son usage dans la notation des irrationnels présente une analogie avec sa fonction en métaphysique.

2. *Opuscules,* Couturat, p. 101.

3. G. Grua, G.W. LEIBNIZ, *Textes inédits,* I, 371 ; et 368 (cf. trad. *in* LEIBNIZ, *Système nouveau,* GF., p. 57).

nombre sourd soit une imperfection, Dieu ne pouvait s'empêcher de le produire, car il fait partie de la meilleure série : sans lui, Dieu aurait privé la géométrie de certaines figures, sans lui Dieu n'aurait produit que des nombres et des quantités discrètes, jamais de quantités continues. Dans la suite des nombres, les irrationnels viennent combler les écarts entre les rationnels, ils représentent la puissance du continu.

Or telle est précisément la fonction de la substance composée : intermédiaire entre la substance simple et la modification, elle fonde la continuité réelle dans le phénoménal. La thèse est claire, et Leibniz la répète en plusieurs endroits : « la continuité réelle ne peut naître que du lien substantial » (XXXVII, cf. XXVI, XXV). Si l'on refuse le *vinculum*, il faut poser que les corps sont de simples phénomènes, bien fondés il est vrai dans les monades ; ou que le continu naît des points, ce qui est absurde. Car les monades, points métaphysiques, sont comme ceux de Zénon : mondes séparés, elles n'ont entre elles aucun situs réel, elles peuvent former des ensembles harmoniques mais discontinus, un accord mais non point une union(XXVI, XXVII)[1]. Alors les forces dérivatives et leurs effets, que nous percevons, reçoivent leur unité de notre seule perception : la continuité n'est que phénoménale, et ne dépasse pas la congruence. Alors les phénomènes ne seraient peut-être que songes bien liés. Si, en revanche, un lien réalise la continuité, c'est-à-dire la produit au niveau monadique, l'unité que nous percevons dans les phénomènes est bien réelle, comme si Dieu, en faisant don de ce lien à la contingence, garantissait la vérité de nos perceptions afin qu'au-delà de la certitude morale elle reçoive, de surcroît, une certitude métaphysique. Le lien substantial fait passer de la discontinuité des substances simples à la continuité des substances composées – et la dynamique devient une science des réalités, dépassant, une seconde fois, la mécanique. Avant le lien substantial, Leibniz n'est pas sorti du labyrinthe de la composition du continu : il faut bien oser dire que le problème n'est pas résolu, en toute rigueur, avant les Lettres au P. des Bosses.

Produisant, au-delà de l'accord des monades, leur union réelle dans un corps, le *vinculum* fonde du même coup la possibilité de l'« union métaphysique du substrat » Assez nombreux sont les textes où Leibniz distingue l'accord de l'âme et du corps et leur union métaphysique[2]. Textes que l'on passe trop souvent sous silence, pour ne pas remettre en question le bien-fondé de la thèse selon laquelle l'harmonie préétablie a

1. Cf. Belaval, *Initiation...*, p. 240-247.

2. *Théodicée*, Préface, *Discours*, art. 55, et I, art. 59 (*Phil.*, VI, 45, 81, 595) ; à de Volder, *Phil.*, II, 281 et à Rémond, III, 658. Cf. *in* LEIBNIZ, *Principes de la Nature et de la Grâce*, GF., p. 147-157. Voyez les Lettres I, V, XIII, XVI, XIX et XX).

résolu le problème cartésien de l'union de l'âme et du corps. Or, de l'aveu même de l'auteur, l'harmonie ne rend pas raison de l'union, mais simplement de l'accord que nous remarquons, dans les phénomènes, entre ce qui relève de l'âme et ce qui relève du corps : « il faut avouer que j'aurais eu grand tort d'objecter aux Cartésiens, que l'accord que Dieu entretient immédiatement, selon eux, entre l'Âme et le Corps, ne fait pas une véritable union, puisqu'assurément mon Harmonie préétablie ne saurait en faire davantage ». Et le P. Tournemine de rétorquer, aux *Mémoires* : « je regarde comme très-important l'aveu qu'il fait, que son Harmonie préétablie ne suffit pas pour mettre une véritable union entre le corps et l'âme ». L'accord est le modèle qui remplace, pour l'explication des phénomènes, le système de l'influx et l'occasionnalisme ; la raison de l'accord est à chercher dans l'harmonie préétablie, loi globale du monde dont l'accord de l'âme et du corps est une figure locale, au même titre que toute autre relation harmonique. Dans le modèle de l'accord, l'âme, comme toute monade, représente tout l'univers, et plus particulièrement son corps organique. Comment rendre raison de ce rapport privilégié ? Là sans doute faut-il invoquer l'union métaphysique du substrat. Leibniz écrit à Tournemine, en 1708, puis à des Bosses, avant 1710, qu'il en est de l'union métaphysique comme de la présence du Christ dans l'eucharistie, dont on n'a nulle notion intelligible et que l'on ne peut expliquer par les phénomènes. Résumons : l'harmonie préétablie rend raison de l'accord de l'âme et du corps, mais non point de l'union qui fait de l'âme un sujet ou un substrat, qui, dans la lettre à Rémond, « les fait composer *unum per se*, un animal, un vivant ». L'harmonie préétablie, d'autre part, ne suffit pas à prouver qu'il y a dans les choses une réalité autre que phénoménale : « il n'est pas possible de prouver à partir de l'Harmonie qu'il y a dans les corps quelque chose d'autre que les phénomènes » (XXVI). Le rapprochement de ces deux insuffisances permet l'hypothèse suivante : ce qui fait que les corps sont plus que des phénomènes est aussi ce qui fonde l'union métaphysique de l'âme et du corps. En d'autres termes : tant que l'on pense le corps comme phénomène, on ne sait pas rendre raison de son union avec l'âme ; comment, en effet, ce qui est absolument simple pourrait-il être réellement uni à une multiplicité discontinue ? Le simple ne peut que représenter le multiple, mais non s'unir à lui ; la relation du simple au multiple n'est pas spécifique de l'âme et du corps. Dès qu'un lien réel est surimposé aux monades, il produit l'unité de la multiplicité d'unités, donc l'union réelle avec l'âme qui représente cette unité : car il produit l'union de toutes les monades du corps, et donc aussi l'union des monades dites subordonnées à celle qui domine par ses perceptions plus distinctes et que l'on appelle âme du corps organique. D'où cette thèse constante dans les Lettres : la monade dominante est fixée au lien substantial. Cela est nécessaire : car l'opération qui substantialise le corps est identiquement celle qui fait du corps et de l'âme un *unum per se*.

L'union métaphysique de l'âme et du corps était aussi mystérieuse que la présence du Christ dans l'eucharistie ; cette présence devient à son tour lumineuse lorsque la première est éclairée. Car la présence du Christ dans l'eucharistie relève, à l'évidence, du même opérateur : le Christ tout entier – sa personne même – est présent lorsque la substance de son corps a remplacé le pain, puisque l'âme est fixée au lien substantial. Si le corps du Christ est présent sur l'autel, alors son âme s'y représente aussi, en vertu de l'union métaphysique. Non point que l'âme fasse l'unité ou la substantialité du corps – thèse affirmée, mais non élucidée dans les Lettres à Arnauld – mais plutôt parce que la substantialité du corps permet la présence de l'âme. Ce n'est pas sans raison si, dès 1706, Leibniz unissait dans une même incompréhensibilité l'union de l'âme et du corps et la présence eucharistique : au même mystère la même solution. Or, de façon inattendue peut-être, c'est le mystère au sens religieux qui éclaire ce qui restait mystère pour la métaphysique : la transsubstantiation est la source des problèmes et des solutions [1].

1. Sur la polémique concernant la pertinence théorique du *vinculum* dans le système leibnitien, voyez les notes 5 et 6 de la Lettre XXV.

## CHAPITRE III

# LA RELATION EUCHARISTIQUE

### HYPOTHÈSE

Pourquoi l'ensemble des Lettres dérive-t-il vers la question de la transsubstantiation ? On peut s'en étonner : Leibniz est protestant, et ne s'en cache pas ; d'un point de vue strictement religieux, la transsubstantiation ne l'intéresse pas (XIX, XX)[1]. Or elle intéresse, de près, le Système, puisque c'est par ce biais que s'invente la notion de lien substantial, et partant de substance composée : avant 1710, les corps ne sont, en toute rigueur, que des phénomènes. Théoriquement donc, la transsubstantiation présente cet intérêt : elle est le lieu où se trouve posé et résolu un problème réel du Système, celui de la substantialité des corps. Cette question de théologie implique en philosophie « une recherche plus élevée » : car pour expliquer la transsubstantiation d'un corps en un autre, il faut au préalable démontrer la substantialité de chacun, c'est-à-dire produire leur substantiation. Trouver, donc, ce par quoi ils sont substances, en d'autres termes ce qui produit leur unité respective : car l'Être et

1. Voyez la lettre XIX, note 8. Leibniz a maintes fois affirmé son appartenance à la Confession d'Augsbourg et sa croyance en la présence réelle ; la multiprésence toutefois pourrait n'être pas si éloignée de la transsubstantiation – mais pensée dans le rapport de la substance aux accidents – ce que Leibniz récuse, en dernière instance : « nam hoc quoque ostendetur, quod nemini in mentem venit, *Transsubstantiationem et multipraesentiam realem* in ultima Analysi non differre ; nec corpus aliter in multis locis dissitis esse posse, quam ut substantia sua sub diversis speciebus intelligatur ». (à Arnauld, 1671, *Phil.*, I, 75 ; A, II, I, p. 175) – cette déclaration doit bien sûr se situer dans le contexte d'une conversion possible de Leibniz. Plus importante ici est la remarque faite à des Bosses : sous l'hypothèse que les corps sont de simples phénomènes, et qu'il n'y a d'autres réalités que les monades, « je crains, que nous ne puissions expliquer le mystère de l'incarnation, et d'autres, sans en venir aux liens réels ou unions ». (10 octobre 1712, *Phil.*, II, 461).

l'Un sont choses réciproques. Comment peut-on dire que le corps, ensemble multiple de monades, est cependant un être ? Or l'on voit immédiatement que le problème préalable est analogue au problème initial : la substantiation et la transsubstantiation consistent à produire l'un à partir du multiple, un seul être à partir de deux ou plusieurs êtres réellement distincts. Ce n'est donc pas un hasard si la transsubstantiation est le lieu privilégié où se pose et résout le problème de l'unité du corps : car elle est ce problème même, sous certaines modalités à déterminer. Mais la question se laisse encore généraliser : car produire l'identité de deux substances, ou l'unité de plusieurs monades, est une opération qu'on peut appliquer – aux degrés près – à toute relation intersubstantielle : à penser entre deux ou *n* substances une relation de moins en moins forte, on passe de l'identité à l'unité, de celle-ci à l'union, et de celle-ci encore à l'expression ou harmonie, c'est à dire de relations substantielles très particulières et spécifiques à la relation la plus générale du Système.

Suivons donc l'hypothèse que si Leibniz finit sa vie à réfléchir sur la transsubstantiation, c'est que celle-ci donne, localement, le modèle optimal du problème le plus global du Système : la relation intersubstantielle.

## LE DOGME DE LA TRANSSUBSTANTIATION

Le dogme catholique pose à la métaphysique un problème quasi-insoluble : comment expliquer rationnellement la possibilité de la transsubstantiation ? Comment expliquer qu'entre deux substances les différences puissent s'annuler au point que l'une devienne réellement l'autre ? Les théologiens se demandent très tôt si l'idée même de transsubstantiation n'est pas une absurdité : point de départ de maintes hérésies, et des réformes du XVIe siècle. Bien avant que le Concile de Trente ne fixe les termes de la définition – « une conversion de toute la substance du pain en la substance du corps du Christ Notre Seigneur et de toute la substance du vin en la substance de son sang » [1] – la question était posée en termes de substance, et c'est bien ce qui fait problème. Les Pères de l'Antiquité disaient « changement » ou « conversion », mais dès le Ve siècle Saint-Cyrille affirme la présence réelle et la conversion substantielle, et la doctrine du « réalisme » devient dominante. Pour répondre à Bérenger, le Concile de Rome (1079) définit officiellement ce changement comme une conversion substantielle. Le mot latin *transsubstantiatio* devient courant dès le XIIe siècle, canonisé par Innocent III dans une lettre de 1202 ; enfin le

1. Voyez le *Dictionnaire de Théologie catholique*, art. « Transsubstantiation »

Concile de Trente (1545-1563) précise que « la Sainte Église Catholique a convenablement et proprement appelé ce changement la Transsubstantiation ».

Il est frappant que seule la thèse leibnitienne rende raison du mot et de la chose. Thomas d'Aquin explique la transsubstantiation par référence à la notion aristotélicienne de changement : l'opération eucharistique ressemble à la fois à la création et à l'altération, ou transformation naturelle, plus proche cependant de cette dernière, car en toute rigueur l'on ne peut nommer « changement » une création[1]. Entre ces trois opérations, il analyse en précision les analogies et les écarts. Mais, semble-t-il, les écarts, justement, interdisent les analogies et infirment l'explication, ou du moins laissent le problème entier. Ainsi, dans la *transmutatio naturalis*, l'opération se joue entre la forme et la matière : « la matière de l'un des extrêmes reçoit la forme de l'autre », donc pour expliquer la transformation, l'on dispose déjà d'une relation sur laquelle on peut varier ; mais dans le cas de la transsubstantiation, cette relation, inexpliquée chez saint Thomas, reste à construire. Car le dogme catholique ne permet pas de dire, en termes aristotéliciens, que la matière du pain reçoit la forme du Christ : il faut poser que toute la substance du pain se change en toute celle du corps du Christ. Que les deux termes soient deux substances complètes rend la relation opaque, et l'opération miraculeuse. De ce qu'il n'y a préalablement aucune relation entre les termes sur laquelle appuyer celle-ci, il faut la dire sans sujet : deuxième difficulté. Dans la transformation naturelle, un sujet demeure, qui se transforme : par exemple, « le blanc se change en noir » signifie que le sujet du blanc peut devenir noir ; ou bien « l'air se change en feu », par synecdoque : car l'air est une partie du feu. Dans la transsubstantiation, aucun sujet ne demeure comme support de la transformation (ce sont les accidents qui demeurent) : l'opération est donc sans sujet, et Thomas conclut en l'attribuant à la seule puissance active du Créateur[2]. Les controverses théologiques se développent à partir de la position thomiste du problème, à l'intérieur de ce cadre aristotélicien. Or il est à noter qu'elles portent beaucoup plus sur le rapport de la substance aux accidents que sur le rapport de substance à substance, lequel est pourtant le seul vrai problème que pose la transsubstantiation. La conversion totale d'une substance en une autre semble, en bonne métaphysique, inexplicable. Ce pour quoi Bérenger, puis Wicleff, la nièrent purement et simplement ; ce pour quoi certains réformés remplaçèrent l'idée de transsubstantiation par celles de consubstantiation ou d'impanation ; Luther quant à lui les refuse et pose la présence réelle, en vertu d'une

1. *Somme Théologique*, III, Qu. LXXV, art. 8.

2. *Somme Théologique*, III, Qu. LXXVII, art. 1.

comperception (la « multiprésence » du pain et du Corps est explicable, dans le Système de l'Harmonie, par la concomitance) ; mais Calvin nie la réalité de la présence pour un rapport symbolique entre le pain et le corps du Christ. Les théologiens catholiques, eux, s'ils acceptent la définition canonique, en changent quelque peu les termes lorsqu'ils passent à son explication, ou, plus exactement déplacent l'explication. Car ils ne travaillent pas sur le rapport de substance à substance, mais sur celui de la substance aux accidents : au lieu de construire un rapport métaphysique possible qui rendrait raison de la conversion substantielle, ils montrent ce que cette conversion produit dans la relation déjà donnée du sujet aux prédicats. Ils supposent donc le problème résolu, et se bornent à reformuler la question en ces termes : étant donné le changement de la substance du pain en celle du corps du Christ, comment expliquer la permanence des accidents du pain ? Le Père des Bosses ne fait pas exception à cette loi : il formule la question en termes de substances et accidents, et Leibniz s'évertue à lui montrer qu'il convient de la poser, pour la résoudre, en termes d'unité et de multiplicité. Exemples parmi les théologiens catholiques. Bellarmin, *Controversiae de Eucharistia* (I, XVIII) : il faut expliquer comment le corps du Christ existe sous les espèces, non par simple présence ou coexistence, mais en vertu d'une union comme celle qui unissait la substance du pain à ses accidents ; Bellarmin propose le système de l'adduction : le corps du Christ est amené par contact, il perd sa distance par rapport aux espèces sacramentelles. Suarez propose le système de la reproduction : Dieu en général agit « conservativement » sur les substances, c'est-à-dire qu'il les conserve sous leurs accidents ; ici, Dieu agit « reproductivement », reproduisant la substance du Corps sous les espèces du pain et du vin [1]. Mais ce n'est pas, *stricto sensu*, la conversion définie par le Concile de Trente : la conversion d'une substance en une autre demande plus que sa reproduction sous d'autres espèces. Toutes ces thèses ne rendent pas compte de la définition du Concile, l'adduction et la reproduction permettent de penser une substitution du corps du Christ au pain, mais il reste toujours à expliquer « cette conversion admirable et singulière » qui se nomme proprement Transsubstantiation et qui fait un lien intime entre les deux effets : cessation de la substance du pain, présence du Corps [2]. Lien si intime entre les deux substances qu'il doit s'effacer jusqu'à l'identité totale, en quoi consiste la conversion elle-même, de substance à substance.

1. Voyez *D.T.C.*, « Transsubstantiation ».

2. Telle est la critique de Billot, *De Ecclesiae Sacramentis*, Rome, 1906 ; cf. *D.T.C.*, art. « Transsubstantiation » et « Eucharistie » (col. 1365).

En 1640 paraît à Padoue une *Resolutio de modo evidenter possibili Transsubstantiationis* de J. Balli. On ne sait si Leibniz l'a lue, mais – bien que le problème soit posé différemment – la solution proposée n'est pas sans ressembler à la thèse leibnitienne. Pour penser le rapport du Corps aux espèces matérielles, Balli invente la notion de « *vinculum efficientiae* » *:* le pain est un ensemble de propriétés sensibles qui ont une certaine activité ; dans la transsubstantiation, l'activité sensible dont le pain est doué est transférée au corps du Christ ; celui-ci est donc relié aux espèces par ce lien d'efficience, c'est-à-dire que les espèces ou apparences sont devenues un effet activement produit par le Corps [1]. Bien qu'il ne s'agisse pas exactement ici du rapport de substance à substance, il est intéressant de voir apparaître les notions de lien et d'activité, éléments de l'explication leibnitienne.

## LA SOLUTION LEIBNITIENNE AVANT LE LIEN SUBSTANTIAL

Une solution au problème de la transsubstantiation est-elle possible hors le lien substantial ? Les *Demonstrationes catholicae* avancent une explication, mais la simple comparaison des deux textes qui composent la *Demonstratio possibilitatis Mysteriorum Eucharistiae* rend l'explication caduque. La *Refutatio Hypotheseos Thomas Angli* [2] montre qu'un modèle naturel de la transsubstantiation, à la manière cartésienne, est contradictoire, et indique la solution qui sera proposée au texte suivant : l'union de l'âme (*mens*) du Christ au pain. De cette *Refutatio,* deux notes de Leibniz sont particulièrement intéressantes. Thomas White écrit : « Transsubstantatio sit conversio panis in corpus Christi Domini, id est in Christum » ; plus loin : « Panis, qui fuerat conversus in Christum ». Par deux fois Leibniz corrige : non pas « conversio panis in corpus Christi » mais bien « substantiae in substantiam, ut loquitur Concilium Tridentium, inter quae multum interest » ; et d'autre part : « corpus Christi non recte dicitur Christus quia per se non est suppositum », d'où, plus loin « conversio panis, non est Christum, sed in substantiam corporis ejus, inter quae multum interest ». Donc : premièrement, la transsubstantiation est une conversion de substance à substance, substance du pain en substance du corps du Christ ; deuxièmement, le corps du Christ n'est pas le Christ, parce que le corps n'est pas par soi sujet ou suppôt. Il faut

1. Voyez *D.T.C.*, art. « Eucharistie ».

2. A, VI, I, 501-508 ; Leibniz réfute les écrits de Thomas White (*Praefatio metaphysica* et *Appendix theologica de origine mundi*) joints au traité de Digby, *Demonstratio immortalitatis animae* publié à Paris en 1651.

donc construire les notions de substance du pain et de substance du corps du Christ ; à cette condition seulement la transsubstantiation reçoit une explication rationnelle.

Or le *De Transsubstantiatione* ne donne pas le moyen de penser la substance corporelle comme un être véritable, car c'est l'âme qui est dite produire la substantialité du corps. Résumons l'argument : la substance est un être par soi, c'est-à-dire qui a en soi son principe d'action ; s'il s'agit d'un corps, ce doit être quelque chose qui a en soi le principe de son mouvement ; or aucun corps, séparé de l'âme, n'a en lui le principe de son mouvement. Donc aucun corps n'est substance. Tout ce qui n'est pas substance est accident ou apparence : le corps est donc tel. Mais tout ce qui est saisi avec l'âme peut être dit substance, ainsi la substance du corps humain est saisie avec l'âme de l'homme. La substance d'un corps est donc dans l'union avec son âme. Cela posé, la transsubstantiation se définit comme suit : ce dont la substance est dans l'union avec l'âme est transsubstantié lorsqu'il y a modification de ladite union. Le pain et le vin en tant que corps sont transsubstantiés au corps du Christ lorsqu'ils reçoivent le concours spécial de l'âme du Christ. Or ce dernier texte tombe sous le coup des critiques formulées au premier ; ceci pour deux raisons. La transsubstantiation est une « conversio substantiae panis in substantiam corporis Christi » : or, si la notion d'une « substantia corporis Christi » est claire, par l'union à la « mens Christi », celle d'une « substantia panis » reste à définir. La proposition septième du *De Transsubstantiatione* affirme que, n'étant pas substance, le corps n'est qu'accident ou apparence. Donc, sauf à construire la notion d'une substance corporelle du pain (mais, en 1668, les composés n'ont pas acquis droit de bourgeoisie parmi les substances), l'expression « panis » ou « panis tanquam corpus » désigne les accidents ou apparences, et la transsubstantiation est réduite à un jeu sur le rapport de la substance aux accidents. D'autre part, Leibniz a refusé l'identification du « corpus Christi » au « Christus » lui-même, parce que le corps par soi seul n'est pas suppôt : le pain n'est pas converti au Christ mais au corps du Christ. Or pour affirmer la substantialité du corps du Christ, Leibniz fait intervenir l'âme du Christ : ce qui rétablit la présence du Christ lui-même, sa personne, et non pas seulement sa substantialité corporelle ; alors le pain est converti au Christ lui-même. Car si le corps du Christ n'est substance que par la présence de l'âme du Christ, lorsque le pain est transsubstantié au Corps, il devient le Christ en personne, corps et âme, et le texte de Thomas White était rigoureux. De nouveau, il n'y a pas transsubstantiation mais trans-subjectisation : l'âme du Christ devient sujet des accidents du pain. Cela n'est pas conforme à la définition du Concile – preuve en est que jamais les textes théologiques, de Thomas d'Aquin par exemple, ne font intervenir l'âme du Christ dans l'opération même de l'eucharistie ; elle n'est présente que par concomitance.

Quoi qu'on en veuille, la solution ici proposée n'est pas si différente de la cartésienne. Le miracle de l'eucharistie consiste simplement en la « présence sacramentelle » du corps du Christ sous les espèces, par les seules paroles de la consécration. Descartes fonde l'explication de cette présence sur le rapport de l'âme au corps[1] : l'âme du Christ vient surnaturellement « informer » les particules du pain. Nous pouvons penser une transsubstantiation naturelle « lorsque nous mangeons du pain et buvons du vin : les petites parties de ce pain et de ce vin se transsubstantient naturellement », en ce qu'elles deviennent parties de notre corps. Dans cette transsubstantiation, elles perdent leur identité de particules du pain pour devenir parties réelles de notre corps organique individué : et ce parce qu'elles sont désormais soumises à notre âme une et indivisible. Car notre corps adulte n'est évidemment pas le même, matériellement, que notre corps d'enfant, et cependant c'est bien le même, « en tant qu'il est uni à la même âme », laquelle « informe » le corps, c'est-à-dire lui donne son unité d'individu. Il est clair que cette explication est théoriquement insuffisante, puisque fondée sur la thèse de l'union de l'âme et du corps, laquelle ne reçoit aucune solution théorique dans le cartésianisme. Or l'explication leibnitienne n'est pas plus satisfaisante : fondée, elle aussi, sur l'union de l'âme et du corps, elle laisse dans l'incertitude la définition du corps. C'est pourquoi, sans doute, les Lettres à des Bosses ne reprendront pas l'explication que propose la *Demonstratio* de 1668 : pour penser la transsubstantiation, il faudra au préalable construire le corps comme substance. Mais en toute rigueur, l'union de l'âme et du corps ne produit pas la substantiation du corps, parce qu'elle n'est qu'un cas particulier de l'expression : accord, non point union réelle. Le lien substantial apporte une modification dans l'explication de l'eucharistie comme dans celle de l'union de l'âme et du corps ; la première est l'indice de la nécessité de la seconde.

## La solution par le lien substantial

« Enfin s'il y a quelque chose qui constitue la substance corporelle, c'est là que vous pouvez chercher la possibilité de la Transsub-

1. Cf. IV$^{e}$ Réponses (A.T. VII, 247-256 et IX, 190-197) ; lettre à Mesland du 9/2/1645 (A.T. V, 162 *sqq.*). Sur « former », « informer », voyez les *Regulae*… (XII, A.T. X, 411 et trad. in Pléiade p. 76). Sur l'eucharistie chez les Cartésiens, cf. JR. Armogathe, *Theologia Cartesiana*, La Haye, 1977, en particulier les p. 43-81.

stantiation » (XXXI). La thèse est claire : le lien substantial est bien la condition d'intelligibilité de la transsubstantiation, puisque la substantiation des corps lui est préalable. Leibniz est le seul à prendre à la lettre le mot *transsubstantiation*, c'est-à-dire le transport de l'unité (donc de l'être) d'une multiplicité d'éléments (les monades du Corps) à une autre (les monades du pain). En toute rigueur il faut que le pain soit substance, il faut que le corps du Christ soit substance, il faut que notre corps, ce « *cadaver* » séparé de l'âme ne soit point nommé substance par abus, il faut donc, pour distinguer les corps des phénomènes, que leurs monades aient entre elles une connexion particulière, une liaison plus forte que la simple harmonie. Lettre XXVI : « il n'est pas possible de prouver à partir de l'Harmonie qu'il y a dans les corps quelque chose d'autre que les phénomènes ». En d'autres termes, la loi de l'harmonie ne construit pas l'unité des corps, elle ne fait que rendre raison de la congruence des phénomènes. Le seul Système de l'Harmonie ne saurait donc expliquer la transsubstantiation, ce défaut est visible dans les textes de 1668.

La solution par le lien substantial lève les difficultés que posait à la métaphysique la notion de transsubstantiation. Par définition, la substance est d'abord un individu : indépendante des autres, sujet fixe ou suppôt du changement, mais non soumise elle-même au changement ; individualité, indépendance, immutabilité. La définition de la substance comme monade n'est pas en contradiction avec la tradition métaphysique lorsqu'elle lui ajoute la causalité des prédicats. Sous cette définition, la transsubstantiation est impossible, c'est-à-dire contradictoire : une substance ne peut perdre son identité pour prendre celle d'une autre substance. En termes leibnitiens : il est contraire au principe des indiscernables et à la définition même de la monade qu'une monade donnée devienne, par conversion totale, une autre monade. C'est pourquoi Leibniz, à la Lettre XXVIII, pose la question, apparemment toute simple, mais pertinente, de ce que désignent les mots : lorsqu'on dit *Ceci est mon corps,* qu'entend-on par *ceci* et qu'entend-on par *corps ?* La relation est clairement désignée par le verbe : l'identité des deux termes ; mais, précisément, la définition de ceux-ci peut rendre la relation possible ou impossible. A supposer que les termes soient deux monades, il est évident que l'opération est contradictoire donc impossible : car le principe des indiscernables est assimilable à une vérité éternelle, puisqu'il suit directement de la raison suffisante et du principe d'identité. Dieu ne saurait produire l'absurde, même les miracles ne sont point hors d'ordre. D'où l'abandon, dès la Lettre XX, de la solution d'abord proposée dans la lettre précédente à partir d'une hypothèse du P. des Bosses : pour que les accidents réels demeurent sans sujet, il suffit de dire que les monades qui constituent le pain, avec les forces primitives, sont changées en celles du Corps, tandis que demeurent seulement les forces dérivatives qui étaient dans le pain et produisent des phénomènes. Cette pseudo-solution pose au moins deux problèmes. Celui, d'abord, de la conversion des monades, insoluble en vertu du principe de l'identité absolue des simples. Si les corps, donc, ne sont qu'agrégats de monades, la transsubstantiation se joue de multiplicité à multiplicité ; changer un corps en un autre, c'est changer les monades constituantes du premier en celles du second ; il faudrait oser dire, alors, transmonadisation, comme terme équivalent à transsubstantiation. D'autre part, le rapport des phénomènes aux monades se trouve brouillé : puisque nous continuons de voir, après la consécration, les phénomènes du pain, il faudrait dire que les monades du corps du Christ ont les mêmes perceptions que celles du pain, et qu'ainsi les phénomènes du pain, que nous percevons, sont fondés dans les monades du Corps : celui-ci sera sujet des accidents apparents, résultat non conforme à la doctrine catholique, et impensable dans le Système (XXVIII).

La difficulté est la suivante : trouver un moyen de garder les simples qui entrent dans un composé tout en changeant la nature de celui-ci. Autrement dit : conserver les substances simples d'un composé qui cependant est dit se changer en toute la substance d'un autre. Une seule solution : transporter la substantialité du simple au composé, et la transporter derechef d'un composé à un autre. Faire passer au niveau du composé ce qui est le propre du simple, savoir, la substantialité, transformer le composé en unité, et traiter le multiple comme s'il était un ; puis transporter son unité. La transsubstantiation eucharistique est seconde par rapport à ce premier transport de substantialité, l'opération est bien la même, au degré de complexité près. L'intérêt de la solution par le lien substantial est de situer l'opération eucharistique au niveau du composé : car ce qui est impossible au niveau des simples devient possible lorsqu'il s'agit du composé, pour cette raison que le lien substantial est contingent, et non nécessaire, et qu'il est plus substantial que substantiel, opération plutôt que chose. Il est contradictoire de changer une monade en une autre, non de transporter le lien des monades du corps du Christ à celles du pain, puisque la relation des monades au lien n'est pas de nécessité logique (XXVIII, XXXI, XXXV) : si les monades des corps ne recevaient aucun lien, l'ordre du monde n'en serait pas changé, garanti par la loi de l'harmonie préétablie. Par *ceci* et par *corps* l'on entendra donc, non les substances simples ni les apparences, mais l'union originale qui produit une substance nouvelle, la substance composée. Il est parfaitement rigoureux de remplacer le défini par sa définition : soit, dans l'opération eucharistique, la substance composée par ce qui la produit, savoir, la loi de composition qui la rend possible et l'amène à l'existence ; il faut changer non les simples, non la multiplicité des simples, mais l'unité de cette multiplicité. La thèse leibnitienne est conforme au dogme catholique : il y a bien conversion de toute la substance du pain en toute celle du Corps, puisque ce qui fait la substantialité de celui-ci devient ce qui fait la substantialité de celui-là. Il n'est pas contradictoire de supprimer les liens substantiaux des corps qui composent le pain, puisqu'il n'était pas nécessaire de les créer ; il n'est pas non plus contradictoire de transporter le lien substantial du Corps à d'autres monades, puisqu'il n'était pas nécessaire que ce lien unît telles monades plutôt que telles autres. Le lien substantial est une opération : il n'est pas formellement spécifié ni spécifique de telles monades déterminées, il reçoit sa spécification (c'est à dire ses modifications) comme en écho, après coup, lorsque Dieu porte le composé à l'existence. Mais il n'a point de définition ou nature au sens où les monades sont définies : il est libre ou neutre, vide de qualités, donc transportable, mais spécifié dès que mis en jeu, vicaire. Déterminé par l'existence mais non par l'essence.

De là suivent plusieurs conséquences. La transsubstantiation n'est pas une opération contradictoire, puisque les monades restent inchangées : Dieu n'a pas à supprimer les monades du pain, ce qui serait incompatible avec sa sagesse. Car s'il augmentait ou diminuait le nombre des monades, l'harmonie ne serait pas, à la rigueur, préétablie, mais toujours à établir. Il est donc plus conforme à la sagesse et à la grandeur divines de penser que Dieu a une fois pour toutes établi toutes les monades et la série de leurs prédicats dès le début de la création. La conservation des accidents du pain sous la substantialité du Corps est désormais compréhensible : puisque les monades du pain sont conservées, la série de leurs prédicats l'est aussi, et partant les phénomènes perçus. Mais la substance du Corps n'est pas sujet des accidents apparents : ceux-ci restent fondés dans « leurs » monades, par la loi de l'expression. Le miracle eucharistique n'est donc pas en rupture avec la loi globale du Système, Dieu ne fait rien hors cet ordre. L'explication de l'eucharistie par le *vinculum* donne un éclaircissement sur la notion de miracle. L'article VII du *Discours de Métaphysique* définit le miracle comme l'exception aux maximes subalternes, coutumes de Dieu ; par rapport à celles-ci, les miracles relèvent d'une légalité plus haute ou d'une « raison plus forte ». Le miracle n'est pas tant la rareté parmi le coutumier que l'indice d'un ordre de lois qui échappe à l'esprit fini. Les Lettres précisent le champ d'application de ces lois : les miracles se font dans la contingence, ils concernent les existences mais non les essences.Le miracle ne consiste pas à rendre possible l'impossible, mais compatible l'incompatible, dans un cas singulier de l'effectuation du monde choisi.

En effet, le miracle, dans l'eucharistie, est que le lien substantial du Corps puisse exister comme lien des monades du pain, tout en restant lien du corps du Christ : miraculeuse est la conjonction de ces deux existences, ou plutôt la coexistence du lien d'un corps et des monades d'un autre ; elle suit de la puissance divine, sans contrevenir aux lois de l'entendement ; d'où son intelligibilité. Mais la substance composée elle-même est déjà une telle coexistence : celles de monades qui ont par leur lien substantial un degré de connexion plus fort que la simple harmonie. L'entr'expression est une loi d'essence, elle a sa source dans l'entendement divin ; le *vinculum* est une loi d'existence, il a sa source dans la puissance de Dieu : il est un mystère de la création, parce qu'il est lié aux existences[1]. De la coutume de Dieu au miracle, tout change : il faut passer de l'Entendement à la Puissance ; or du premier nous savons mimer les lois, mais de la seconde nous ne pouvons rien dire, parce qu'elle ne code pas l'universel mais le singulier : les miracles, la grâce, les circonstances. Les miracles obéissent à la logique du singulier, qui produit un ordre local sur le plan global du monde : la foi et la raison ne sauraient s'opposer parce qu'elles ne sont pas du même ordre. Notre incompréhension vient de ce que le chemin du local au global, ouvert à Dieu, nous est fermé.

Mais peut-on prétendre expliquer un miracle par un mystère ? Si le *vinculum* lui-même reste incompréhensible, offre-t-il une explication de la transsubstantiation ?

Dans le cadre de la discussion avec des Bosses, le lien substantial fonde la possibilité de la transsubstantiation. Il donne une solution métaphysique, intégralement fondée sur la notion de substance (composée). Il permet de prendre à la lettre le dogme catholique : il y va du rapport de substance à substance, conversion d'une substance en une autre, et non transport d'une substance à d'autres accidents. En changeant les termes de la question, Leibniz sort de l'impasse où menait la formulation aristotélicienne : comment des accidents demeurent-ils sans sujet ? La notion de *vinculum* rend possible l'opération *trans-* : si la substantialité d'un composé ne consiste que dans son lien substantial, elle est, comme toutes les relations, transportable d'éléments en éléments ; ce caractère particulier de substance/relation la rend quasi-mobile. La « présence réelle » est désormais explicable : le corps du Christ est présent à la manière des substances, comme unité d'une multiplicité, mais non comme la multiplicité elle-même, comme fondement, non comme phénomène. Des Bosses reçoit-il le lien substantial comme une solution ? Sa position est ambiguë : il accepte les notions de lien et de substance composée, consent

1. Voyez Belaval, *Initiation*... p. 250.

à leur usage dans l'explication de la transsubstantiation, mais en même temps refuse que le *vinculum* soit « *substantiale* » parce qu'il n'est pas, à proprement parler, source originaire des modifications, mais seulement à la manière de l'écho. Le *vinculum* est « *reale* » sans être « *substantiale* », ce qui est contradictoire : car rien ne peut être réel qui ne soit aussi substantiel. Il propose donc de faire du *vinculum* un « *modus substantialis* » qui modifierait substantiellement les monades. Ce qui est, à l'évidence, tout aussi contradictoire, et réduit à néant l'explication de la transsubstantiation : car si le lien est mode, c'est un certain mode du Corps qui est transporté au pain, et non la substance. Or cette querelle de mots n'est pas l'effet de l'incompréhension du jésuite, mais plutôt l'indice de l'obscurité de l'adjectif *substantiale* lorsqu'il s'agit du *vinculum,* c'est à dire d'une relation qui soit aussi en quelque sorte substance, ou substantialisante.

Est-ce hasard, est-ce pure circonstance, si la théorie du lien substantial apparaît à propos de la transsubstantiation ? Le rapport logique des deux opérations, l'enveloppement de la substantiation dans la transsubstantiation se laisse aussi bien lire comme l'une de ces implications de culture qui parfois nous éblouissent, et qu'il faudrait lire en anthropologue plutôt qu'en philosophe. Hasard, ce court-circuit clair-obscur entre la théologie et la philosophie ? Circonstance, oui, mais au sens, quasi-spatial quasi-logique où, autour d'une figure d'histoire des religions, gravitent, de façon imprécise, floue et pourtant exacte, des problèmes et des solutions que l'on croyait propres à la métaphysique. L'on ne sait plus trop si c'est le lien substantial qui explique l'eucharistie ou bien l'inverse : cela-même est intéressant. Le *vinculum* veut expliquer clairement la possibilité de la transsubstantiation, mais l'obscurité de l'opération rejaillit sur le moyen. Le miracle religieux se traduit en mystère philosophique, la métaphysique répète analogiquement la théologie, parce que celle-ci a poussé à leur limite extrémale les paradoxes de celle-là : *ceci est mon corps, ceci est mon sang ;* ces propositions sont, sans doute, incompréhensibles, on les appelle mystères ou miracles ; mais le sont-elles plus que les propositions qui disent « ceci est cela », « *S est P* », ou « *A est B* » ?

Or, justement, la forme « S est P », intelligible par son analyticité, ne rend pas raison de la transsubstantiation, ni de l'existence du corps comme substance composée ; ce pour quoi Leibniz refuse de la penser en termes de substance et accidents : les espèces matérielles ne sont pas plus les attributs du Corps que la substance composée n'est un mode des monades. Dans la série des prédicats inclus dans la monade ne figure pas son appartenance nécessaire à une substance composée. La logique fondée sur le principe d'identité et la relation d'inhérence est trop élémentaire pour rendre raison de ce qui fonde l'existence réelle des corps : l'inclusion d'un lien entre les monades. Du prédicat au sujet le rapport est analytique, la relation, en quelque sorte, s'efface, ne supposant ni lien ni opérateur, puisque le rapport de S à P est un rapport de S à soi-même – on ne « sort » pas du sujet, la monade est fermée sur soi. Pour y remédier, il fallait au moins supposer Dieu : les monades ne communiquent entre elles que par lui. Mais Dieu n'est pas un lien entre les monades ; s'il est nécessairement le point unique par où passent toutes les relations, il est la Relation universelle et univoque qui remplace, donc interdit, toute autre relation. L'harmonie préétablie implique par conséquent l'absence de lien entre les monades, c'est-à-dire l'absence de relation point par point, spécifique, d'un sujet à un autre[1]. Entente absolue, immédiate et universelle, elle n'a pas besoin de chemins particuliers ; communication sans canal, entente sans opérateur, relation sans lien : chaque monade parle sa langue et toutes se comprennent, et Dieu, le Père créateur, est aussi, par l'harmonie, le Saint-Esprit. Or le lien substantial est un chemin particulier tracé sur le graphe de l'harmonie, une relation spéciale ou spécifique, non point nécessaire et universelle mais contingente et particulière, un rapport synthétique imposé à certaines monades formant grâce à lui un sujet collectif. Le lien est l'existence même d'une entr'expression si forte qu'elle produit une unité réelle sous forme de substance composée : le corps. Le lien est une spécification existentielle et comme la matérialisation de la relation intermonadique : l'incarnation. L'harmonie prend corps dans la substance composée, comme le Verbe est devenu Chair dans la personne singulière du Christ. Voici Dieu présent dans le Système de Leibniz sous les trois personnes de la Trinité : le Père, le Créateur du *De rerum originatione radicali*, créateur de chaque monade comme série autonome et dépendante de lui seul ; le Saint-Esprit, relation universelle, idéale et immédiate de toutes les séries, au *Système nouveau ;* le Fils, le Médiateur, relation incarnée dans le singulier, le lien substantial des *Lettres au P. des Bosses*. Cette médiation incarnée, être et relation tout ensemble, est à inclure dans chaque monade élémentaire pour produire le sujet qui en résulte : elle l'est et le fait tout à la fois comme sujet global réel des prédicats des sujets locaux. Alors il est possible de dire « ceci est un corps », ou « le pain est le Corps » : *ceci est mon corps*.

1. Voyez Ch. Frémont, *Complication et singularité* (Sur *le Pli* de Gilles Deleuze), in *Revue de Métaphysique et de Morale*, N°1, 1991, p. 109-110.

## LA TRANSSUBSTANTIATION, MODÈLE OPTIMAL DE LA RELATION

La transsubstantiation est un certain rapport entre deux substances : en cela, elle est un cas possible de l'harmonie préétablie. Or, dans l'écart entre le cas et la loi, quelque chose invertit le rapport d'application et fait du cas le modèle optimal de la loi. Entendons par là qu'autour de la transsubstantiation, dans cette opération miraculeuse et dans les moyens qu'elle suppose, sont impliquées ou enveloppées à la manière leibnitienne toutes les relations possibles du Système.

*Ceci est mon corps.* Il s'agit, en toute rigueur, du principe d'identité. Le dogme catholique affirme la relation intersubstantielle la plus forte : étant donné deux substances, produire leur identité, permettre le jugement synthétique A est B. On voit pourquoi Leibniz s'intéresse à la doctrine catholique, plus qu'à la luthérienne ou à ses variantes : la présence réelle, comme la consubstantiation, laisse subsister les deux substances dans leur individualité – le Corps est présent dans son identité dans, sous, et avec le pain, qui garde aussi la sienne. Deux identités demeurent, étroitement unies mais non confondues. Paradoxalement, la consubstantiation serait plutôt conforme à la loi de l'harmonie : elle pose entre deux substances un accord si étroit qu'on ne peut recevoir l'une sans recevoir aussi l'autre, comme si l'entr'expression, entre elles, équivalait à une véritable union, comparable, par exemple, à celle de l'âme et du corps. Pourquoi Leibniz finit-il sa vie sur le problème de la transsubstantiation catholique ? Bien sûr, c'est le Père des Bosses qui suscite sa réflexion. Mais il se trouve, par un accord admirable, que la transsubstantiation révèle que le point le plus important du Système est encore, en 1706, le point le plus faible : on ne sait toujours pas ce qu'est, ni comment se fait, l'unité d'individus séparés. En d'autres termes, on ne sait toujours pas ce que c'est que le corps.

*Ceci est mon corps.* La transsubstantiation fonctionne comme modèle optimal en ce qu'elle fait passer à la limite l'idée de relation : car il y a entre les éléments la plus grande distance possible, et la relation est la plus étroite possible puisqu'elle va jusqu'à la conversion d'un élément dans l'autre. Les éléments en question sont deux substances, donc deux unités individuelles irréductibles, distinctes, discernables. Le principe des indiscernables est réciproque du principe d'identité ; or, la relation, ici, lui échappe, puisqu'elle est si forte qu'elle s'annule jusqu'à l'identité des deux éléments. On se trouve devant le cas unique – d'où, peut-être, son exemplarité – d'une relation incompatible avec la nature de ses éléments. Si une telle relation est possible, alors toutes les relations impliquées en elle sont du même coup prouvées. La question est donc la suivante : une relation si forte qu'elle croît jusqu'à l'identité nonobstant la répugnance de ses termes est-elle contradictoire ? Non, elle montre plutôt l'opération de passage à la limite dont Leibniz donne maints exemples en physique et en géométrie : une inégalité infiniment petite se convertit en égalité, un mouvement infiniment petit en repos ; une courbe fermée est la limite d'un polygone à une infinité de côtés, etc. On peut appliquer ce modèle à ce qui se passe dans l'opération eucharistique : entre les deux éléments, les différences s'évanouissent jusqu'à ce que l'un se convertisse en l'autre. De donner une analogie mathématique à l'opération n'en supprime aucunement le mystère : car elle n'a pas lieu, ici, insensiblement et par degrés, mais instantanément par les seules paroles sacramentelles ; et, ce qui est proprement un miracle, c'est que cette opération, courante dans les phénomènes, puisse se produire au niveau substantiel, c'est-à-dire au niveau des différences irréductibles. Coutume de Dieu sans doute, que l'opération de passage à la limite ; mais son appplication à de tels éléments sort des maximes subalternes de la nature.

*Ceci est mon corps.* Seule la transsubstantiation catholique pose entre deux substances une relation si optimale qu'elle s'annule en tant que relation, en sorte que l'une prenne la place de l'autre qui s'évanouit en elle. Une relation optimale suppose un écart nul ou quasi-nul, en tout cas négligeable, entre deux termes : car il est clair que ce qui unit est en même temps ce qui sépare. Le segment qui va d'un point à un autre dessine la relation entre ces deux points, mais les maintient dans leur identité respective. A supposer qu'on figure ainsi deux monades et leur relation, on dira que celle-ci est d'autant moins forte que le segment est long – que leurs situs sont distincts, que leurs points de vue sur l'univers diffèrent – et inversement. Le message qu'une monade « envoie » aux autres par l'intermédiaire idéal de Dieu est certes l'univers, mais modifié sous son point de vue particulier : le contenu du message est d'abord et surtout son rapport à l'univers, l'index de son propre situs – condition, contenu et, du même coup, obstacle à la communication – c'est-à-dire l'ensemble de ses rapports de voisinage aux autres monades. Plus ce voisinage est lointain et moins la relation est forte, obscure, confuse, comme brouillée par la présence de relations multiples, rendue opaque par toute l'épaisseur du monde. Inversement, plus le voisinage est proche et plus la relation est forte : à la limite, les situs peuvent se confondre, l'écart s'annule et la relation se convertit en identité. La problématique du *situs* éclaire certaines questions de théologie : le corps du Christ est-il inclus dans les dimensions du pain ? peut-il prendre la place du pain ? Métaphorique et idolâtre pour la religion catholique, ce type de discours trouve un sens théorique dans l'Analysis Situs.

*Ceci est mon corps.* La transsubstantiation est un vrai problème philosophique, et la prédiction faite au jésuite est exacte : qui s'occupe de théologie rencontrera la philosophie. La formule eucharistique donne l'exemple d'un jugement synthétique sans lien, c'est-à-dire d'un jugement synthétique qui prend la forme d'un jugement analytique, puisque les deux termes sont ramenés à l'identité absolue. En refusant de penser la transsubstantiation en termes de substance et accidents, Leibniz a rejeté la forme analytique *S est P* qui implique, en dernière instance, le principe d'identité, moteur du développement des prédicats : si l'on peut dire « S est P », c'est d'abord parce que S est S, et enveloppe la totalité de ses prédicats. Le paradoxe est le suivant : il faut penser l'identité entre les deux termes au moyen d'une relation synthétique, ramener à l'identité deux êtres qui n'ont entre eux aucune relation a priori, et affirmer que $S_1$ est $S_2$ sans que le second soit contenu dans le premier : car $S_1$ ni $S_2$ ne sont prédicats l'un pour l'autre, il revient au même de dire « ceci est mon corps » ou « mon corps est ceci ». La proposition eucharistique est paradigmatique en ce qu'elle contient simultanément les deux formes de jugement, par synthèse et identité : le jugement analytique se caractérise par l'absence de lien réel entre les deux termes, puisque P est simplement inclus en S ; synthétique, le jugement joint au sujet un terme qui n'est pas compris en lui. Relation synthétique sans lien, la transsubstantiation est le lieu de cet écart, elle le donne à voir et le maintient dans une seule et même proposition. De cet écart ici modélisé, s'engendrent, par variation continue, toutes les relations intersubstantielles du Système : toutes les façons de dire « ceci est cela » sont enveloppées dans la formule *Ceci est mon corps.*

De la transsubstantiation à la substantiation. Celle-ci est enveloppée dans celle-là, comme condition et analogon. Qu'elle soit condition préalable, cela est clair ; mais elle est encore la même opération, sous certaines modalités qui masquent l'analogie. Il s'agit derechef de produire l'un à partir du multiple, mais le nombre et la nature des éléments modifient l'aspect de la relation : non plus deux substances composées à transformer en une seule, mais *n* substances simples à unir en substance composée. Ce déplacement fait varier la relation dans sa forme et dans son effet. Des substances simples ne peuvent être réduites à l'identité : leur relation ne saurait donc être amenée à zéro (ce qui produirait leurs transsubstantiations mutuelles) ; elle doit être maintenue et posée comme telle, spécifiée sous la forme d'un lien qui produit leur union réelle, tout en conservant chacune dans son être propre ; inséparables naturellement, les monades restent cependant métaphysiquement discernables ; par le lien substantial, elles sont toutes ensemble substance composée, celle-ci étant par rapport à elles un être nouveau quoique identique à leur composition : leur écho. Mais les monades ne sont pas transsubstantiées les unes dans les autres pour faire une seule substance, qui serait alors strictement identique à ses composants eux-mêmes identiques entre eux. C'est précisément ce qui se passe dans la transsubstantiation eucharistique : ce que produit le sacrement (le corps du Christ) est identique à l'un des deux termes (ledit Corps) parce que l'autre (le pain) est rendu identique au premier : le corps du Christ est à la fois produit et reproduit par son identité avec le pain[1]. La relation synthétique sans lien (*A* est identiquement *B)* n'est concevable qu'entre deux termes : l'un devient véritablement l'autre. Pour obtenir l'identité réelle d'un nombre *n* d'éléments, il faudrait les transsubstantier successivement deux à deux pour qu'au terme de la chaîne le dernier soit indiscernable du premier. Mais si *n* reste supérieur à deux, c'est-à-dire dès qu'il y a du multiple irréductible, ce qui est le cas des substances simples qui entrent dans la composée, la relation synthétique se développe en lien, et l'identité absolue décroît en unité réelle : la substantiation, condition de la transsubstantiation, est en même temps sa généralisation à un degré moindre, en raison du rapport inverse de l'extension et de la compréhension ; non plus deux mais *n* éléments, non leur identité mais leur unité. La relation synthétique sans lien enveloppe la possibilité de la relation synthétique avec lien dont elle est la limite, par la connexité de la relation (l'identité) et le nombre minimal des éléments (égal à deux). La relation miraculeuse enveloppe la relation naturelle ; pour passer de l'une à l'autre il suffit d'exhiber le lien, rendu nécessaire par la multiplicité des éléments, ce qui a pour effet ce changer la nature de la relation. Ce résultat donne la loi de variation : plus le nombre des éléments croît et plus la force de la relation décroît, le nombre des éléments est inversement proportionnel à la connexité de la relation.

Cette loi fait passer par degrés insensibles à l'harmonie préétablie. Généralisation de la relation eucharistique, le lien substantial est aussi particularisation de l'entr'expression : celle-ci désigne l'accord universel de la totalité des monades, celui-là l'unité singulière d'une pluralité. Sur la loi globale, comme par surenchère, le lien réalise une relation plus forte entre des éléments moins nombreux. La variation quantitative se traduit en effet qualitatif, car la nature de la relation s'en trouve changée : le lien est dit réel ou substantiel, l'accord se mue en unité, et la relation en substance. Cela produit un être spécifique, c'est-à-dire un situs nouveau : les monades *sous vinculum* gardent leurs points de vue propres, mais enveloppés dans le point de vue global du corps et comme occultés par lui.

1. Cf. Thomas d'Aquin, *Somme Th.*, III, Qu. LXXV, art. 4.

L'entr'expression développe ou défait le lien substantial comme celui-ci la relation eucharistique : le nombre des éléments croît jusqu'à l'infini, mais ce faisant la connexité de la relation décroît, l'unité n'est plus qu'un accord. Toutes les monades s'entr'expriment, mais cette relation, étant universelle, ne saurait produire aucune synthèse réelle entre des éléments singuliers : elle a partout la même forme, l'harmonie. Elle ne saurait non plus produire l'unité réelle de tous les éléments : car le monde alors serait un tout, corps vivant global dont Dieu serait l'âme; on sait que Leibniz refuse cette hypothèse. Or l'invention du lien substantial fait courir ce risque au Système : puisque le lien ne dépend que de la puisssance illimitée de Dieu, ne pourrait-il étendre à toutes choses ce qui n'est donné qu'à quelques-unes ? Mais il agirait sans raison, et avec dépense. Est-ce pour cela que les textes contemporains ou postérieurs à 1710 ne font pas mention du *vinculum ?* Il est frappant que ni la *Théodicée*, ni la *Monadologie*, ni les *Principes de la Nature et de la Grâce* n'utilisent les résultats des Lettres en ce qui concerne le corps. Il eût fallu, peut-être, repenser le Système tout entier. Quoi qu'il en soit, le monde reste un agrégat, harmonique mais non lié. Du local au global la conséquence n'est pas bonne : ce que l'on peut dire de certains agrégats de monades n'est pas applicable à l'agrégat infini, l'univers ne se comporte pas comme la créature. Relation sans lien, l'entr'expression n'est pas non plus synthétique.

L'expression est la relation la plus large du Système : un rapport constant et réglé entre une chose et une autre [1] qui s'applique en tous lieux à des éléments quelconques. Deux contraintes seulement, l'invariance, qui permet de reconnaître un rapport entre deux ou plusieurs éléments, et la règle, celle du multiple dans l'un, dont la figure du cercle donne une assez bonne image : « c'est à peu près comme une infinité de rayons concourent et font des angles dans le centre, tout simple et indivisible qu'il est » [2]. Une telle relation ne pose aucun lien réel, ne compose aucune unité ; elle supporte cependant à son tour une variation quantitative suivant la loi ci-dessus indiquée, ce qui permet de spécifier certaines figures locales de l'harmonie en fonction du degré de connexité entre les éléments. L'union de l'âme et du corps est une telle figure : relation privilégiée par l'histoire de la philosophie, mais qui pour Leibniz n'est qu'un cas particulier – quoique spécifique – de la relation intersubstantielle définie dans le Système : « je tiens que non seulement l'âme et le corps, mais encore toutes les autres substances créées de l'Univers sont faites l'une pour l'autre, et s'expriment mutuellement, quoique l'une se rapporte plus ou

1. A Arnauld, 9 octobre 1687, *Phil.*, II, 112, cf. éd. Le Roy, Vrin, 1988, p. 181.

2. A Sophie, 6 février 1706, *Phil.*, VII, 566.

moins médiatement à l'autre selon les degrés du rapport »[1]. On appelle ce rapport *union* – Leibniz préfère le nommer *accord*, *concordance* ou *conformité,* pour le distinguer de l'*union métaphysique* dont l'harmonie ne rend pas raison – parce qu'il définit une relation privilégiée entre les deux éléments, dessinant sur le graphe global de l'expression un chemin plus direct et plus visible, quoique idéal. L'âme de l'homme exprime tout l'univers mais plus particulièrement son corps ; celui-ci de même, et plus particulièrement ce qui arrive à son âme : « tout ce que l'ambition ou autre passion fait faire à l'âme de César est aussi représenté dans son corps »[2]. Tour à tour copie et original l'un de l'autre[3], l'âme et le corps sont en relation si étroite qu'elle se spécifie en union : il ne peut rien se passer dans l'un qui n'ait une résonance dans l'autre. Tantôt le corps est le lieu de la représentation la plus claire, il est dit alors agir sur son âme ; tantôt c'est l'âme qui est dite agir sur le corps. Ces cas de psychologie élémentaire sont fondés sur la notion métaphysique de causalité idéale : une substance est cause idéale des représentations d'une autre en tant qu'on lit clairement dans la première les raisons qui ont déterminé Dieu à établir ainsi la seconde (XXX). L'âme est d'autant plus parfaite qu'elle est plus souvent cause idéale de ce qui arrive à son corps ; elle tend, en raison de son appétition, à imposer une structure d'ordre sur la relation de représentation mutuelle (symétrique), et l'accord se mue en hiérarchie. Or cela est naturel à l'âme humaine, esprit, image de Dieu plus que miroir de l'univers : c'est pourquoi les textes disent beaucoup plus souvent la fonction représentative de l'âme que celle du corps ; celui-ci est représenté, celle-là représente, car la nature même de l'esprit demande que l'union avec le corps soit hiérarchique. D'où une relation plus forte : d'une relation double, symétrique et métastable, où le confus oscille, on passe à une relation simple, orientée, rendue claire par l'expulsion du confus du seul côté du corps. Alors l'homme est bien milieu entre la bête et l'ange, et l'échelle des êtres se laisse récrire du point de vue de la relation de l'âme au corps, selon que le rapport hiérarchique tend vers sa limite inférieure ou supérieure.

Les bêtes aussi ont des âmes, douées d'une sorte de consécution qui imite la raison, propres à la perception mais non à l'aperception : leurs âmes, ensevelies dans leurs corps, représentent confusément sans jamais parvenir à la claire conscience. De l'âme ou du corps l'on ne sait qui commande chez la bête : obscure à elle-même, prisonnière muette d'une matière dont les replis l'enveloppent, étourdie, abrutie, la bête est plus

1. *Addition à l'Explication du Système nouveau* (30 nov. 1702), *Phil.*, IV, 578.
2. *Réponse aux Réflexions... de Bayle, Phil.*, IV, 559 ; GF, *Système nouveau...*, p. 196.
3. A Lady Masham, mai 1704, *Phil.*, III, 342.

proche de la mort parce qu'elle est aux premiers degrés de la vie : « les animaux sont quelquefois dans l'état de simples vivants, et leurs âmes dans l'état de simples monades »[1]. Mais la bête à son tour est un milieu entre le simple vivant et l'homme, car son âme, parfois, peut dominer son corps : il y a « des bêtes qui semblent avoir autant de connaissance et de raison que quelques animaux qu'on appelle hommes »[2]. Vivants, Bêtes, Hommes : cette classification est fonction d'une variation continue sur l'union de l'âme et du corps, selon que la relation tend vers la structure d'ordre et que le corps est plus étroitement soumis à l'âme.

De cette variation, l'ange est la limite supérieure. L'ange aussi se définit par une certaine union de l'âme et du corps, qui maximalise la relation d'ordre au point que l'âme fait du corps ce qu'elle veut. Il est impossible qu'une âme soit privée de corps : les anges ont donc des âmes et aussi des corps, non point grossiers comme les nôtres mais très subtils(VI, VII, VIII). Du corps subtil, Cyrano de Bergerac offre une image que Leibniz trouve à son goût : « quelques natures animées… composées d'une infinité de petits volatiles, qui en se transportant selon le commandement de l'âme dominante forment toutes sortes de corps »[3]. Réciproquement expressive, la relation du corps « grossier » à son âme est complexe et floue : le corps peut exister comme obstacle à la clarté des représentations de son âme. Le corps subtil en revanche se définit par sa disponibilité : il n'est que le situs que prend à volonté l'âme selon ses desseins, il n'est que ce que représente distinctement son âme. Le corps de l'ange n'est jamais obstacle mais toujours instrument, si docile et si ténu qu'il pourrait s'effacer dans la relation : l'union est si étroite qu'elle tend vers l'identité. Philalèthe va jusqu'à affirmer que certains esprits « peuvent se former à eux-mêmes des organes », Théophile n'est pas loin d'en convenir, et Leibniz explique au jésuite que les corps des anges sont tellement soumis à leurs entéléchies que celles-ci peuvent les transformer à leur gré. Comment comprendre cette transformation ? L'opération se laisse définir à la fois comme métempsycose – « j'appelle donc Assistantes, les Formes qui ont le pouvoir de prendre ou de quitter un corps » et métamorphose – « et de transformer celui qu'elles possèdent »(VII). Leibniz d'ordinaire rejette la première et affirme la seconde ; dans le cas du corps des anges tout se passe comme si la métempsycose n'était que la lecture discontinuiste d'un processus continu : car l'âme est dite changer de corps en un temps très bref, quoique par degrés (VII), comme si de métamorphoses en métamorphoses les parties subtiles se composaient

1. *Principes de la Nature et de la Grâce*, art. 4, *Phil.*, VI, 600 ; cf. éd. GF, p. 225.
2. *Nouveaux Essais*, III, VI, 12.
3. *Ibidem*, II, XXIII, 13.

jusqu'à former un corps nouveau. Fluxions du corps des anges[1] : le corps subtil devient successivement tel ou tel corps grossier. Deux modèles d'explication interfèrent : les métamorphoses naturelles des corps et la vicariance des organes. Notre corps est fleuve ou vaisseau de Thésée : développé dans la naissance et enveloppé dans la mort, notre corps d'adulte s'est insensiblement substitué à notre corps d'enfant ; la matière seconde est en flux perpétuel mais son organisation demeure identique, tant qu'elle est rapportée à la même âme, ou plus précisément tant qu'elle est soumise au même lien substantial, auquel est fixée la monade dominante. Le modèle est continuiste : les transformations se font *paulatim et particulatim,* peu à peu et par degrés insensibles. La vicariance fait passer la transformation par degrés sensibles : continuiste par l'accommodement ou l'adaptation, le modèle est discontinuiste puisqu'il y a changement d'organe ; la main n'est pas le pied ni le bois la chair, mais ils peuvent échanger leurs fonctions pourvu que nous nous y appliquions, pourvu que notre corps obéisse à la volonté de notre âme. La métamorphose du corps angélique participe des deux modèles : l'ange en use avec son corps comme la nature avec le nôtre et comme nous-mêmes avec nos organes. Les corps qu'il prend sont comme les vicaires de son propre corps subtil, dont ils conservent quelques parties, l'ange ministre de Dieu a le pouvoir de se déléguer à son tour dans un autre corps qui devient aussitôt le sien par sa seule volonté – comme par une sorte de présence immédiate, préfiguration de la Présence dans l'opération eucharistique ? – Dans les métamorphoses naturelles des corps humains, vie et mort, l'animal tout entier se développe ou s'enveloppe, son corps, ensemble fluctuant de monades, mais aussi son âme, représentative de ces métamorphoses par perceptions claires ou confuses : tout passe à un autre théâtre, visible ou invisible. Mais les anges transforment leurs corps par la seule volonté de leurs âmes, et les corps sont entièrement soumis aux âmes, sous leur entière dépendance puisqu'elles sont la cause ou raison de l'existence des corps sous telle forme déterminée. L'union ici est maximalement hiérarchique, le corps n'est que l'effet de la volonté de l'âme. La relation d'ordre est si forte que sitôt que l'ange prend tel ou tel corps, celui-ci devient immédiatement son corps ; et l'ange lui-même est le jeu de cette relation par laquelle son âme s'approprie des corps qui développent son corps subtil conformément à la mission pour laquelle il est envoyé. L'ange est bien la plus parfaite des créatures : l'entr'expression naturelle de l'âme et du corps prend ici la figure de la prérogative absolue de l'esprit.

1. *Ibidem*, II, XXVII, 8.

Par cette relation privilégiée de son âme à son corps, l'ange participe à la fois de la nature et du miracle. Hommes, Anges, Christ. La métamorphose du corps angélique se fait « non pas certes instantanément (rien ne se fait ainsi naturellement) mais en un temps cependant bref, quoique par degrés »(VII). Créature, l'ange est soumis à la loi de la continuité ; génie supérieur, il opère à la limite du principe, et ce qui a lieu ailleurs progressivement tend ici vers l'instantané. Au sommet de l'échelle des créatures, l'ange indique ou préfigure les lois exceptionnelles des choses célestes ; il y a des miracles d'une sorte inférieure que l'ange peut produire, mais ils sont explicables par leurs forces naturelles, supérieures aux nôtres. Les corps grossiers se transforment par degrés très lents, les corps subtils par degrés très brefs, mais le corps du Christ instantanément : « et puisqu'ainsi nous posons que les composants eux-mêmes se séparent de la substance naturellement et peu à peu et par parties, que n'admettez-vous une séparation qui se fait par miracle, pour ainsi dire tout entière en une fois »(XXXVII). Les anges sont comme les hommes mais ils se rapprochent du Christ, car les métamorphoses qu'ils opèrent sur leurs corps ressemblent à des transsubstantiations successives. Mais seul le Christ est multiprésent, à la fois dans son propre corps, naturellement, et sous les espèces matérielles, dans toutes les hosties consacrées, surnaturellement. Les anges ne sont point doués d'ubiquité[1], ils sont successivement dans les corps qu'ils prennent, tandis que le Christ est simultanément en plusieurs corps. L'ange pour un temps s'approprie un corps et en fait usage, mais le Christ fait du pain son propre corps, et son corps devient pain à chaque consécration. Le corps que prend l'ange est instrument pour son corps subtil : la même substance corporelle se développe en corps grossier, bien que ce passage soit si bref et si visible que l'opération ressemble à une transsubstantiation, métamorphose subite et totale d'une substance corporelle en une autre. Oui, c'est la transsubstantiation, car le corps de l'ange se change en un corps nouveau ; non, ce n'est pas la transsubstantiation, car c'est bien le même corps qui revêt la guenille qu'on exige au théâtre de la nature. La question du corps des anges préfigure celle de la transsubstantiation, mais comme un modèle inadéquat, parce qu'il reste en-deçà du passage à la limite. Le Christ passe infiniment l'ordre du Monde, de la Chair et de l'Esprit.

Vivants, Bêtes, Hommes, Anges, Christ : l'idée de relation renouvelle le thème de la *scala naturae*. Celle-ci se fonde, ici, sur une structure complexe. L'échelle des êtres n'est que l'expression ou la traduction de celle des relations, plus fondamentale : entr'expression, lien substantial,

1. Thomas d'Aquin, *Somme Théologique*, I, Qu. CXII, art. 1

transsubstantiation. L'échelle des relations intersubstantielles varie suivant la loi du rapport inversement proportionnel entre le nombre des éléments et la connexité de la relation. Cette loi est quantitative, et fait passer de l'accord à l'unité puis de celle-ci à l'identité, et de l'ordinaire à l'extraordinaire puis au miracle : l'harmonie, relation globale d'accord idéal et universel, le lien substantial, relation locale d'unité réelle et particulière, la transsubstantiation, relation unique d'identité réelle et duale. Mais cette loi se retrouve encore au premier degré de l'échelle, car l'accord intersubstantiel, à son tour, selon le nombre des éléments et la connexité de la relation, se spécifie en union de l'âme et du corps, laquelle aussi supporte des degrés : et cela produit l'échelle traditionnelle des êtres, comme cas particulier. L'échelle des êtres est interne à celle des relations, incluse en elle et produite par la même loi. Le sous-ensemble est soumis à la même loi de variation que l'ensemble auquel il appartient : chaque poisson du lac est encore un lac plein de poissons dont chacun à son tour... La relation de l'âme au corps, figure locale de l'harmonie des monades, supporte la même variation que toute relation intermonadique, dont la transsubstantiation est le modèle optimal, par le biais du lien substantial.

...Alors Théodore sortit du temple de Pallas pour aller sacrifier à Hermès. A côté de la pyramide qui clôt la *Théodicée,* il en faut élever une autre, celle de la relation. La pyramide des mondes est écrite dans la substance, elle se laisse tout aussi bien lire dans la relation intersubstantielle. « Poussons donc plus avant la petite fable » : Théodore coucha dans le temple d'Hermès, et fit un songe. Il vit ce même palais où les appartements allaient en pyramide et devenaient de plus en plus beaux : dans tous régnait une harmonie merveilleuse, mais plus on montait vers la pointe et plus elle était distincte, et plus les êtres que l'on rencontrait successivement montraient d'unité. Au sommet, la transsubstantiation, relation maximale ; en descendant par degrés, le lien substantial, condition et analogue imparfait de la précédente ; à la base, l'entr'expression, relation minimale et globale dont le maximum est l'union de l'âme et du corps chez les Anges, les Hommes, les Bêtes, les Vivants en général, et ce jusqu'à l'entr'expression la plus confuse des monades toutes nues. Et la pyramide descend à l'infini, car l'agrégat du Monde est infini ; mais elle a un sommet, car le Monde le plus parfait est celui où règne le Christ, unité réelle de toutes les multiplicités solitaires.

# CONCLUSIONS

## DE L'ÊTRE

Faut-il donner aux corps droit de bourgeoisie parmi les substances ? Des Lettres à Arnauld aux Lettres à des Bosses se déploie et s'achève la réforme de la notion de substance : méditation longue et complexe, au cours de laquelle interfèrent deux hypothèses également possibles – deux Systèmes, peut-être ? –, car l'inquiétude qui mène à la dernière laisse fluctuer les premières certitudes. Il n'est pas rare que, se croyant au port, Leibniz se trouve rejeté en pleine mer : ainsi va le Système, par rebroussements, infléchissements et variations, parce qu'il s'essaie continûment au meilleur des possibles.

La notion de substance corporelle, où l'âme joue, sans qu'on sache bien comment, le rôle de *forma corporeitatis*, reste problématique, et la fameuse remarque de Tournemine a révélé l'insuffisance de l'harmonie préétablie sur des points fondamentaux – le continu physique, l'union réelle de l'âme et du corps, l'union métaphysique du sujet, sans parler des questions théologiques –, obligeant à réviser, encore une fois, la notion de substance[1]. La réalité des simples garantit celle des composés en tant qu'ils sont analysables en requisits, mais non la réalité de la composition comme telle ; le préétablissement harmonique entre les perceptions des monades répond de la cohérence des phénomènes, mais ceux-ci en eux-mêmes sont arcs-en-ciel, paires de diamants, lacs de poissons, troupeaux de moutons, tas de pierres. Sous l'apparence du continu règne le discontinu. Fondées deux fois, métaphysiquement par les monades, et phénoménologiquement dans leur accord, les choses du monde, celles où Dieu, artisan, se fait encore artiste en ajustant les merveilles du vivant,

1. Voyez LEIBNIZ, *Principes de la Nature*..., GF, Introduction et n° VIII et XI.

celles, surtout, dont il est père et monarque – celles-ci demandent un supplément de cohésion, une unité réelle : une substantiation. Ainsi naît la substance composée *sous vinculum,* où se réalise l'unité ontologique du multiple, où la relation intermonadique, devenue lien réel, produit de l'être.

Avec la notion de substance composée, le Système gagne en richesse et en variété : il existe d'autres substances que les simples, ou plutôt : le multiple en tant que tel est capable d'unité, donc de réalité, les multiplicités *sous vinculum* sont aussi des êtres véritables, non des illusions ou des effets de perception. Le monde acquiert un supplément d'être, et la connaissance un degré de véracité. L'hypothèse n'infirme pas la validité du système des monades, requisits ultimes au fondement des choses ; mais les simples sont susceptibles de différentes relations qui, de l'harmonie au lien, varient en connexité. Entre les deux leçons, nulle contradiction ni incompatibilité : le Système de Leibniz autorise, bien plus, produit ses deux versions, parce qu'il se fonde sur une pensée de la relation, et que c'est celle-ci qui varie – mais non point la nature de l'être – pour engendrer, au sein de la communication idéale des substances simples, l'unité réelle de la substance composée.

## De la relation

« *La loi de la Nature est la religion catholique* »[1]. Nous ne pouvons savoir, remarquait Baruzi, quel christianisme Leibniz eût inventé au quatrième livre, non écrit, des Inédits de théologie. Parions qu'il eût été la traduction théologique exacte de sa métaphysique, en tant que celle-ci est relationnelle ; car la religion effectue optimalement la relation, le mot est bien le même, et la phrase se traduit ainsi d'elle-même : *la loi de la nature est la relation universelle.*

Toutes choses sont monades qui s'entr'expriment optimalement à travers Dieu, toutes choses sont harmoniques parce que différentes. Monade parmi les monades, ou chose parmi les choses, l'âme ne diffère de son corps et des autres que par les relations qu'elle a au monde et à Dieu ; l'âme est monade quand elle dort, esprit quand elle veille ; l'âme, étourdie, est chose ; extatique, elle est semblable à Dieu. Le corps est une foule d'âmes enveloppées, âmes ensommeillées non conscientes d'elles-mêmes ; le corps est objet des perceptions lumineuses de son âme, et sujet de perceptions obscures sur le monde. Et le monde est l'intersection où

1. Grua, *Textes Inédits,* I, 49 (Texte postérieur à 1704, lecture de Toland, attribuable à celui-ci autant et peut-être plus qu'à Leibniz).

l'écart du sujet à l'objet s'annule, toute chose étant représentée-représentante, perçue et percevante, miroir qui voit ce qui en lui se voit. Toute chose est faisceau de relations, et le monde n'est que l'ensemble des relations d'entr'expression monadique.

L'harmonie préétablie par le créateur se convertit en lien réel dans la première des créatures, parce que le règne de la grâce demande qu'il y ait des corps qui valent d'être unis aux esprits de façon privilégiée, où rayonne l'intelligence, où se recueille la bonté, où s'enracine le mal. L'union métaphysique de l'âme à son corps exige plus que l'accord des représentations qu'offre la relation harmonique : car le multiple ne peut s'unir véritablement à l'un jusqu'à faire un tout, unum per se, s'il n'a lui-même quelque unité. Laquelle suppose que les monades qui constituent le corps soient liées entre elles au-delà de l'harmonie, par une connexion spécifique et privilégiée, propre aux monades de ce corps tel qu'il existe, choisi avec son âme dans le monde choisi. Le lien substantial réalise un nouveau type de relation qui dessine, sur le réseau universel de la communication, des configurations singulières, comme si, à la relation harmonique ordinaire, « verticale »[1], s'ajoutait un faisceau de relations « horizontales » reliant, de proche en proche, chaque monade à chaque autre jusqu'à joindre leurs situs respectifs dans le même être. S'esquisse alors une métaphysique de la relation qui convient avec le christianisme. Les relations mutuelles de charité passent nécessairement par l'amour du Christ ; chacun est membre de son corps, formés de sa chair et de ses os, et il n'y a qu'un seul corps, l'Église du Christ[2] – *je suis la vigne, vous êtes les sarments ; je prie afin que tous soient un, comme vous, Père, êtes en moi et moi en vous, afin qu'eux aussi soient un en nous, ... afin qu'ils soient un comme nous sommes un, moi en eux et vous en moi, afin qu'ils soient parfaitement un...* [3]. La charité est une relation transitive qui va du multiple au multiple en passant par l'un : car aimer le Christ c'est aimer tous ses frères, et réciproquement. Le second commandement est dit semblable ou égal au premier[4] : aimer Dieu c'est aimer son prochain – « la pierre de touche de l'amour de Dieu est celle que St Jean nous a donnée. Et lorsque je vois qu'on a une véritable ardeur pour procurer le bien général, on n'est pas loin de l'amour de Dieu »[5]. Il fallait au moins cette quantité d'amour pour balancer la fermeture absolue des monades. Il n'y a pas de relation entre les substances miroirs de l'univers qui ne passe par l'un, par Dieu en vertu de

1. Voyez *op. cit. supra*, chap. III, p. 58, note 1.
2. Paul, *Ephésiens*, I, IV, V.
3. Jean, XV, 1-5 ; XVII, 20-24.
4. Matthieu, XXII, 39. Cf. Leibniz, *in* Grua, *Textes Inédits*, II, p. 581 (*La félicité*).
5. A Morell, 11 mai 1697, in Grua, *Textes Inédits*, I, 107.

l'harmonie préétablie, mais il n'y a pas de relation entre les substances images de Dieu qui ne passe une seconde fois par l'un, multiprésent et incarné, car le Christ médiatise toute relation entre les esprits comme le vin de la Cène passe de corps en corps. La communication, alors, se fait par la communion au corps du Christ. Mais le Christ lui-même, dans sa personne, est un ensemble de relations : il est métaphysiquement ce qu'il est théologiquement. Il est l'essence même de la Relation, parce qu'il est, dans l'échelle des relations, passage à la limite. Limite où l'homme se divinise et où Dieu s'humanise[1]. Verbe et chair, Dieu et homme, le Christ est à la fois Père, Fils, et frère. Corps, il est chair et sang donc aussi pain et vin, pour fonder le corps collectif de l'Église. Lien substantial. Mystère de la création, car le lien substantial indique le point limite où la foi prend le relais de la raison; celle-ci comprend les mystères par analogie, en les intégrant dans une variation dont elle connaît la loi et la limite minimale, mais non point l'extrémale. C'est alors que « la raison promet quelque chose de profond, pourvu que nous la suivions aussi loin qu'elle peut aller »[2]. Aussi loin qu'elle peut aller: il fallait aller jusqu'au Christ, sommet de la pyramide. Le Christ prend la relève et enseigne ce que les philosophes avant lui ont cherché; il ne dit pas, il est la solution des problèmes ultimes de la métaphysique, parce qu'il est lui-même le mystère de l'Être, le Verbe incarné, l'un dans le multiple, le lien. Parti du problème de l'un et du multiple, d'une multiplicité d'individualités isolées, sourdes et aveugles les unes aux autres, il était fatal que Leibniz finît sa vie en méditant sur la transsubstantiation : car seul un sacrifice peut fonder l'unité globale d'une multiplicité d'unités locales fermées. Cela, nous le savons en anthropologie; Leibniz en fait le fondement de sa métaphysique; et celle-ci trouve dans la théologie son problème le plus profond.

Théodore, au temple de Pallas, contemplait la pyramide des mondes; ordonnée par la Raison suffisante, elle est l'œuvre du Dieu des philosophes et des savants. Leibniz, avant de mourir, a eu la vision de Pascal : dans sa méditation sur le Christ, il a vu Dieu. Il n'a pas seulement vu Dieu, il a vu en Dieu : au-delà de la création, au-delà même du créateur, il a vu ce qui en Dieu crée, le moteur originaire de toute genèse.

1. C'est pour Leibniz le sens de l'incarnation, avant toute considération de rédemption : le meilleur des mondes possibles contient le Christ, puisque l'incarnation élève la créature au plus haut degré possible, au point où elle communique optimalement avec Dieu (cf. *Causa Dei, art.* 49; voyez Grua, *Jurisprudence universelle et Théodicée,* PUF., 1953, p. 390-395).

2. *Théodicée*, Discours, 80.

*Au commencement était le Logos, et le Logos était auprès de Dieu, et le Logos était Dieu. Tout par lui a été fait, et sans lui rien n'a été fait de ce qui a été fait.*

Voir en Dieu : l'origine radicale prise dans son fonctionnement, défaite, décomposée, décrite dans son opération élémentaire : produire l'Être à partir de la Relation. Comment Dieu a-t-il en Dieu engendré Dieu ? Ce mystère recèle une leçon métaphysique profonde. Dieu n'est point asile de l'ignorance ou boîte noire d'où proviennent incompréhensiblement toutes choses, mais, dans la vision ultime de Leibniz, boîte de lumière où se révèle l'engendrement de celui par qui tout arrive. Cela se lit dans la pyramide des relations : la variation engendre le lien substantial à partir de l'harmonie, celle-ci se transmue en lien réel, et cette opération produit le corps. Ce qui est écrit dans la pyramide est ce qui se voit en Dieu, la pyramide des relations est Dieu. Elle dessine la trinité : Dieu Esprit par l'harmonie et Fils par le lien, Père engendrant le Fils par l'Esprit, et Fils procédant du Père par l'opération de l'Esprit[1]. La pyramide montre comment la relation trinitaire produit la substance : en Dieu et issu de Dieu l'Esprit se fait Christ, par l'harmonie devenue lien.

*Et le logos s'est fait Chair, et il a habité parmi nous.*

Au commencement est la Relation. Leibniz voit en pleine lumière ce qui se fait en Dieu : la Relation produisant l'Être à partir d'elle-même. Relation sans termes, puisque les trois personnes sont un seul et même sujet, mais relation productrice de tous les termes et de toutes les relations, car l'acte pur qui engendre le Christ sait produire le Monde dans sa multiplicité.

Pour avoir pensé le Christ en métaphysicien, Leibniz a vu Dieu. Les uns savaient penser Dieu cause de soi et du monde, source des vérités et des béatitudes; d'autres glorifiaient le Christ rédempteur des âmes. Hommes de métaphysique ou hommes de religion. Leibniz est le seul à refuser ce partage, et montre qu'il n'y a point de théodicée sans christologie ; car il ne suffit pas de justifier Dieu dans ses raisons, encore faut-il l'expliquer dans son acte. Celui qu'on traitait par dérision de mécréant avait compris, pour le pratiquer dans sa philosophie, le dogme de la trinité : car le monde est l'exercice même de la trinité.

1. Dans les années 1696-1697, c'est bien en en ces termes que Leibniz pose le problème de la trinité : « je n'ose dire que les personnes sont des substances prises absolument, je ne dirais pourtant pas non plus que ce sont des relations…je dirai seulement que ce sont de différents êtres relatifs dans un même être absolu ». (à Burnett, *Phil.*, III, 172) ; « mais quand on explique la Trinité comme il faut, et qu'on en fait consister le fondement, non pas dans trois êtres absolus, mais dans trois relations réelles, il n'y a rien que de raisonnable ». (III, 188). La relation réelle confond dans l'identité et la simplicité de la substance trois personnes pourtant réellement distinctes.

Le Système, alors, ayant produit son propre fondement, a trouvé sa clôture. Faut-il s'étonner que, traduisant si fidèlement la *Théodicée*, le Père des Bosses en ait suscité le chapitre ultime ? La philosophie de Leibniz est ici réellement accomplie : ce n'est pas seulement la mort qui mit fin à cette correspondance.

## De la singularité

L'embarras des commentateurs devant le lien substantial est l'indice de la singularité de cet étrange objet. En ce « coin réputé obscur et mal famé de la philosophie leibnizienne », il me plaît que Blondel voie « un de ces points où les esprits les plus systématiques sentent quelque chose leur échapper » : c'est qu'en effet le Système, là, s'échappe, mais pour se reconstruire ailleurs, autrement, vers un achèvement – à la pointe de la pyramide des mondes – qui peut-être eût exigé de Leibniz, sur le tard de sa vie, une restructuration trop profonde. Me plaisent aussi les mots que trouvent Blondel et son traducteur pour cerner l'importance et la déroutante nouveauté du concept – *passage, ciment, sommet, intermédiaire, équivoque, bifurcation* – et chercher sa place dans le Système : « haud extra, infra, introrsum aut juxta, sed quodammodo extra, intra et supra simul ordinanda sunt vincula » [1]. En termes leibnitiens : le *vinculum* est-il « dans l'ordre » ou « hors d'ordre » ? Dans l'ordre assurément, puisqu'il se laisse engendrer, comme toute relation, à partir de la loi générale du Système, l'harmonie. Hors d'ordre cependant, ou plutôt en dehors de l'ordre coutumier, pour ce qu'il introduit une relation nouvelle, paradoxale et privilégiée, afin de produire un être particulier, dans certains cas et sous certaines conditions.

Les lieux ne sont pas rares où le Système leibnitien met en jeu d'autres relations que celle d'harmonie, pour s'effectuer en régions à connexité plus forte, ou, à l'inverse, se perdre aux labyrinthes où se brouille la communication [2]. Ces lieux, nœuds ou lacunes, quoique pris dans le réseau, y dessinent cependant des configurations singulières (singularités de

1. Thèse latine et traduction (« Les *Vincula* ne sont pas à situer en dehors, au-dessous, au fond ou à côté, mais dans un certain sens en dehors, à l'intérieur et au-dessus tout ensemble ».), *op. cit.*, p. 184-185.

2. Ch. Frémont, *Singularités : le pluralisme du Système leibnitien*, à paraître. La définition leibnitienne de l'amour, par exemple, décrit une singularité relationnelle qui effectue, pour les esprits, ce que le lien substantial fait pour les corps. Son modèle physique, le magnétisme (« l'homme de bien est comme un aimant ».) se laisse également définir comme une singularité dans la propagation du mouvement. Cf. Leibniz, *Système nouveau...*, GF., p. 121 (*Sur l'amour de Dieu désintéressé)*.

logique, de métaphysique, de théologie, ou d'ontologie, etc.) analogues aux singularités géométriques telles que les points de tangence, d'inflexion ou de rebroussement, que Leibniz dit à la fois réguliers et irréguliers, « distingués ou extraordinaires »[1]. Il y a singularité lorsque, dans un espace défini par des lois régulières, le comportement d'un point caractéristique transforme la règle ordinairement suivie ; localement donc, la loi globale varie – et, à la limite, s'annule ou se convertit en sa contradictoire. La singularité est à la fois dans l'ordre, engendrée par la loi globale, et hors d'ordre, en écart à celle-ci.

Le lien substantial se range sous cette catégorie : singularité relationnelle qui renchérit, redouble comme en écho – l'acoustique aussi a de ces singularités – la communication entre les monades, par cela même productrice d'être, donnant rang de substances aux composés. L'on dira l'hypothèse possible, car il n'est pas contradictoire de penser la croissance d'une relation jusqu'à sa limite extrémale ; recommandable, pour ses avantages : elle souscrit au principe de continuité, ajoute un degré de véracité à la connaissance, et confirme la foi ; enfin elle est plus qu'une hypothèse, puisqu'elle résout des questions que la relation harmonique laissait pendantes. Intégrable au Système en tant que cas spécifique de communication, le *vinculum* est toutefois en écart par rapport à son fonctionnement ordinaire, pour ce qu'il renforce, çà et là, une connexion intermonadique jusqu'à la convertir en union réelle, voire en identité. La communication harmonique est nécessaire et universelle, naturelle c'est-à-dire ordinaire dans le système des monades, et, qui plus est, économique ; le lien substantial n'est ni universel ni nécessaire, mais contingent et particulier, peut-être dépensier, surajouté comme un don de Dieu à la contingence, en ce sens donc extraordinaire, quoique naturel, puisque dépendant des monades – ce qui le distingue du lien eucharistique, miraculeux, unique. Le lien substantial fait partie, contingentement et par volonté divine, de la série portée à l'existence, pour ce qu'il contribue, comme ces singularités mathématiques dont Dieu n'a pas voulu priver la géométrie[2], au perfectionnement du meilleur des mondes possibles. Dernière pièce que Leibniz, à la veille de sa mort, ajoute au navire de Thésée, à réparer toujours.

1. A. Rémond, *Phil.*, III, 635 et *Théodicée*, art. 242.

2. Les « nombres sourds » sous vinculum : cf. *Dialogue effectif sur la liberté*, in LEIBNIZ, GF., *Système nouveau...*, p. 57.

SECONDE PARTIE

# LETTRES DE LEIBNIZ AU R.P. DES BOSSES

## Avertissement

*De 1706 à 1716, Leibniz échange en latin avec le P. Barthélémy des Bosses, S.J., une correspondance régulière et volumineuse. On trouve les lettres de Leibniz aux tomes II (p. 265-325) et VI (p. 173-201) des* Opera omnia *de l'édition Dutens, reproduites par Erdmann aux* Opera philosophica ; *et la correspondance en son entier au tome II (p. 291-521) des* Philosophische Schriften *de l'édition Gerhardt. Il faut ajouter une lettre du P. Des Bosses, datée du 30 Mars 1712, trouvée ultérieurement et insérée dans la table générale des matières au tome VII, p. 581.*

*Mon projet n'étant pas d'établir une édition savante, j'ai suivi, pour cette traduction, le texte de Gerhardt, fondé aussi souvent que possible (voyez l'introduction de Gerhardt, II, 289) sur le manuscrit de la Bibliothèque de Hanovre. La plupart du temps, les textes de Gerhardt et de Dutens concordent ; il m'est arrivé, cependant, de relever entre eux quelques divergences ; parfois aussi, le texte m'a semblé obscur. Pour trancher ces questions, j'ai consulté un microfilm du manuscrit conservé à la Niedersächsische Landesbibliothek de Hanovre : sur ces points on voudra bien se reporter aux notes.*

*Les* Lettres, *dans l'édition Gerhardt, sont numérotées de I à CXXVIII, dont 71 de Leibniz et 57 du P. des Bosses. J'ai retenu 37 lettres de Leibniz : ce choix m'a semblé justifié par l'importance, pour les études leibnitiennes, de la question, encore obscure, du* vinculum substantiale. *Parmi les lettres que je n'ai pas traduites, on compte 27 billets de 5 à 10 lignes, où Leibniz informe son correspondant de ses déplacements ou des retards du courrier. Restent quelques lettres, plus longues, qui concernent les événements et personnages contemporains, qui donnent ou commentent les nouvelles de la République des Lettres.*

*Il m'a paru inutile, la plupart du temps, de traduire les lettres du P. des Bosses : Leibniz en effet a coutume de reprendre clairement les termes des questions posées. Dans certains cas cependant, j'ai cru bon de donner, aux notes, quelques précisions.*

*Barthélémy des Bosses est né dans le diocèse de Liège en 1663 ; il entre dans la Compagnie de Jésus à Trèves en 1686. Il enseigne entre autres disciplines la rhétorique, les mathématiques, la philosophie et la théologie. Promu à Cologne Doctor Sacrae Theologiae, il professe la théologie à Hildesheim jusqu'en 1709, puis les mathématiques à Cologne jusqu'en 1711, de nouveau la théologie à Paderborn de 1711 à 1713, puis à Cologne encore, où il meurt en 1738. On sait qu'il traduisit – admirablement selon leur auteur – les* Essais de Théodicée *en latin : l'ouvrage parut à Francfort en 1719. Leibniz parle de lui en ces termes : « Le R.P.* des Bosses, *qui enseigne la théologie dans le Collège des Jésuites de Hildesheim, et qui a joint une érudition peu commune à une grande pénétration qu'il fait paraître en philosophie et en théologie... »* (Discours, *86). Des Bosses n'acheva pas sa « Clavis Lycaei », « clé »* de *la métaphysique aristotélicienne, dont le but était de démontrer la distinction réelle de la matière et de l'étendue ; mais rédigea de nombreux opuscules dont on trouve la liste dans Sommervogel, Bibliothèque de la Compagnie de Jésus (Bibliographie).*

*La langue latine de Leibniz est souvent fort belle, mais parfois difficile ; je remercie pour son aide précieuse Monsieur Albert Strenna, de l'Université de Dijon, ainsi que Madame Catherine Eugène, professeur de Première Supérieure. La présente édition tient compte des remarques qui m'ont été faites sur la première, en particulier par Xavier Tilliette.*

# I

## *Lettre du 2 février 1706*

Mon goût marqué pour la vérité me fait rechercher avec empressement tous ceux qui en ont souci. Et je me réjouis d'autant plus de vous avoir pour voisin et ami, vous à qui elle est chère, et qui, pour l'établir, semblez trouver en mes écrits quelque utilité.

Nous avons également remarqué que c'est surtout Tolomei que Rome compte au petit nombre de ceux qui ont la faveur de vos assemblées. Il y avait aussi Lallemant et Tamburini, que Thyrso Gonzalès avait provisoirement nommé suppléant [1]. Quant à moi, pour avoir reconnu le mérite et le savoir de Tolomei, tant dans ses lettres que de vive voix, je féliciterai avec joie et de grand cœur cet homme remarquable d'accéder au gouvernement suprême de votre Société. Et je ne doute pas que les avis éclairés de l'homme privé ne soient encore plus efficaces dans une fonction publique.

Bien que beaucoup d'esprits éminents, de votre Ordre ou d'autres, aient fourni un travail digne d'éloges pour concilier l'ancienne et la nouvelle philosophie, je conviens avec vous que certaines choses font encore défaut, et que d'autres manquent d'une exposition correcte. Ainsi Honoré Fabry (avec qui je fus en relation dans ma jeunesse) fort versé aussi, quoi qu'il en soit, dans la connaissance de la nature (ce que j'admirais) a trop et cependant trop peu concédé aux Modernes, ou trop et trop peu accordé à l'École. Il a livré à l'ennemi le centre de la forteresse péripatéticienne, qu'il devait par-dessus tout protéger – je veux dire les âmes des bêtes et les Entéléchies qui leur sont analogues, excepté l'âme humaine – pendant qu'il donnait tout son soin à soutenir des fortifications extérieures, écartées au loin et n'offrant rien pour leur défense – je veux dire certaines qualités occultes (ἀρρήτους) [2] qu'il a admises comme primitives, par exemple la gravité et la tension. Il est pourtant aisé, en sauvegardant l'essentiel de la doctrine péripatéticienne, de tirer ces deux qualités du mouvement de la matière insensible, et de concevoir la rareté et la densité des corps (d'où la force* des corps tendus, qu'on appelle Elastique) sur le modèle d'une éponge dont les vides sont traversés par un fluide, lequel supporte mal que soient changés les canaux qu'il a accoutumés[3].

Mais vous, homme remarquable, puisque, je vous vois entré dans le juste dessein de réformer et développer la Philosophie à l'usage de l'école, afin que la jeunesse ne s'imprègne pas de principes qu'elle aurait à regretter, j'ose vous exhorter encore et toujours (en vertu de cette liberté que vous m'accordez) à ne pas manquer, en un si grand dessein, à la République des lettres ni, encore moins, à l'Église. Et qui enseigne la Théologie rencontrera partout la philosophie. Au lieu de parcourir plus amplement la philosophie – vous n'en avez pas le temps –, je vous conseillerais d'établir un Abrégé de Philosophie, comme celui d'Eustache de saint Paul autrefois ; il servirait de manuel à vos auditeurs en théologie, et s'adressera un jour aussi aux autres.

J'avoue que dans ma jeunesse je me suis piqué aux difficultés de l'École (plus qu'il n'est de coutume chez les nôtres), et n'ai jamais regretté de l'avoir fait ; d'ailleurs, j'ai toujours été d'esprit à préférer réformer les idées reçues plutôt que les renverser. C'est de là que me sont venues ces Méditations propres à la conciliation[4] que vous regardez avec tant de bienveillance. Si, à l'usage, vous viennent des doutes, je m'efforcerai d'y satisfaire, ou du moins d'exposer ma pensée en sorte que l'acuité de votre esprit en puisse établir le sens plus aisément.

J'en viens maintenant à la question que vous posez, savoir, si l'on peut, et comment, concilier la force** active des Créatures avec le concours immédiat de Dieu à toute action de la Créature. Car vous craignez, si l'on admet ce concours, que la force** active de la créature ne soit ramenée à de purs termes de faculté. Je reconnais quant à moi que le concours de Dieu est nécessaire de telle façon que, étant donnée la force**, si grande soit-elle, de la créature, l'action ne suivrait pas si Dieu ôtait son concours ; et même je pense que ni la force* active ni non plus la faculté nue n'existeraient dans les choses sans le concours divin ; car je pose en règle générale qu'il n'y a de perfection dans les choses qu'autant qu'elles découlent de l'opération continuée de Dieu. Toutefois je ne vois pas comment cela ramène la force** à une faculté nue : car je pense qu'il y a dans la force** active une certaine exigence (comme disent les vôtres[5]) d'action, et à plus forte raison du concours divin à l'action – exigence qui n'est cependant pas irrésistible, fondée dans les lois de la nature établies par la sagesse divine : mais la faculté nue ne contient pas cette exigence. De la force* active (qui bien entendu enveloppe l'effort), ou de l'entéléchie, suit l'action, pourvu que

* *vis*

** *virtus*

s'ajoute seulement le concours ordinaire de Dieu ; mais de la faculté, même si s'ajoute le concours requis pour la force*, l'action ne suivra pas. Ainsi donc, le concours de Dieu, nécessaire à l'action de la créature, suffisant pour la force, ne l'est pas pour la faculté, parce que la force, elle, a déjà été instituée par un concours antérieur de Dieu, que n'a pas reçu la faculté nue[6].

Dans une réponse que j'ai donnée à Sturm, insérée dans les *Actes* de Leipzig, vous trouverez une démonstration semblable (me semble-t-il) à celles des Géomètres, montrant que, si l'on pose la plénitude des choses (comme font les Cartésiens) et l'uniformité de la matière, et si l'on ajoute seulement le mouvement, l'on obtient toujours une succession de choses équivalentes[7] ; comme si l'on se contentait de faire mouvoir une roue parfaitement uniforme autour de son axe, ou de faire tourner des cercles concentriques de matière parfaitement semblable ; et qu'ainsi, nul ne peut distinguer l'état d'un moment de l'état d'un autre, pas même un Ange ; l'on ne pourrait donc trouver aucune variété dans les phénomènes : partant, outre la figure, la grandeur et le mouvement, il faut admettre des formes, grâce auxquelles la distinction des apparences naisse dans la matière, formes que l'on ne peut intelligiblement chercher, me semble-t-il, qu'à partir des Entéléchies.

Il me serait difficile de retrouver maintenant, enfouies comme elles sont sous un amoncellement de feuilles, les pages que j'ai envoyées naguère à Tolomei, par l'intermédiaire du Baron de Reuschenberg, Chanoine de la Cathédrale d'Hildesheim, et mort trop tôt, pour le malheur du bien public ; mais je les retrouverai sitôt que j'aurai mis de l'ordre dans cette masse (ce que j'ai coutume de faire de temps en temps) ; je le ferai pour vous les donner à voir, mais vous n'y trouverez guère de nouveau.

Aux objections d'un Français de votre Société, esprit savant et de talent, contre mon explication de l'accord de l'âme et du corps, à savoir qu'elle n'explique pas proprement l'union elle-même, j'ai répondu que j'avais l'intention d'expliquer seulement les phénomènes, et que l'union n'est pas du nombre des phénomènes ; et qu'elle n'est pas suffisamment définie pour que j'ose m'avancer à l'interpréter. Je vous envoie la copie de la réponse que j'ai envoyée en France, et vous prie de me la renvoyer un jour car je n'en ai pas d'autre[8]. Pour le reste, adieu et portez-vous bien.

Hanovre, le 2 février 1706.

* *virtus*

## Notes de la première lettre

1. Il s'agit des Assemblées qui élisent le Général de la Compagnie. Thyrso Gonzalès est mort en 1705, et Tamburini, suppléant, ne sera définitivement élu que le 31 janvier 1706. Dans l'intervalle, on parle de l'élection possible de Tolomei, chose que souhaite des Bosses, pour le bien de la philosophie, dit-il, et celui de Leibniz. Voyez la lettre du 25 Janvier 1706 (*Phil.*, II, 291), et Michel de Certeau, S.J., *La « Clavis Lycaei » du Père Barthélémy des Bosses*, Archives de Philosophie, octobre-décembre 1966, p. 570-593.

2. Αρρήτους : qu'on ne peut exprimer par la parole. Par suite, incompréhensible, obscur. Le terme désigne, en mathématique, l'irrationnel : nombre irréductible à tout autre. Je traduis par « occulte », conformément à la tradition. Occulte peut aussi bien désigner ce qui est obscur (les qualités secondes enveloppent du confus, cf. *Nouveaux Essais,* II, chap. VIII) que ce qui obscurcit ou occulte la connaissance : car ces qualités se donnent comme primitives alors qu'elles sont réductibles à la théorie du mouvement.

3. L'ensemble de ce paragraphe montre qu'une bonne lecture de l'histoire de la philosophie tient compte des niveaux théoriques ou des domaines de validité d'un concept. Or sur cette lecture, Honoré Fabry s'est trompé. D'Aristote, il est nécessaire de conserver la notion d'entéléchie, parce qu'elle rend raison, au niveau métaphysique, du mouvement dans la matière, en ce qu'elle est puissance portée par elle-même à l'action. Une fois fondé en raison, le mouvement est à son tour fondement de diverses qualités dans la matière, dont il suffit à rendre raison au niveau phénoménal ; densité, raréfaction (porosité), force élastique. Toutes choses qui ne sont pas forces (réalités) mais effets (qualités) ; à les prendre pour des forces, on en fait des termes semblables à la cholcodée d'Avicenne ou la vertu plastique de Scaliger (cf. *De ipsa Natura*, §2). Les formes ou forces n'ont pas à être invoquées dans l'explication des phénomènes particuliers de la nature, où il convient d'être aussi corpusculaire que possible (cf. lettre à Arnauld, juillet et nov./déc. 1686, et l'*Anti-Barbarus physicus* de 1700/1704, trad. Ch.Frémont, *in* LEIBNIZ, *Principes de la Nature et de la Grâce*, GF., 1996, p. 23).

4. Ces *Meditationes* sont peut-être les *Meditationes de cognitate, veritate et ideis* de novembre 1684 (bien qu'elles ne portent guère à la conciliation) mais peuvent aussi bien désigner la *Réforme de la Philosophie première*, parue également aux *Acta Eruditorum* de Leipzig en 1694, ou au *De ipsa Natura*, en 1698, ou les textes, nombreux déjà en 1705, qui feront les *Essais de Théodicée*, que Leibniz a pu envoyer récemment à des Bosses. Dans la plupart des cas, il s'agit de « conciliations » qui travaillent sur le rapport des Anciens et des Modernes, métaphysiques ou théologiques, et de questions posées à partir de la Scolastique.

5. L'opposition « *nostri-vestri* » marque probablement ici la différence des enseignements en Allemagne protestante (Luther a, globalement, rejeté la scolastique au profit d'Aristote) et en France, où l'enseignement reste de tradition scolastique. Au cours de la correspondance, cette opposition changera de sens pour devenir plus spécifiquement religieuse : *nostri*, protestants, *vestri*, catholiques ou jésuites.

6. *Qualem non habuit nuda facultas : qualem* insiste sur la qualité du concours de Dieu, nécessaire dans tous les cas, mais suffisant pour la force. Sur le concours de Dieu et l'activité des créatures, voyez surtout le *De ipsa Natura*.Le problème sera posé dans d'autres Lettres, mais sous l'angle de la morale : Dieu a-t-il ou non prêté son concours au péché d'Adam ? (cf. IV, VI, XIV, XXIII, XXIV, et la lettre à Arnauld du 12 avril 1686).

7. *Semper sibi aequivalentia : sibi* est mis pour *alia aliis*, ce qui renforce l'idée d'équivalence ; mot à mot : ce sont toujours des choses équivalentes qui sont mises à la place les

unes des autres, ou : à la place d'elles-mêmes. La réponse à Sturm est évidemment le *De ipsa Natura*, qui donne même exemple et même formule.

8. Voyez les lettres II, XIII, et XVI. L'objection du jésuite parut aux *Mémoires de Trévoux* de mai, juin, septembre et octobre 1703 ; la réponse de Leibniz aux *Mémoires* de mars 1708 (*Phil.*, VI, 595-598 ; cf. LEIBNIZ, *Principes de la Nature et de la Grâce*, GF., p. 147). Sur l'objection et sa réponse, Leibniz s'expliquera en plusieurs endroits, dont la *Théodicée* (Préface, et art. 59). Ces textes distinguent l'accord de l'âme et du corps, phénoménale, et leur union, métaphysique. Leibniz convient que son Système rend raison de l'accord mais non pas de l'union ; on peut soutenir que le lien substantial résout cette question (cf. *supra*, Ire Partie, p. 43-45).

## II

*Lettre du 14 février 1706*

Je crains de ne pouvoir mériter assez l'honneur que vous me faites en m'interrogeant sur des questions si difficiles. Voici toutefois mon avis, puisque vous trouvez bon de le demander.

Je conviens avec vous, que l'Être et l'Un sont choses réciproques [1] ; et que l'Unité est le principe du nombre, si l'on considère les raisons, c'est-à-dire la priorité de nature, mais non la grandeur : en effet nous avons une infinité de fractions qui sont en tout cas inférieures à l'unité [2].

Le continu est divisible à l'infini. Et cela est constant dans le cas de la ligne droite, par exemple de ce que sa partie est semblable au tout. Ainsi quand on peut diviser le tout on le pourra aussi de la partie, et de la même façon une partie quelconque de la partie. Les points ne sont pas des parties du continu, mais des extrémités, et la plus petite partie d'une ligne n'est pas plus donnée que la plus petite fraction d'unité [3].

Je ne doute pas que l'infini en acte ne soit donné dans la nature, et, une fois posées la plénitude du monde et l'égale divisibilité de la matière, il suit des lois du mouvement varié qu'un point quelconque est mû d'un mouvement différent de celui d'un autre point quelconque assignable. Et autrement l'ordre et la beauté des choses ne seraient pas conséquents avec eux-mêmes. Et je ne vois pas pourquoi nous devrions rejeter cela. Ce que l'on objecte là-contre souffre une réponse, si je ne me trompe, et s'appuie d'ordinaire sur de fausses hypothèses.

Il n'y a pas de progrès à l'infini dans les raisons des vérités universelles ou éternelles, mais bien dans celles des choses singulières. C'est pourquoi un esprit créé ne les peut saisir ni expliquer parfaitement, parce qu'elles enveloppent l'infini. Les plus grandes dépendent des plus petites, et celles-ci d'autres plus petites encore.

Il se peut que les Scolastiques aient parfois conçu une puissance* accompagnée d'effort; je penserais plutôt qu'ils ont d'ordinaire reçu la

* *potentia*

chose autrement. Ainsi la faculté de rire en l'homme (dans le langage commun : la « Risibilité ») ne signifie pas que l'homme rira si personne ne l'en empêche, mais qu'il rira si l'occasion de rire lui est offerte. Aussi lorsqu'ils ont dit que la puissance agit nécessairement quand tous les requisits sont posés, je crois que parmi les requisits ils ont posé l'occasion sollicitante.

J'admets, le cas échéant, le mouvement violent, et je ne pense pas qu'il faille l'écarter du langage courant, qui se réfère aux apparences ; à peu près comme les Coperniciens parlent, avec le vulgaire, du mouvement du soleil. De la même façon nous parlons de hasard et de fortune.

Dans le mouvement, je concède le cas échéant qu'il y a quelque chose de plus que la force* qui incline au changement, savoir le Changement lui-même[4].

Je pense qu'il n'y a pas plus d'Unité substantielle dans l'eau que dans un banc de poissons nageant dans le même bassin.

Lorsque je dis que l'âme ne peut rien produire dans la matière, j'entends seulement qu'elle ne peut changer les lois matérielles du mouvement. D'ailleurs l'Âme est une Entéléchie, c'est à dire une puissance** active primitive dans la substance corporelle, par laquelle la Matière, c'est-à-dire la puissance passive primitive de cette même substance, est achevée, et c'est par la modification de ces substances primitives que naissent les actions et passions dans la substance corporelle proprement dite.

Je pense que Sturm a recherché la vérité ; mais embarrassé de préjugés, il a considéré mes écrits avec trop peu d'attention.

J'ai envoyé récemment en France ma réponse à l'objection de Tournemine (déjà assez ancienne, mais je m'en suis occupé plus tard) ; elle ne m'a pas encore été retournée. J'ignore de ce fait quelle est maintenant la situation du Journal de Trévoux[5]. J'espère toutefois que ce que l'on a dit de sa suppression ne se confirmera pas. Cependant je crains qu'il n'ait fort nui à ses auteurs de traiter parfois de théologie trop librement et non sans passion, et de parler quelquefois contre autrui de façon un peu trop mordante.

Je me réjouis de ce que le projet d'établir un Abrégé de Philosophie concorde avec vos intentions. Et je crois vraiment que l'on ne juge pas correctement de bien des choses si l'on ne considère pas l'ensemble.

Je crains de ne pouvoir avoir le plaisir de m'entretenir avec vous à la toute proche fête de Pâques, car je ne dois pas seulement aller à Brunswick mais aussi à Berlin. J'espère cependant qu'une autre fois la fortune

* *vis*

** *potentia*

comblera mes vœux. En attendant, portez-vous bien, faites tout selon vos vues, afin que la république des lettres jouisse bientôt de vos travaux éclairés, et gardez-moi votre faveur.

Hanovre, le 14 février 1706.

P.-S. Puisqu'il y a des monades, ou principes de l'unité substantielle, partout dans la matière, il s'ensuit aussi que l'infini en acte est donné ; car il n'y a aucune partie, ni aucune partie de partie qui ne contienne des monades.

## Notes de la lettre II

1. L'Être et l'Un sont convertibles l'un dans l'autre, interchangeables. Je traduis *converti* par *réciproque* en m'autorisant de la lettre à Arnauld du 30 avril 1687 : « je tiens pour un axiome cette proposition identique qui n'est diversifiée que par l'accent : que ce qui n'est pas véritablement UN être n'est pas non plus véritablement un ÊTRE ; on a toujours cru que l'un et l'être sont des choses réciproques ». (*Phil*, II, 97 ; cf. éd.Le Roy, Vrin, p. 165)

2. On peut considérer l'unité comme le nombre primitif, puisqu'elle est le premier nombre et le principe de tous les autres, ce par quoi on les engendre (cf. Yvon Belaval, *Leibniz critique de Descartes*, p. 235-266). Mais dans l'ordre de la grandeur, l'unité n'est pas primitive puisqu'il y a dans la suite des nombres une infinité de nombres plus petits que l'unité : tout l'intervalle 0-1, l'ensemble des fractions. Mais on ne peut engendrer l'unité à partir des fractions : elle est donc bien première dans l'ordre de nature. Ceci est démontrable par le triangle harmonique : cf. Michel Serres, *Hermès III, la Traduction*, p. 128.

3. Cf. *Nouveaux Essais*, II, XVII, 3 et *Théodicée*, Discours (70). La divisibilité mathématique conduit à l'infini virtuel, elle est le propre des choses idéales : étant donné une quantité, on peut toujours la diviser idéalement autant qu'on veut. A transposer ce modèle dans l'ordre des choses réelles, on engendre le labyrinthe de la composition du continu ; cf. les *Remarques sur les objections de Mr. Foucher* (*Phil.*, IV, 491) : « Et c'est la confusion de l'idéal et de l'actuel qui a tout embrouillé et fait le Labyrinthe *de compositione continui* ». Leibniz dira à des Bosses qu'« il faut prendre les choses tout autrement », et cela mènera jusqu'à l'hypothèse du lien substantial. La divisibilité à l'infini sert toutefois de modèle pour les propositions contingentes en tant qu'elles sont analysables à l'infini.

4. La question du jésuite peut paraître étrange : « si le mouvement, selon vous, ne consiste que dans la force même qui incline au changement, alors la forme ou vertu n'effectuera rien, puisqu'elle est elle-même la force inclinant au changement ». (*Phil.*, II, 297) Il convient de distinguer le fondement, la raison, c'est-à-dire la force, qui est réellement la chose même (ou sa définition réelle causale) et la chose prise comme effet, c'est à dire le changement lui-même ; cf. *Monadologie* (12). La suite du paragraphe répond à une deuxième question sans rapport immédiat à la première. Erdmann les sépare.

5. Pour l'histoire des *Mémoires de Trévoux*, voyez G. Dumas, *Histoire du Journal de Trévoux* (de 1701 à 1762), Paris, Boivin, 1936.

## III

*Lettre du 11 mars 1706*

Le mauvais temps m'a fait différer quelque peu mon départ pour des raisons de santé. Comme vos doutes concernent des questions très-importantes et très-difficiles, vous trouverez bon que je présente non point ce que demande la difficulté du sujet, et qu'exige votre perspicacité, mais ce que me permettent mes forces.

L'Être et l'Un sont choses réciproques, mais là où est donné un être par agrégation, est donné aussi un être un, même si cette Entité, et cette Unité, sont semi-mentales.

Les Nombres, les Unités, les fractions, ont la nature des Relations [1]. Et dans cette mesure, on peut les appeler en quelque sorte des Êtres. La fraction d'unité n'est pas moins un Être que l'unité elle-même. Et l'on ne doit pas penser que l'unité formelle est un agrégat de fractions, parce que sa notion est simple, convient avec les divisibles et les indivisibles, et qu'il n'y a pas de fraction des indivisibles. Toutefois l'unité matérielle, c'est-à-dire en acte effectué [2] (mais prise en général), se compose pour les Arithméticiens de deux moitiés, lorsque le sujet les comprend, si bien que 1/2 + 1/2 = 1, ou qu'ainsi par exemple la valeur d'une grosse est l'agrégat de la valeur de deux demi-grosses [3]. D'ailleurs je parlais quant à moi de substances. Donc la fraction d'un animal, ou un demi- animal, n'est pas un Être un par soi, parce qu'elle ne peut être comprise qu'à partir du corps de l'animal, qui n'est pas un Être un par soi mais un agrégat, et qui a une unité Arithmétique mais non Métaphysique. Mais ainsi que la matière en elle-même, s'il manque l'Entéléchie adéquate, ne fait pas un Être, ainsi non plus l'une de ses parties. Et je ne vois pas ce qui empêche que beaucoup de choses ne soient actuellement sujettes à une Entéléchie unique ; bien plus, cela même est nécessaire. La matière (j'entends la seconde) ou une partie de la matière, existe de la même manière qu'un troupeau ou une maison, c'est-à-dire comme un Être par agrégation.

On ne peut montrer l'infini en acte dans l'ordre de la grandeur autant que dans celui de la multitude.

Les arguments contre l'infini en acte supposent, si l'on accorde qu'il est donné un Nombre infini, que tous les infinis soient en outre égaux. Mais il faut savoir qu'en vérité un agrégat infini n'est pas un tout, ou que, doué de grandeur, il ne s'arrête à aucun nombre[4]. Et pour parler avec précision, au lieu d'un nombre infini il faut dire qu'il y a plus qu'on ne peut exprimer par aucun nombre ; ou, au lieu d'une Ligne droite infinie, qu'elle est prolongée au-delà d'une grandeur quelconque assignable, en sorte qu'il y ait là une droite toujours de plus en plus grande. Il appartient à l'essence du nombre, de la ligne, et d'un tout quelconque, d'être borné. D'où suit que, quand bien même le monde serait infini en grandeur, il ne serait pas un tout ; et que l'on ne pourrait, avec certains Anciens, faire de Dieu l'âme du monde, non seulement parce qu'il est cause du monde, mais aussi parce qu'un tel monde ne serait pas un corps, ni ne pourrait être tenu pour un être vivant, et qu'il n'aurait ainsi d'autre unité que verbale. C'est donc par une économie de langage que nous disons l'un là où il y a plus de choses que l'on ne peut en comprendre dans un tout assignable, et que nous exprimons en termes de grandeur ce qui n'en a pas les propriétés. C'est pour cela que l'on ne peut dire d'un nombre infini s'il est pair ou impair ; de même non plus d'une droite infinie si elle est ou non commensurable à une droite donnée ; en sorte que ces expressions qui parlent de l'infini comme d'une grandeur sont seulement impropres, mais fondées sur quelque analogie ; mais à les examiner de plus près, l'on voit qu'elles ne peuvent tenir. Seul l'infini absolu et indivisible a une véritable unité, à savoir, Dieu. Et je pense que cela suffit pour satisfaire à tous les arguments contre l'infini en acte, arguments à retourner de façon idoine contre l'infini en puissance. Car l'on ne peut nier que les natures de tous les nombres possibles ne soient en vérité données, du moins dans l'entendement divin, et que par conséquent la multitude des nombres ne soit infinie[5].

Quant à moi, pour parler philosophiquement, je ne pose pas plus de grandeurs infiniment petites que d'infiniment grandes, c'est-à-dire pas plus les infinitésimales que les infinituples. Je les tiens en effet, les unes et les autres, par économie de langage, pour des fictions de l'esprit, propres au calcul, comme aussi les racines imaginaires en algèbre. J'ai démontré cependant que ces expressions sont de grande utilité pour abréger le travail de réflexion, et partant pour l'invention ; et qu'elles ne peuvent pas conduire à l'erreur, puisqu'il suffit de substituer à un infiniment petit quelque chose d'aussi petit qu'on voudra, de sorte que l'erreur soit plus petite que ce qui est donné, d'où suit qu'il ne peut y avoir d'erreur. Le

R.P. Gouye, qui a fait des objections, me semble n'avoir pas assez compris mes propos[6].

D'autre part, pour passer des idées de la géométrie aux réalités de la physique, je déclare que la matière est actuellement divisée en parties plus petites que n'importe quelle partie donnée, c'est-à-dire qu'il n'y a aucune partie qui ne soit actuellement subdivisée en d'autres exerçant d'autres mouvements. Cela est postulé par la nature de la matière et du mouvement, et par l'assemblage complet des choses, pour des raisons Physiques, Mathématiques et Métaphysiques.

Quand je dis qu'il n'y a aucune partie de la matière qui ne contienne des monades, j'illustre la chose par l'exemple du corps humain ou d'un autre animal, dont toute partie, solide et fluide, contient à son tour d'autres animaux et végétaux. Et je pense qu'il faut encore dire cela de toute partie de ces vivants, et ainsi à l'infini.

Je pense qu'aucune Entéléchie n'est fixée à une partie déterminée de la matière (j'entends la seconde) ou, ce qui revient au même, à d'autres Entéléchies partielles déterminées. En effet la matière comme un fleuve change, l'Entéléchie demeurant tant que la machine subsiste. La machine a une entéléchie qui lui est adéquate, et cette machine contient d'autres machines inadéquates, certes, à l'entéléchie principale, mais munies toutefois d'entéléchies propres qui leur sont adéquates, et entièrement séparables de la première. L'École aussi admet avec raison les formes partielles. C'est pourquoi la même matière demeure sous plusieurs formes, mais sous un mode différent selon l'adéquation. Il en va autrement si vous considérez la matière première, ou « τὸ δναμικὸν πρῶτον παθητικὸν, πρῶτον ὑποκείμενον »[7] c'est-à-dire la puissance* passive primitive, ou principe de résistance, qui ne consiste pas dans l'étendue, mais dans l'exigence d'étendue, et qui complète l'entéléchie, ou puissance active primitive, pour produire la substance achevée ou monade, en laquelle les changements sont virtuellement contenus. Nous concevons qu'une telle matière, c'est-à-dire le principe de la passion, demeure fixée à son Entéléchie, et qu'ainsi d'une multiplicité de monades résulte la matière seconde avec les forces dérivées, actions et passions ; lesquelles ne sont rien sinon des êtres par agrégation, et pour cela des êtres semimentaux, comme l'arc-en-ciel et d'autres phénomènes bien fondés. Vous voyez en outre qu'à partir de là, il n'est pas nécessaire d'assigner à toute Entéléchie une portion de matière infiniment petite (laquelle n'est pas donnée) même si d'ordinaire nous sautons d'un coup à de telles conclusions. J'userai d'une comparaison : imaginez un cercle, et décrivez

* *potentia*

en lui trois autres cercles, les plus grands possible, égaux entre eux ; et dans chaque nouveau cercle, ainsi que dans l'intervalle qui les sépare, de nouveau décrivez trois cercles égaux, les plus grands possible ; et imaginez que cela va ainsi à l'infini ; il n'en suivra pas qu'il est donné un cercle infiniment petit, ni un centre pourvu d'un cercle propre à l'intérieur duquel (contre l'hypothèse) aucun autre ne s'inscrive.

Quant à ce que je dis, que l'âme ni l'animal ne périssent, je l'expliquerai de nouveau par une comparaison. Supposez que l'animal se présente comme une goutte d'huile, et l'âme comme un point quelconque dans la goutte. Si l'on vient à diviser la goutte en parties, comme toute partie devient à son tour une goutte sphérique, le point existera dans quelqu'une des nouvelles gouttes. De la même façon, l'animal demeurera dans la partie où reste l'âme et qui convient le mieux à l'âme elle-même. Et comme la nature du liquide dans un autre fluide est d'affecter la forme sphérique, ainsi la nature de la matière construite par l'auteur le plus sage est d'affecter toujours l'ordre, c'est-à-dire l'organisation. Partant, ni les âmes ni les animaux ne peuvent être détruits, bien qu'ils puissent être amoindris et enveloppés en sorte que leur vie ne nous apparaisse point. Et il n'y a pas de doute que dans la naissance comme aussi dans la mort la nature observe des lois fixes : car rien dans les ouvrages divins n'est privé d'ordre. En outre, qui prend en considération la doctrine de la conservation de l'animal doit aussi considérer ce que j'ai enseigné, savoir, qu'il y a une infinité d'organes dans le corps de l'animal, enveloppés les uns dans les autres, et que par suite, une machine vivante et en général une machine de la nature ne sont pas entièrement indestructibles.

Quand j'ai dit que toute puissance est actuellement motrice, j'ai entendu assurément la puissance active, et j'ai voulu indiquer que toujours une action quelconque suit en acte d'une puissance enveloppant un effort, même si elle est brisée par les efforts contraires d'autres puissances.

Les causes secondes agiront s'il n'est donné aucun empêchement positif ; bien plus, même s'il est donné, comme je l'ai dit, elles agiront, bien qu'alors elles agissent moins.

Vous dites qu'une substance unique, si elle était posée seule, aurait simultanément des actions infinies, puisque rien ne l'empêcherait. Je réponds que là encore, lorsqu'elle est empêchée elle exerce simultanément des actions infinies ; car comme je l'ai déjà dit aucun empêchement ne supprime complètement l'action. Et il n'est pas étonnant qu'une substance quelconque exerce des actions infinies par le moyen de parties infinies exerçant divers mouvements ; puisqu'une substance quelconque représente tout l'univers d'une certaine façon pour autant qu'il lui est rapporté, et que toute partie de la matière pâtit en quelque chose de toute autre partie. Mais il ne faut pas penser, parce qu'elle exerce des actions infinies, qu'elle exerce n'importe quelle action, ni toute action de la même manière, car chaque substance est d'une nature déterminée. Et qu'une substance unique existe seule fait partie des choses qui ne conviennent pas à la sagesse divine, et qui, de fait, n'adviendront pas, encore qu'elles puissent advenir.

Je ne saisis pas suffisamment l'objet du paragraphe suivant, qui commence par : « seule l'âme en l'homme est libre ». J'ai déjà fait observer dans ma lettre précédente que l'âme n'influe pas sur les actions du corps en les entraînant[8] – ce par quoi elle est spirituelle ou libre – mais comme entéléchie primitive du corps, et d'ailleurs seulement suivant les lois mécaniques. Mais dans les pages que j'ai écrites en Français où il est question du Système de l'Harmonie préétablie, j'ai pris l'âme seulement en tant que substance spirituelle, mais non point comme entéléchie du corps, parce que cela ne touchait pas au sujet qui m'intéressait alors, savoir l'explication de l'accord du corps et de l'âme ; et c'est tout ce que voulaient les Cartésiens. En outre, non seulement l'entéléchie adéquate du corps organique mais aussi toutes les entéléchies partielles concourent aux actions qui s'exercent selon la loi mécanique. Car les forces dérivatives, avec leurs actions, sont des modifications des forces primitives ; ce que j'ai expliqué dans ma dispute en Latin avec Sturm ; et il faut joindre les deux écrits[9].

Vous concevez qu'on satisfait à beaucoup d'objections pourvu qu'on les ramène aux règles formelles. Or je trouve que la chose se voit particulièrement, lorsque grâce à un Abrégé on a sous les yeux un aperçu de la doctrine tout entière, que l'on peut considérer même si toutes les difficultés n'apparaissent pas encore retranchées jusqu'au vif, encore que, dans ce rapprochement même, elles soient plutôt levées le mieux possible. Pour ne pas dire qu'en général les systèmes tiennent tout en conservant bien des difficultés. Je trouverais donc très profitable de se mettre à un travail de ce genre : alors se révélerait ce qui a le plus manqué jusque-là.

Tolomei, je pense, se félicite de s'être vu échoir l'honneur sans la charge, puisqu'il a été publiquement jugé digne d'être élu. J'ai envoyé, suivant votre demande, au R.P. de votre Ordre qui visite ici nos Résidences, l'ouvrage de Tolomei que vous m'aviez prêté, dont je vous remercie grandement. Pour le reste, adieu et portez-vous bien.

Hanovre, le 11 mars 1706.

P.-S. Comme le temps semble s'améliorer aujourd'hui, je retournerai très-bientôt à Brunswick. 17 Mars 1706.

Je reçois mieux les lettres transmises par le courrier ordinaire de Hanovre, que remises au maître impérial des postes. Le courrier part au minimum trois fois par semaine dans les deux sens.

## NOTES DE LA LETTRE III

1. Cette phrase supporterait deux lectures; Dutens (II, 267) et Erdmann (435b) donnent: *Numeri unitates, fractiones, naturam habent Relationum.* Gerhardt (II, 304): *Numeri, Unitates, fractiones naturam habent Relationum.* La première leçon est plus facile, étant donné la suite du texte : on distinguerait les unités numériques, unités de nombre, qui sont des relations, et les unités substantielles, qui sont des êtres. Mais la leçon de Gerhardt est conforme au manuscrit (L Br 95, f. 14); elle est plus difficile mais plus complète. Les nombres et les fractions sont à l'évidence des relations, puisqu'ils supposent la multiplicité. La chose est moins aisée à comprendre lorsqu'il s'agit de l'unité arithmétique : elle est nombre primitif et fondement de la numération, comment peut-on la dire relationnelle ? (cf. Belaval, *Leibniz critique de Descartes*, p. 254-257 et les *Etudes leibniziennes*, p. 173-183). L'unité est relative à la pluralité, elle est, comme tout nombre, un rapport, et c'est sa relation à la pluralité, dont elle est un élément, qui fait d'elle une grandeur. L'unité comprise seule serait une qualité, l'identité absolue de soi à soi, mais non pas une grandeur : cf. le texte cité de la réponse à Foucher (*Phil.*, IV, 491). Sur la construction de cette lettre, voyez Michel Serres, *Le Système de Leibniz...* (I), p. 330, note 1.

2. *In actu exercito :* les Scolastiques désignent par là un acte réellement exercé ou effectué. Cette expression s'oppose à *in actu signato*, où l'acte est seulement marqué; cf. XIX, note 5.

3. La grosse est une unité de mesure attestée dès le XVIe siècle, qui équivaut à douze douzaines.

4. L'infini quantitatif est contradictoire, puisqu'il est impossible de penser un nombre infini, le plus grand nombre de tous les nombres. Un agrégat infini n'est pas un tout, car l'idée de totalité implique celle de son unité : ce qui fait du tout un être réel. Or un agrégat infini est virtuel, puisqu'on l'obtient par addition d'éléments, et cette opération n'a pas de fin : cf. la note de Leibniz à la Lettre V et les *Nouveaux Essais*, II, XVII, §1.

5. Dieu étant l'infini en acte, son entendement peut contenir tous les infinis virtuels.

6. Voyez Belaval, *Leibniz critique de Descartes*, p. 300-368. Leibniz semble ici prendre nettement parti sur la nature des infinitésimales : elles ne sont pas réelles, mais idéales, fictions propres au calcul ; cf. *Théodicée, Discours* (§70), Ve *Ecrit* contre Clarke (éd. Robinet, PUF, p. 148) et les lettres à Varignon (2 février 1702, *Math.*, IV, p. 91 *sqq.*), à de Volder (30 juin 1704, *Phil.*, II, p. 268), à Dangicourt (septembre 1716, Dutens, III, p. 500).

7. « Puissance passive primitive, premier principe ». Cf. *De ipsa Natura* (§11 et 12).

8. *Volvendo :* le verbe évoque l'action de la glande pinéale qui roule en tous sens selon la volonté de l'âme ; cf. Descartes, Lettres à Mersenne, 1/4/1640 (*A.T.*, III, p. 246 et *Pléiade*, p. 1701), 24/12/1640 (*A.T.*, p. 262 et *Pléiade*, p. 1103) ; *Traité des Passions, art.* 31-35. (*AT*, XI, 301-488.) Les textes en français désignent probablement le *Système nouveau de la nature et de la communication des substances* avec ses trois *Eclaircissements*, parus successivement au *Journal des Savants* en juin 1695, février, avril et novembre 1696 (*Phil.*, IV, 471 et 477 ; 493-498 ; cf., LEIBNIZ, *Système nouveau...* GF., 1994).

# IV

## *Lettre du 11 juillet 1706*

J'ai bien reçu les livres que vous m'aviez renvoyés. Puisse-t-il se trouver quelque chose en quoi je vous sois plus utile ! Jusqu'alors très occupé, me voici maintenant prêt à vous répondre, en vous priant de pardonner mon retard.

Je crois que Pellisson, s'il avait vécu plus longtemps, aurait pu accomplir quelque chose d'utile ; mais l'Evêque de Meaux, avec lequel il fut un temps en relation, supérieur à lui par sa science théologique, m'a semblé toutefois, oserai-je le dire, inférieur en qualités humaines.

Je reconnais qu'en présence d'une démonstration certaine il n'est pas nécessaire, pour nous-mêmes, de répondre aux objections (mais pour les autres seulement) ; toutefois je pense que cela nous est toujours profitable lorsque l'objection est difficile, et que jamais personne avisée ne doit l'éviter : car lever une difficulté spécieuse fait briller une lumière nouvelle[1]. Donc pour ma part, même si je suis partout certain de mes propositions, j'apprécie les objections plausibles, et je pense qu'on peut toujours y satisfaire : car à supposer que quelqu'une reste invaincue, elle ne mettrait pas la démonstration en contradiction. Je ne vois pas pourquoi argumenter serait plutôt démontrer une affirmation que repousser une négation[2]. C'est pourquoi je n'accorde pas à Bayle ni à aucun autre que la raison puisse opposer à la foi des arguments insolubles[3], et je ne voudrais pas, avec Huet et Jaquelot (hommes remarquables, certes, et de mes amis) concéder tant aux adversaires.

Je tâche à quitter le plus tôt possible, si Dieu le veut, le domaine de l'Histoire, dès que j'aurai terminé mon ouvrage.

J'en viens à vos deux doutes. Puisque la perception n'est autre chose que l'expression du multiple dans l'un, il faut que toutes les entéléchies ou monades soient douées de perception, et aucune machine de la nature n'est privée de son entéléchie propre. Mes énoncés sont d'ordinaire universels, et souscrivent à l'analogie[4].

Le péché originel ne peut être ni entéléchie ni substance : puisqu'il n'est ni un animal ni un quasi-animal et qu'il n'en est pas non plus l'âme, mais une certaine imperfection de notre âme, à laquelle répond aussi une imperfection dans notre corps. De même, l'imperfection d'une horloge ou d'une autre machine vient si l'on veut de la défectuosité d'un ressort, mais n'est aucunement la machine.[a]

Puisque vous le permettez, je joins ici la lettre à destination d'Anvers. Adieu, et pensez à moi.

Hanovre, le 11 juillet 1706.

P.-S. J'ai compris que les Censeurs (qui le plus souvent sont vétilleux et enclins à l'envie) ont engagé je ne sais quelle procédure contre un livre récent de notre grand Tolomei. Je vous prie de m'envoyer toujours les lettres d'Hildesheim par Lunebourg, et non par la poste impériale.

a. *L'original comporte le paragraphe suivant que Leibniz a mis entre parenthèses pour signifier au copiste qu'il est à supprimer (Note de Gerhardt)* :

Je pense qu'une perception répond en nous non seulement à un mouvement du corps que nous apercevons, mais aussi à tout autre mouvement, perception que nous ne remarquons pas à cause de la multitude, de la petitesse et de la confusion des perceptions. Ainsi nous n'avons d'ordinaire aucune aperception d'un bruit habituel (comme celui d'un moulin).

Le premier homme, à coup sûr, pouvait être créé différent, ainsi que ses descendants, mais Dieu a choisi cette série de possibles, dans laquelle il prévoyait le péché, parce qu'elle était préférable par ailleurs. Car, bien que quelques-uns chez les Vôtres en doutent, je pense qu'on doit tenir pour certain que Dieu a fait ce qu'il y avait de mieux à faire. Et une fois la série choisie, toutes les autres choses sont enveloppées dans chaque individu, encore que la liberté soit sauve.

## Notes de la lettre IV

1. La métaphorique de tout ce passage est d'optique : *speciosus*, spécieux, ou qui éblouit, comme une forte lumière réfléchie dans un miroir ; si l'on ôte le miroir, on obtient la *nova lux*, lumière nouvelle ou, aussi bien, première (*novus* désigne ce qui arrive le premier), c'est-à-dire la lumière directe, la source ; cf. *Théodicée*, Discours, art. 26 : « les paralogismes spécieux renferment souvent quelque ouverture utile ».

2. *Demonstratio affirmationis, objectio negationis :* un argument est une démonstration, qui aboutit à une universelle affirmative : c'est le chemin le plus court et le plus parfait. Mais l'argument peut être aussi une contre-démonstration, c'est-à-dire le rejet de la proposition contraire : c'est le chemin le plus long, par exemple une démonstration par l'absurde ; cf. la lettre à Jaquelot du 6 octobre 1706 (Grua, *Textes Inédits,* I, 64, 68).

3. Sur cette discussion, cf. *Théodicée,* Discours, 25-28 et Grua, *Textes Inédits*, I, 62. Bayle a soulevé la question de savoir si l'on peut opposer à une vérité de foi des objections insolubles. La thèse de la *Théodicée* est catégorique : il est impossible qu'une vérité puisse souffrir des objections invincibles, car une objection est un argument, et un argument invincible est une démonstration. Si la démonstration est certaine, ce qu'on peut toujours vérifier, alors deux thèses contradictoires (la vérité de foi et l'objection) seraient simultanément

vraies, ce qui est impossible. Donc s'il n'est pas toujours possible de démontrer les vérités de foi, il est toujours possible de démontrer la fausseté des objections de la raison. Ce qui est prouver la vérité de la foi par un chemin indirect, mais non moins sûr. Voyez Ch.Frémont, *la Triple Vérité*, in *Revue des Sciences philosophiques et théologiques*, N°1, janvier 1992, en part. p. 46-49.

4. Le requisit de l'analogie implique l'universalité des propositions. Car l'analogie est une loi de structure qui permet d'établir les mêmes rapports entre des objets multiples ou disparates. Sur ce thème, voyez Michel Serres, *Le Système de Leibniz et ses modèles mathématiques*.

5. Dutens (II, p. 270) et Erdmann (p. 438a) donnent : *morosi, etsi in invidiam*, sens possible, *morosus* pouvant signifier *scrupuleux* ; mais Gerhardt (II, p. 311) donne : *morosi, et in invidiam...*, conformément au manuscrit (L Br 95, f. 23). De quel livre de Tolomei s'agit-il ? Le *Supplément aux controverses de Bellarmin* est resté inédit ; ce peut être le grand ouvrage de Tolomei, paru à Rome en 1696, dont les *Acta Eruditorum* firent l'éloge en 1698 : *Philosophia mentis et sensum secundum utramque Aristotelis methodam pertracta metaphysice et empirice*.

## V

*Lettre du 1er septembre 1706*

J'ai bien reçu, avec celle de Janninck, votre lettre, dont je vous remercie. Je répondrai au R.P. Janninck lorsque j'aurai reçu la réponse de Leipzig, où j'ai envoyé sa lettre. Je suis heureux que Daniel Papebroch, homme éminent, et qui a bien mérité de l'Histoire, semble avoir retrouvé ses forces, et qu'à cet âge il soit capable de travailler au grand ouvrage dont lui-même et ses confrères s'occupent avec diligence.

Je n'ai rien à écrire présentement à votre illustre Tolomei car je lui ai déjà adressé une longue lettre cette année, que j'espère parvenue à destination.

Je vous remercie en outre de m'avoir communiqué quelques-unes des propositions que vos Supérieurs ne veulent pas voir enseigner dans vos Collèges. Je vous serais très reconnaissant de me permettre de les obtenir toutes. Je me souviens d'avoir vu un court exposé, édité autrefois, de propositions semblables, que le P. Mutius Vitelleschi, si j'ai bonne mémoire, avait pris soin de faire censurer. Pour ma part, je tiens à prendre connaissance des propositions censurées, les Vôtres ou celles d'autrui, et je ne les dédaigne point : il s'agit de précautions de langage, et mieux vaut éviter d'offenser sans nécessité[1].

Pour faire quelques remarques sur les propositions que vous m'avez communiquées, je dirais, à la sixième, qu'il est assurément vrai que le mode une fois produit dure par lui-même, mais avec la substance ; puisque toutefois il ne subsiste pas par lui-même, mais émanera toujours de la substance.

A la septième : je pense, quant à moi, que Dieu ne conserve pas la quantité de mouvement, mais bien la quantité des forces, et ce bien sûr par une action naturelle[2]. Cependant, le fait que quelque chose change ne suit pas de la constance de Dieu, et Dieu n'en est pas pour cela inconstant, car il peut être constant dans une certaine raison ou loi supérieure, de laquelle découle le changement dans un domaine inférieur[3].

A la dixième : j'ai déjà, il y a longtemps, exposé mon avis.

J'ai aussi réfuté publiquement la proposition seizième, mais au lieu de la quantité de mouvement je considère que c'est la quantité de force, comme j'ai dit, qui se conserve, et ce naturellement.

A la dix-neuvième : je pense que le mouvement, et toute entéléchie seconde, découlent de la première, et c'est dans cette mesure que les créatures sont douées d'action. Quoique cependant les lois des pensées et les lois des mouvements soient indépendantes les unes des autres.

A la vingtième, je dis la même chose qu'à la dix-neuvième.

A la vingt-et-unième : je pense que les bêtes sont des automates parfaits, et cependant elles sont en même temps douées de perception.

A la vingt-deuxième : puisque l'âme est l'entéléchie primitive du corps, c'est exactement en cela que consiste l'union ; mais c'est l'harmonie préétablie qui explique intelligiblement l'accord des perceptions et des mouvements corporels.

A la vingt-troisième : je désapprouve fort chez les Cartésiens l'idée d'une connexion seulement arbitraire entre les objets et les sensations que nous en avons ; et qu'il dépend du libre arbitre de Dieu de vouloir représenter des perceptions d'odeurs par des perceptions qui sont pour lors de couleurs ; comme si Dieu ne faisait pas toutes choses suivant une raison suprême, ou comme s'il voulût représenter le cercle par un triangle, par une opération naturelle[4].

A la vingt-cinquième : il est vrai qu'on peut expliquer tous les phénomènes naturels des corps (sauf les perceptions) par grandeur, figure et mouvement. Mais on ne peut expliquer les mouvements eux-mêmes (qui sont causes des figures) sans faire appel aux entéléchies.

A la vingt-neuvième : on rejette à bon droit la proposition qui nie l'existence de formes corporelles distinctes de la matière, si par formes corporelles on entend des formes telles que les âmes des bêtes, qui en vérité ne possèdent pas l'action réflexive de l'esprit, c'est-à-dire la pensée proprement dite. Mais je ne saurais admettre que les formes corporelles sont naturellement sujettes à la destruction. Car je considère avec les Thomistes que toutes les entéléchies primitives, ou ce que j'appelle Monades, sont indivisibles. Or pour de telles formes on ne peut concevoir ni origine ni fin naturelles.

Les Mathématiciens, si je ne m'abuse, ont déjà réfuté la quatrième, et j'ai moi-même donné quelques specimen de la science de l'infini[5]. En attendant, je pense qu'à proprement parler l'infini formé de parties n'est ni une unité ni un tout, et qu'on ne le conçoit comme quantité que par une fiction de l'esprit. Seul l'infini sans parties est un, mais il n'est pas un tout ; cet infini est DIEU[a]. Adieu, et portez-vous bien.

Hanovre, le 1er septembre 1706.

a. *Sur une feuille à part, Leibniz a noté ce qui suit (note de Gerhardt)* :

*Il y a l'infini syncatégorématique,* ou puissance passive ayant des parties, à savoir la possibilité d'un développement ultérieur par division, multiplication, soustraction, addition. *Il y a aussi l'infini hypercatégorématique*, ou potestatif, puissance active ayant des quasi-parties, éminemment, mais non formellement ni en acte. Cet infini est Dieu lui-même. Mais *il n'y a pas d'infini catégorématique*, c'est-à-dire ayant en acte des parties infinies formellement (6).

Il y a aussi l'infini actuel sous le mode d'un tout distributif, mais non collectif. Ainsi, on peut énoncer quelque chose de tous les nombres, mais non collectivement. De même, on peut dire qu'à tout pair correspond son impair, et réciproquement, mais on ne peut pas dire pour autant avec rigueur que la quantité des pairs est égale à celle des impairs.

## NOTES DE LA LETTRE V

1. Rome a censuré certaines propositions, pour les retirer de l'enseignement des Collèges, librement tirées de Descartes et de Malebranche. Elles sont au nombre de trente ; des Bosses en indique une dizaine dans sa lettre du 20 août 1706 (*Phil.*, II, 312) qui portent sur les problèmes de la matière et du mouvement. En voici la traduction :

6e – Les modes ou accidents une fois produits dans un sujet n'ont pas besoin plus avant de l'action positive d'une cause qui se conserve par soi, mais doivent durer jusqu'à ce que l'action positive d'une cause externe les détruise.

7e – Pour croire qu'il s'est perdu quelque chose de la quantité de mouvement mise d'abord par Dieu dans la matière, il faudrait imaginer Dieu changeant et inconstant.

10e – L'essence de la matière c'est-à-dire du corps consiste dans l'étendue externe et actuelle.

16e – Il y a dans le monde une quantité déterminée et définie de mouvement, qui n'a jamais été augmentée ni diminuée.

19e – Dieu est le seul à pouvoir mouvoir les corps ; mais les anges, l'âme raisonnable, et les corps eux-mêmes ne sont pas causes efficientes du mouvement mais seulement occasionnelles.

20e – Les créatures ne produisent efficacement aucun effet, mais c'est Dieu seul qui produit ces effets en leur présence ; et les endroits de l'Écriture où l'on attribue l'action aux créatures doivent être pris au sens figuré.

21e – Les bêtes sont de simples automates, privés de tout sentiment et de toute connaissance.

22e – L'union de l'âme raisonnable avec le corps consiste seulement en ceci, que Dieu a voulu qu'à l'occasion de changements déterminés dans le corps surgissent dans l'âme des perceptions ou mouvements déterminés, et vice versa, qu'en raison de pensées ou de volontés déterminées de l'âme suivent dans le corps des mouvements déterminés.

23e – Ce n'est pas la nature même du corps et de l'âme qui exige cette communication des mouvements et affections, mais seulement le décret libre de Dieu.

25e – Les corps mixtes, et même ceux des bêtes, ne diffèrent entre eux que par la grandeur variable, le lieu, la figure, la texture, le repos ou le mouvement des atomes ou particules insensibles de la matière qui les constituent.

28e – Il n'y a aucune forme substantielle corporelle distincte de la matière.

P.-S. 4e – Notre esprit, de ce qu'il est fini, ne peut rien savoir de certain sur l'infini, et partant il convient de n'en jamais disputer.

2. La première démonstration de l'erreur cartésienne est parue aux *Acta Eruditorum* de Leipzig, mars 1686 (cf. *Math.*, VI, 117-119), traduite en français aux *Nouvelles de la République des Lettres* de septembre 1686 : *Démonstration courte d'une erreur de Mr. Descartes et de quelques autres...* cf. *Discours de Métaphysique* (art. XVII), *Remarques sur les principes de Descartes* (*Phil.*, IV, 350 et trad. Schrecker, *Opuscules*, ... p. 42), et la lettre à Arnauld du 28 nov./8 déc. 1686 (*Phil.*, II, 78*sqq.*, cf. éd. Le Roy, Vrin, p. 147*sqq.*).

3. La distinction d'une raison ou loi supérieure et d'un domaine inférieur ne semble pas désigner ici la différence des miracles aux maximes subalternes (*Discours de Métaphysique*, art. VII), mais bien plutôt celle qui intervient à l'article XVII du même *Discours* entre les lois de la nature et les règles du mouvement. Dieu est constant au niveau supérieur de la loi – l'invariance de la quantité de force – mais cette invariance se traduit ou s'exprime par des variations au niveau de la règle – la quantité de mouvement est démontrablement différente. L'invariance, au niveau de la physique, rend raison des variations au niveau de la mécanique.

4. Descartes le définit le mécanisme de la perception comme un rapport de signification entre l'âme et le corps (*Méditation sixième*), lequel est arbitraire, et ne devient nécessaire que par la coutume. Ce rapport purement extrinsèque – car Dieu aurait pu l'établir autrement – permet au *Traité des Passions* la domestication des animaux, une sorte d'apprentissage ou d'éducation, et la maîtrise des passions chez les hommes : cf. art. 44, 50, 136 et Lettre au Marquis de Newcastle, 23 novembre 1646 (*A.T.*, IV, 569 ; éd. *Pléiade* p. 1255), à Chanut, 1er février 1647 (*A.T*, IV, 600 ; *Pléiade*, p. 1259). Selon Leibniz cette connexion seulement arbitraire est « peu digne de la sagesse de l'auteur des choses » : voyez l'*Addition à l'explication du Système nouveau...* (*Phil.*, IV, 572*sqq.* et GF., LEIBNIZ, *Système Nouveau...*, p. 153), *Nouveaux Essais*, Préface et II, VIII, §13 et XX, §6 ; *Théodicée* (art. 340).

5. Leibniz en effet en a donné de nombreux specimen : *De Geometrica Recondita et Analysi Indivisibilium et infinitorum*, paru aux *Acta Eruditorum* de juillet 1686 (*Math.*, V, 226-234) ; *Considérations sur la différence qu'il y a à observer entre l'analyse ordinaire et le nouveau calcul des transcendantes*, au *Journal des Savants* du lundi 23 Août 1694 (*Math.*, V, 306-308) ; *Mémoire de Mr. Leibniz touchant son sentiment sur le Calcul différentiel*, aux *Mémoires de Trévoux* de novembre 1701 (*Math.*, V, 350) ; *Specimen novum Analyseos Quadraturam pro scientia infiniti, circa summas et quadratures, Acta eruditorum*, mai 1702 (*Math.*, V, 350-361). Cf. Marc Parmentier, LEIBNIZ, *Naissance du Calcul différentiel*, Vrin, 1989.

6. L'infini catégorématique est l'infini discret : « ἀφωρίσυμενον ». Le terme est usité chez les Scolastiques (cf. Gilson, *Index Scolastico-cartésien*, Alcan, 1912, p. 148-148) : « Rursus infinitum actu duplex est : unum quod proprie infinitum censetur appellaturque ab Aristotele « ἀφωρίσυμενον » a recensioribus philosophis infinitum categorematice aliud quod improprie infinitum actu dicitur ». (*Comment. Coll. Conimb.*) « Nullum dari in rerum natura infinitum actu et categorematicum satis patet... » (Eustache de saint Paul, *Somme Phil.*, III, 84-86) ; sur ces termes cf. Lalande, *Vocabulaire technique et critique de la philosophie* (Alcan, 1932). Voyez les *Nouveaux Essais*, II, XVII.

## VI

*Lettre du 20 septembre 1706*

Je vous remercie de m'avoir communiqué les propositions que les Vôtres ont dernièrement désapprouvées, et dont il n'est de toute façon pas nécessaire de répandre si tôt la liste dans le public.

Les Anges ne sont pas les entéléchies des corps, mais à mon sens ils ont eux-mêmes des entéléchies, c'est-à-dire des esprits, et aussi des corps ; ce fut la doctrine de nombreux docteurs de l'Église autrefois, de laquelle on s'est éloigné au-delà du nécessaire ; et, comme si cela ne suffisait pas, à des complications véritables, on en a rajouté de factices[a]. Les anges donc meuvent leur corps tout à fait comme nous le faisons, et la dix-neuvième définition des Vôtres ne m'est pas contraire[1]. Il est vrai que Dieu seul peut donner à la matière de nouvelles forces et de nouvelles directions[2], c'est-à-dire des mouvements qui ne suivent pas des entéléchies déjà là dans la matière ; et cela relève du miracle[b]. Je voudrais savoir si l'on soutient chez vous sur les anges une opinion définie contraire à la mienne. On a raison de rejeter ceux qui ont déclaré que tous les anges sont une créature corporelle ; mais cela ne concerne pas ceux qui ont reconnu que tous les esprits, et bien plus, les entéléchies, sont incorporels.

Je n'entends pas bien la difficulté que vous soulevez encore sur le péché originel. Ce n'est pas la force d'agir*, mais son empêchement, comme l'ignorance, qui est vice. Mais, à travers les empêchements, il se produit des actions qui sans eux n'auraient pas lieu, comme le montre à l'évidence l'exemple du froid. Et je ne conçois pas plus de différence entre le péché originel et le vice qu'entre une disposition innée et une acquise. J'entends par vice ce qu'Aristote oppose à la vertu morale.

La Perception ne se tourne jamais vers un objet dans lequel il n'y ait une certaine variété ou multitude : je m'étonne que vous, qui avez tant étudié cela, trouviez là une difficulté.

* *virtus agendi*

Je m'étonne aussi que vous ameniez là les Universaux. L'universel est l'un dans le multiple, ou la similitude du multiple ; mais lorsque nous percevons, le multiple est exprimé dans l'un, je veux dire dans le sujet même qui perçoit. Vous voyez combien c'est différent.

Je trouve étonnant aussi que vous disiez que l'animal est une machine de la nature telle qu'elle possède une entéléchie douée de perception ; car il appert de ma définition que toute entéléchie (j'entends primitive) est douée de perception ; mais ce n'est pas une raison pour que j'admette que cela donne toujours un animal.

Il me semble que vous vous défiez trop de vous-même, et cherchez auprès de moi des solutions que votre remarquable acuité d'esprit pourrait trouver seule sans peine.

Et comme je l'ai souvent dit, si quelqu'un tente de composer un Abrégé de Philosophie, les choses s'éclaireront mutuellement et dissiperont les nuages qui semblent persister.

On m'a écrit de Hollande que Quesnel, de la Congrégation de l'Oratoire, vivait là, évadé de la prison où l'avait fait jeter l'Evêque de Malines ; il multiplie dans ses écrits les efforts pour soutenir la réputation d'Arnauld et la sienne propre, ternies par le jugement de l'Archevêque. On dit que la plus grande partie de ce qu'il a écrit, toutes les lettres qu'ont échangées Arnauld et lui-même avec d'autres depuis plusieurs années se trouvent entre vos mains : je souhaiterais qu'on en publie un choix, de préférence celles qui offrent un intérêt général plutôt que celles qui ont servi à s'attirer des adversaires[3c]. Adieu.

Hanovre, le 20 septembre 1706.

P.-S. L'argument d'Aristote contre le vide, savoir que dans le vide le mouvement serait instantané, n'est pas, absolument parlant, assez solide : imaginez en effet que Dieu, pendant que le corps est en mouvement, annihile ce qui l'entoure, son mouvement n'en serait pas augmenté pour autant. Il faut reconnaître néanmoins que la vitesse des corps est limitée en raison du milieu dans lequel ils se trouvent, et bien qu'il ne s'agisse pas là de nécessité, cela relève cependant de la convenance*. C'est pourquoi la remarque d'Aristote n'est pas entièrement sans fondement.

Pardonnez-moi cette façon d'écrire sans ordre.

a. *Le brouillon initial porte à la place* :
et comme s'il n'y avait pas assez de véritables difficultés, on en a adopté de fictives.

* *congruentia*

b. *Sur le brouillon initial suit ceci* :

Et à mon avis, il ne peut y avoir de substances créées absolument séparées de la matière que par des miracles perpétuels. Si l'un des vôtres, tenu à un jugement, le sien propre ou celui d'un autre, doit soutenir des anges absolument séparés des corps, il pourra toutefois être d'accord avec moi sur bien d'autres points.

c. *Le brouillon initial porte* :

On dit que Quesnel, de la Congrégation de l'Oratoire, homme savant, et autrefois l'Achate fidèle d'Arnauld, jeté en prison par l'Archevêque de Malines, s'en est évadé, et que maintenant en Hollande, il se livre à bien des entreprises en vue de ressusciter la doctrine de Jansénius et d'Arnauld ; je le pense irrité par la dureté avec laquelle on l'a traité. Puisse-t-on amener les savants esprits qui se battent à la modération ! (A dire vrai, je ne vois nullement la nécessité de la Grâce efficace en elle-même, mais je ne vois pas non plus de l'autre côté ce que les vôtres réprouvent si fort dans la doctrine d'Arnauld, en sorte qu'à mon avis, les auteurs, de part et d'autre, se jouent une vaine tragédie). On dit que tous les papiers de Quesnel et d'Arnauld rassemblés depuis plusieurs années sont venus en vos mains, parmi lesquels je suppose qu'il s'en trouve beaucoup qui pourraient illustrer l'Histoire religieuse et l'Histoire des Lettres de notre temps, pour peu qu'un homme aimant la mesure et le bien général choisisse ceux qui tendent plus à faire avancer le lecteur qu'à accabler les adversaires.

## Notes de la lettre VI

1. Cf. *supra* Lettre V, note 1.

2. Les textes qui démontrent la conservation de la quantité de force démontrent du même coup celle de sa direction (cf. Lettre V, note 2). Car pour que la direction du mouvement pût être changée, il faudrait une augmentation de la quantité de force. Application locale de cette loi de physique : l'âme ne change pas non plus la direction du mouvement dans son corps, comme le pense Descartes (*Traité des Passions,* I, art. 35-50 et Lettres à Mersenne, 30 juillet et 24 décembre 1640) ; cf. *Théodicée*, I, 60-61, la comparaison du cavalier et son cheval. Si Descartes avait vu la loi de la double conservation, il serait tombé, dit Leibniz, dans le Système de l'Harmonie préétablie, seul moyen d'expliquer l'accord des phénomènes corporels et des représentations de l'âme.

3. L'intérêt général, c'est-à-dire ce qui est théorique, par opposition à ce qui est purement polémique : voyez ci-dessous la Lettre X sur le jansénisme.

## VII

*Lettre du 4 octobre 1706*

Je vous prie de ne point prendre en moindre part ce que j'ai dit dans l'intention de stimuler votre esprit.

Je vous remercie de m'avoir copié un paragraphe du Père Martin Esparsa ; je me souviens d'avoir lu jadis certaines choses de lui, et il m'a paru très perspicace. La doctrine selon laquelle les anges sont absolument privés de corps n'a pour fondement ni la raison ni l'Écriture, mais simplement l'opinion courante des écoles. Les termes montrent assez que le Concile du Latran ne se prononce pas définitivement mais discursivement d'après le sens alors reçu [1]. Que certains anges, que vous appelez avec Thomas assistants, soient entièrement séparés des corps, mes démonstrations, si je ne me trompe, l'infirment, et j'ai tendance à étendre à tous ce que l'on pourrait poser de quelques-uns [2].

Je pense toutefois que l'on peut attribuer aux anges cet usage du corps, afin de ne point nommer à tort les Formes assistantes plutôt qu'inhérentes, non qu'elles ne fassent point office d'entéléchies, mais parce qu'elles ne sont pas fixées au corps. Je pense en effet (puisque cela est possible naturellement, et travaille à la perfection de l'Univers) qu'il y a des entéléchies qui très facilement changent de corps, c'est à dire qui passent d'un corps à un autre, non pas certes instantanément (rien ne se fait ainsi naturellement) mais en un temps cependant bref, quoique par degrés. Tout comme la partie qu'elles retiennent se subordonne à celle qui doit changer, et qu'elles quittent, encore que la première change aussi ensuite suivant l'état des choses, comme nous pouvons, nous-mêmes, remplacer le pied par la main, et substituer du bois à la chair ; bien plus, par le moyen d'une main nous pourrions remplacer l'autre, et inversement au moyen de cette dernière remplacer la première, si nous pouvions nous intégrer suffisamment la dernière. De même l'ange agit toujours par l'intermédiaire des corps, et toujours l'Harmonie préétablie aura lieu, en sorte que ce que veut l'ange arrive par la loi même des corps, à peu près comme dit, je m'en souviens, votre Suarez, au témoignage de certains : que les choses sont préordonnées de telle façon qu'il est spontanément satisfait aux volontés et prières des bienheureux [3].

J'appelle donc assistantes [4] les Formes qui ont le pouvoir de prendre ou de quitter un corps et de transformer celui qu'elles possèdent ; inhérentes et animantes celles qui n'ont pas un tel pouvoir, bien que celui-ci soit impliqué dans leurs limites, en sorte que tout procède suivant l'ordre naturel. Car il appartient à Dieu seul de faire ce qu'il veut à partir de ce qu'il veut, par pure volonté. Et je veux bien que l'on dise les premières séparées des corps, tandis que les dernières leur sont fixées. Il faut reconnaître toutefois que les deux sortes sont unies aux corps, afin que les entéléchies aient une raison. De ce fait, il semble qu'Augustin au livre XXI de la *Cité de Dieu* ait eu en l'esprit la question posée citée par Thomas, *Du Mal*, qu.16, article I : « Posse scilicet Dæmones (vel Angelos) dici Spiritus, quod corpora sibi magis subdita habeant » [5]. C'est pourquoi nous ne donnerons pas le nom d'âmes à ces intelligences, ni le nom d'animaux aux anges eux-mêmes. D'ailleurs le changement de corps ne comporte rien qui ne s'accorde avec les opinions reçues : car nous aussi nous changeons de corps, en sorte que, vieux, nous ne retenons peut-être rien de la matière de l'enfant ; la seule différence est que nous ne dépouillons pas notre corps subitement, ni à notre guise. Pour le reste, adieu, et portez-vous bien.

Hanovre, le 4 octobre 1706.

P.-S. La cause de Quesnel sera un jour entendue, ainsi que toutes les autres choses de ce genre qui touchent à l'Histoire des Lettres.

### NOTES DE LA LETTRE VII

1. *Non définitive sed discursive :* le Concile n'a pas pris cette doctrine comme une définition, mais comme le point de départ pour la *discursio*, c'est-à-dire, chez les Pères, l'examen d'une notion ou d'une définition. Il s'agit du IV^e Concile du Latran, 1215. Le décret *Firmiter* pose que les anges sont des esprits sans corps, et que l'opinion selon laquelle ils auraient un corps éthéré semble sans fondement, puisqu'elle n'a trouvé aucun partisan dans la discussion. Mais la spiritualité absolue des anges n'est pas un dogme de foi.

2. *Somme théologique :* des Bosses donne comme référence Ire Partie, Question 112, articles 2, 3, 4. J'ajouterais l'article 1, où Thomas d'Aquin cherche si l'action extérieure peut nuire à la dignité de l'ange. Le problème du corps des anges n'est d'ailleurs pas posé ici pour lui-même : la question 112 traite de la mission des anges. Des Bosses explique l'origine de la thèse selon laquelle les anges sont privés de corps : si l'on distingue avec Thomas les anges qui assistent Dieu et ceux qui sont envoyés pour un ministère extérieur, on voit que les premiers n'ont pas besoin de corps – ils sont comme ceux qui à la cour du Roi se tiennent constamment en présence du Souverain – tandis que les seconds font nécessairement usage d'un corps, puisqu'ils sont envoyés en un lieu pour agir sur la créature corporelle – comme ceux qui sont dépêchés par la volonté royale au gouvernement des provinces. De cela il ressort que le corps n'est pas essentiel à l'ange. Leibniz propose d'étendre aux premiers ce

qui est admis des seconds, car selon lui tous les anges doivent avoir un corps très subtil et différent du nôtre ; car une entéléchie privée de matière n'a aucun lieu ni partant aucun rapport à l'univers, et Dieu agirait sans raison. Sur la question du corps des anges, cf. Thomas, *Somme théologique*, I, Qu. 50 à 53.

3. Tout le problème est de trouver la modalité du rapport de l'ange à son corps. Leibniz propose ici un modèle de vicariance : tel membre peut servir pour tel autre, un organe artificiel peut remplacer, par habitude, un organe naturel. L'on pense à Descates, au bâton de l'aveugle, et au thème de l'accoutumance au *Traité des Passions*. Le corps en lui-même est un simple *cadaver* (Leibniz à Arnauld, 28 nov./8 déc. 1686), ce qui lui donne son unité et son individualité d'organisme est l'âme qui l'informe : les parties peuvent changer, l'individu reste le même. Le rapport de l'ange à son corps est un certain jeu sur l'union de son âme aux corps qu'il prend, l'accommodement *pro arbitrio*, selon l'usage souhaité. Ce rapport de vicariance définit très exactement ce qu'est le corps pour l'ange. Figure de l'harmonie, paradigme pour le rapport de l'homme à son corps : mais ce rapport est local chez l'homme, des parties du corps à la totalité ; et global chez l'ange, où il s'agit du corps tout entier. Cf. *supra*, chap. III, p. 66-68. Pour la référence à Suarez, cf. *Théodicée* (art. 310).

4. Le terme « assistant » se trouve chez Thomas ; Leibniz ajoute « inhérent » et « animant » : tous les anges sont, par définition, assistants de Dieu, certains sont en outre envoyés pour un ministère extérieur. Mais, en tant qu'assistants, au sens de Leibniz, ils ont aussi, en droit, ce pouvoir de prendre ou quitter un corps, bien qu'ils n'en fassent point usage. La discussion porte ici non pas tant sur la fonction des anges que sur le rapport de la forme à la matière ; aussi Leibniz dira-t-il (cf. Lettre VIII, note 1) qu'il ne se réfère pas à Thomas mais aux textes péripatéticiens.

5. « Que les démons (ou les anges) peuvent sans aucun doute être dits des esprits, parce qu'ils ont des corps qui leur sont davantage soumis ». Le texte d'Augustin (*Cité de Dieu*, XXI, 10) pose la question de savoir si les esprits malins peuvent être touchés par le feu : celui-ci étant corporel, il faut supposer que les démons ont une sorte de corps sensible ; cf. Thomas, *De malo Quæstiones disputatae*, Qu. XVI, art. 1, *De Dæmonibus : utrum Dæmones habeant corpora sibi naturaliter unita.*

## VIII

*Lettre du 16 octobre 1706*

Le passage d'Esparsa me plaît fort, et je vous serai toujours très reconnaissant de me signaler les personnes faisant autorité qui vont dans mon sens. Je ne rejette pas l'opinion des Péripatéticiens qui demandent, pour établir la distinction numérique des substances, une relation à une matière déterminée (quoiqu'elle change en fonction du temps). Il en va autrement de Dieu, qui est suffisant à lui-même, cause de la matière et de toutes choses ; c'est pourquoi il n'est pas l'âme du monde mais son auteur. Mais il est naturel aux créatures d'avoir une matière (j'entends seconde), et elles ne sont pas possibles autrement, à moins que Dieu ne supplée par un miracle à la fonction de la matière. Mais les choses qui ne peuvent être exécutées que par miracle ne sont pas selon la règle nécessaires à la perfection de l'univers. L'esprit infini agit sur les corps par création et conservation, qui est en quelque sorte une continuation de la création ; ce qui ne peut se communiquer à l'esprit fini.

Lorsque j'ai parlé des Formes assistantes, je ne me suis pas référé à la distinction de Thomas, que vous rappelez, entre les anges assistant Dieu et les anges servant Dieu (bien que l'Écriture les nomme tous serviteurs de l'Esprit), mais aux formules péripatéticiennes [1]. Des intelligences assistant Dieu, qui ne feraient rien d'autre et ne seraient pas servantes de Dieu, ne conviennent pas, à mon avis, à l'ordre des choses. Car les retirer de l'ordre des corps et du lieu, c'est les retirer de la connexion universelle et de l'ordre du monde, que produisent les relations au temps et au lieu.

En ce qui concerne la question de savoir si l'entéléchie meut la matière, vous avez déjà noté dans votre lettre la distinction que je fais : l'entéléchie meut son corps organique ou matière seconde, mais elle ne meut pas la matière première qui lui est propre. Monsieur Bayle me semble n'avoir pas bien compris ma pensée en cela [2]. La matière première est essentielle à toute entéléchie, et n'est jamais séparée d'elle puisqu'elle la complète et qu'elle est elle-même la puissance passive de la substance complète tout entière. Car la matière première ne consiste pas dans la masse, c'est-à-dire l'impénétrabilité et l'étendue, encore qu'elle l'exige : mais la matière seconde, qui constitue le corps organique, résulte d'innombrables substances complètes, dont chacune a sa propre entéléchie, et sa propre matière première, mais aucune de celles-ci n'est perpétuellement fixée à la nôtre[3]. C'est pourquoi la matière première de toute substance existant dans un corps organique qui lui est propre enveloppe la matière première d'une autre substance, non comme partie essentielle mais comme réquisit immédiat, pour le temps seulement qu'un requisit remplace l'autre. Donc, bien que Dieu par sa puissance absolue puisse priver une substance créée de matière seconde, il ne peut cependant pas la priver de matière première ; car il ferait par là un acte pur, ce que lui seul est. C'est une autre question de savoir s'il est nécessaire que l'ange soit forme informante ou âme du corps organique auquel elle est personnellement unie, et l'on peut répondre négativement, suivant le sens déterminé dans ma précédente lettre. Vous voyez en outre que par là on supprime les substances incomplètes, monstres pour la vraie Philosophie.

Je ne peux rien dire de certain sur l'état de l'âme humaine séparée, car, outre le Règne de la Nature, intervient ici celui de la Grâce. Mais je ne vois aucune raison pour qu'une matière seconde déterminée lui soit perpétuellement assignée jusqu'à la résurrection.

Je ne me rappelle pas avoir dit que toute entéléchie est un esprit, et je préférerais réserver cette appellation à celles qui sont raisonnables[4]. J'ai déjà dit qu'il n'est pas vrai que toute entéléchie soit capable de raison, puisque toute entéléchie n'est pas consciente d'elle-même, c'est-à-dire douée d'acte réflexif. Cela, si je ne me trompe, les Péripatéticiens l'ont déjà souligné (les Thomistes en premier, qui reconnaissent pour indivisibles même les âmes des bêtes). D'où suit que les âmes des bêtes ne possèdent point la personne, et par conséquent l'homme est le seul des animaux connus de nous à avoir l'immortalité de la personne, laquelle consiste évidemment dans la conservation de la conscience de soi, et rend susceptible de châtiment et de récompense[5].

La communication des écrits que vous me dites d'espérer sera la bienvenue lorsque je rentrerai chez moi ; car cette semaine ou l'autre j'irai à Wolfenbutel. Il me sera aussi agréable que vous m'instruisiez par la suite de ce qui s'est passé au sein de votre Ordre ou ailleurs dans le domaine des Lettres, particulièrement dans les domaines religieux et philosophique ; il me serait utile d'apprendre ce qu'on décide à Rome dans les Congrégations des Rites, de l'Inquisition, de l'Index, etc. Car je ne méprise aucunement ces questions.

Que dire si vous venez aussi un moment à Wolfenbutel quand j'y serai ? Il se peut que quelqu'un de votre Ordre se trouve là, pour une raison que vous ne serez pas sans savoir. Il me sera très agréable, ainsi qu'à vous-méme, de le connaître. Mais il plaira surtout au Prince Sérénissime de faire votre connaissance, ce qu'il ne vous faut pas négliger. J'attends donc sitôt que possible la nouvelle de ce petit voyage. D'ailleurs je vous indiquerai le moment où j'irai. J'espère le faire durant la semaine qui vient. Adieu, et pensez à moi.

Hanovre, le 16 octobre 1706.

## NOTES DE LA LETTRE VIII

1. Sur les textes de Thomas d'Aquin, cf. Lettre VII, notes 3 et 5; cf. aussi *Somme théologique*, I, Qu. 50, art. 1 et 2. Les scolastiques entendent par formes subsistantes celles qui ont une existence indépendante de la matière (par ex. l'ange ou l'âme humaine). Parmi les formes subsistantes, les unes sont informantes et les autres assistantes. L'âme humaine est forme informante parce qu'elle communique à la matière son existence propre; mais l'ange est seulement forme assistante parce qu'il s'applique accidentellement à la matière.

2. Voyez l'article « Rorarius » du *Dictionnaire Historique et Critique*. La *Réponse aux Réflexions de Bayle* (1702, *Phil.*, IV, 554, cf. éd. GF., *Système nouveau...*, p. 189), les *Considérations sur le Principe de vie* (1705, *Phil.*, VI, 539; cf. éd. GF., *Principes de la Nature et de la Grâce*, p. 91) reviennent sur la question de l'action de l'entéléchie sur la matière, à cause, dit Leibniz, de l'incompréhension de Mons. Bayle à l'article « Rorarius ».

3. La matière première (cf. *infra* la note 1 de la lettre XVI) ne consiste pas dans la masse (*moles*) en ce qu'elle est une pure abstraction, corrélative ou inséparable d'une entéléchie. La singularité monadique n'engendre pas l'étendue réelle : celle-ci suppose la multiplicité des monades. Le raisonnement est le suivant. Toute entéléchie est une puissance portée par elle-même à l'action, qui tend à produire des effets, infinis si rien ne les empêche : une telle entéléchie est Dieu, acte pur. La nature alors serait Dieu, il n'y a pas de création, c'est le spinozisme. Mais les monades sont créées, donc limitées. Il faut donc qu'il y ait dans la monade un principe interne de limitation qui fondera son *situs*, c'est-à-dire son rapport aux autres monades, sous lequel elle est empêchée par les autres. (Mais l'entr'empêchement, figure négative de l'entr'expression, est fondé dans la monade elle-même : il n'y a pas d'influx.) Ce principe interne de limitation est la matière première (qui est *potentia*); toute entéléchie est donc fixée à sa matière première comme à son propre principe de limitation. Mais la limitation implique nécessairement la multiplicité, donc la coexistence de forces qui s'entr'empêchent dans leurs effets : ainsi est produite la matière seconde, multiplicité de monades, masse étendue réelle (*massa*). Aucune de ces monades (substances complètes) n'est perpétuellement fixée à l'âme ou entéléchie du corps en question car les monades qui entrent dans la composition des corps ne sont que des requisits *pro tempore*, seule la monade dominante est fixe ; les autres changent, notre corps est vaisseau de Thésée. Les textes latins distinguent *moles* et *massa* que nous avons coutume de traduire indifféremment par *masse*. Or les deux choses sont à la fois semblables et différentes, dans la mesure où la *massa* est la résultante effective de la multiplicité des *moles*. Ceci fait que Leibniz lui-même dit tantôt *matière première ou masse*, et tantôt *masse ou matière seconde*.

Quelques textes de référence :

– A Arnauld, 9 oct. 1687 (*Phil.*, II, 118-119 ; Vrin, p. 186) : « Il faut admettre dans les corps quelque chose qui soit véritablement un seul être, la matière ou masse étendue elle-même n'étant jamais que *plura entia* »…. « La matière prise pour la masse elle-même n'est qu'un pur phénomène ou apparence bien fondée »…. « Que si l'on prend pour matière de la substance corporelle non pas la masse sans formes mais une matière seconde qui est la multiplicité des substances dont la masse est celle du corps entier… ».

– *De ipsa Natura*, §11 (*Phil.*, IV, 510) : « notionem materiae primae, sive molis ». P. Schrecker traduit par *masse*. (*Opuscules philosophiques choisis*, p.103).

– *Nouveaux Essais*, II, VIII, §8 : « la matière seconde ou masse ».

– A De Volder (*Phil.*, II, 252) : « Massam, seu materiam secundam ».

Yvon Belaval dit « matière première ou masse » (Leibniz, *Initiation à sa philosophie*, Vrin, p. 230), Russell (*La philosophie de Leibniz*, trad. Ray, p. 86) dit « matière seconde ou masse ». Ajoutons que le mot *masse* est d'usage newtonien, lequel seul permet d'en donner une définition correcte. Il n'est pas sûr que la notion soit claire au dix-septième siècle.

4. La thèse est constante, des premiers aux derniers textes. Sur la hiérarchie des substances, cf. *Discours de Métaphysique* (XXXIV-XXXVII) et *Monadologie* (82-84). Cette hiérarchie posera dans la *Théodicée* le problème de la traduction de l'âme raisonnable. (art. 86-88, 89, 397) cf. Lettres XVI et XVII.

5. Sur ce thème, voyez les *Nouveaux Essais*, II, XXVII, § 9.

## IX

*Lettre du 1 er février 1707*

C'est avec un peu de retard que j'ai reçu votre lettre, dont je vous remercie. L'examen de l'*Historia de Auxiliis*[1] ne sera pas à négliger, pourvu que l'on évite, de part et d'autre, les propos offensants, plus destructifs que constructifs.

Instruisez-moi un jour, s'il vous plaît, de l'infaillibilité de l'Église dans les questions de fait : car j'avoue que j'ai toujours plutôt approuvé l'opinion de Bellarmin et d'autres, qui pensent que même les Conciles généraux peuvent se tromper en ce genre de choses, et je ne voudrais pas qu'on soutînt, au nom d'intérêts et de sentiments présents, des doctrines dont on aura par la suite à se repentir. Mais je trouve abusif d'exiger de chacun, en ces matières, un assentiment intérieur, car en la circonstance celui-ci n'est pas du ressort de l'autorité, et l'on manque d'arguments propres à persuader. L'autorité de l'Église (qu'à mon sens on doit vénérer, pourvu qu'elle soit contenue en de justes limites) ne s'accroît point, comme celle des Princes, par l'abus ni par une extension excessive, mais, même à l'intérieur de la juste mesure, court à la longue un danger ; l'expérience l'a plus d'une fois enseigné. Si seulement des hommes éclairés, de votre Ordre ou d'ailleurs, pouvaient apaiser ou réprimer ces passions qui affligent trop souvent des personnes de mérite. Je ne puis pour ma part approuver ni les actes récents des gens de Sorbonne contre les vôtres, ni ceux des vôtres contre la mémoire de Jansénius, et je trouve les propositions condamnées semblables à un nez de cire, puisque personne n'ignore combien d'acceptions diverses reçoivent les termes de possibilité et de nécessité[2].

Je ne pense pas que nos discussions philosophiques soient propres à une quelconque communication dans le public, parce qu'elles sont dispersées, non point rassemblées en un système, tel que celui que j'attendais de vous[3]. C'est à vous, à votre sagesse, que je les ai adressées, non à tout un chacun. C'est pourquoi elles conviennent fort peu au Journal de Trévoux, destiné surtout à la vulgarisation, et j'espère que votre bienveillance à mon égard ne permettra pas qu'elles paraissent en un lieu qui leur est si étranger. Je pense qu'on devrait demander aux éditeurs de Trévoux, qui sont certes finement instruits, d'indiquer, des livres qu'ils recensent, les choses remarquables ou profitables, de préférence à celles qui sont vaines ou négligeables. L'esprit humain est enclin à la satire et au mépris des autres ; je ne voudrais pas que ce vice des lecteurs fût encouragé, surtout par des religieux. Un homme de bien, instruit, a mis tout son soin à composer un ouvrage, et a livré ses découvertes à l'usage de tous : il n'espère pas d'autre récompense que la louange ; pourquoi rendrons-nous le mal pour le bien à un homme bien intentionné, et pourquoi (si d'aventure il s'est trompé en quelque chose) le pousserons-nous, par le mépris et la dérision, à se repentir d'un acte louable ? S'il est profitable d'être repris sur quelque point, je voudrais que ce soit en sorte que l'auteur se félicite de notre censure.

Ma lettre contient peu de nouvelles. On a trouvé, m'a-t-on dit récemment, une inscription romaine en Silésie, ce qui est fort rare, car jamais les Romains ne s'établirent là. Elle a pu être placée là pour un prisonnier par un ami semblablement fait prisonnier, comme je me souviens qu'un Turc à Hanovre avait gravé une épitaphe turque pour un compagnon de captivité.

Je me suis décidé ici à publier quelques-unes des observations que j'ai faites à Berlin, d'autant que certaines concernent les mêmes phénomènes dont j'ai appris, par la lecture des Commentaires de l'Académie de l'année 1704, qu'ils avaient été remarqués à l'Observatoire Royal de Paris. Le travail jusque là perdu d'Apollonius de Perge, sur la Section du rapport, est paru en Angleterre, découvert jadis dans un manuscrit arabe par l'illustre Edouard Bernard, et arraché à l'oubli par un autre Géomètre très célèbre, Edmond Halley.

Le célèbre Hollandais Hartsœker m'a envoyé ses *Conjectures Physiques* récemment publiées, dans lesquelles il tente un nouveau système, ou plutôt poursuit celui qu'il avait publié quelques années auparavant. Il comporte beaucoup de choses ingénieuses, mais elles cachent encore trop profondément les secrets de la nature pour qu'il soit permis d'espérer, dans ce balbutiement de philosophie, des causes certaines pour des effets complexes [4].

Je félicite Tolomei de sa tranquillité ; s'il avait assumé la charge, c'est votre Ordre plus que lui-même qu'il eût fallu féliciter : j'attends maintenant le grand ouvrage de Bellarmin renouvelé par sa science et son talent. Et, je n'en doute pas, il modérera les combats trop virulents de Bellarmin, ses armes et menaces, et s'emploiera à ce que l'on dise qu'il a au mieux fait la part de la vérité et de l'intérêt [5].

Lorsque je serai rentré à Hanovre, ce qui ne saurait tarder, il me sera plus facile de confier quelque chose à notre commerce épistolaire. Cependant, adieu, etc.

Berlin, le 1er février 1707.

## NOTES DE LA LETTRE IX

1. Il s'agit des *Six Livres de l'Histoire des Controverses sur les Secours de la Grâce divine sous les Papes Sixte Quint, Clément VII et Paul V, où l'on montre et réfute les erreurs et impostures innombrables qui ont été relevées dans l'Histoire des Congrégations De Auxiilis, éditée par Augustin Le Blanc, et où l'on dément tous les actes des Congrégations qui ont eu lieu au nom du Frère Thomas de Lemos ; dont l'auteur est le théologien Théodore Eleuthère et l'imprimeur Pierre Jacobs, à Anvers, 1705, avec privilège et approbation* ». (je traduis). Des Bosses (*Phil.*, II, p. 326) pense que Théodore Eleuthère est le pseudonyme de Levinus de Meyer, qui a fait paraître quelques années auparavant aux *Acta Eruditorum* un Poème sur la Colère.

2. Cette métaphore était courante chez les Scolastiques ; on la trouve chez Arnauld : « M. Arnauld, en parlant de l'Écriture, dit que c'est un nez de cire, qu'on tourne comme on veut. Le nez de cire, appliqué à l'Écriture, me paraît comique et burlesque ». *Dictionnaire de Trévoux*, art. « cire ». Les propositions condamnées sont évidemment les Cinq Propositions dites résumer la doctrine de Jansénius, relevées par N. Cornet syndic de la Faculté de Théologie de Paris, en 1649, et condamnées par Innocent XI en 1653. Pour les défendre, les jansénistes usent de la distinction du fait et du droit : l'Église a le droit de juger si les propositions en question sont contraires au dogme ; mais il faut d'abord établir le fait : si lesdites propositions sont effectivement soutenues par Jansénius et contenues dans l'*Augustinus*, et si le sens qu'on leur donne est bien celui de Jansénius. D'où une discussion sur les termes de *possibilité* et *nécessité :* en quel sens faut-il les prendre ? En 1653, Arnauld écrit une *Relation abrégée sur les Propositions condamnées par la Constitution du Pape* (mais elle ne sera publiée qu'en 1717) où il soutient l'argument de fait : les propositions condamnées ont été fabriquées par Cornet ; nul ne les soutient dans les sens hérétiques qu'elles peuvent prendre ; la députation envoyée à Rome ne veut pas défendre ces propositions mais seulement la doctrine d'Augustin. Le Père Annat répondit à cette *Relation* pour tenter de montrer que les propositions sont effectivement dans l'*Augustinus*. En 1654, les Evêques de France déclarent que les cinq propositions sont effectivement des propositions jansénistes. D'où le Formulaire de 1657. Sur le contenu des cinq propositions, cf. Lettre X, note 9.

3. La discussion est le propre de la Lettre, mais la communication au public exige une forme systématique. Des propositions isolées risquent de perdre leur sens et leur efficace (ce qui s'est produit pour les propositions jansénistes) lorsqu'elles sont sans contexte, parce qu'elles ne peuvent s'appuyer mutuellement.

4. Cf. *infra*, Lettres XVII, XXII (note 3) et XXV.

5. Le cardinal Bellarmin avait été envoyé à Louvain pour soutenir la polémique contre Baïus. Le *Supplément aux controverses de Bellarmin* est resté inédit. Cf. *Théodicée*, Préface (*Phil.*, VI, p. 46) : « J'espère que le R.P. Ptolomei… nous donnera sur tout cela des éclaircissements dignes de sa pénétration et de son savoir, et, j'ose même ajouter, de sa modération ».

# X

*Lettre du 21 juillet 1707*

Je fus extrêmement sollicité depuis mon retour. Aussi n'ai-je pas eu le loisir de répondre plus tôt, comme il se doit, à vos lettres si aimables. Je vous remercie de me signaler qu'Aloysius Temmick est un nom d'emprunt, et vous prie de m'apprendre le véritable. Même si je n'approuvais pas les premières propositions d'un auteur, je souhaiterais néanmoins qu'on accordât aux gens savants, y compris aux vôtres, la liberté de philosopher, qui engendre l'émulation et aiguise les facultés : mais l'esclavage anéantit les esprits, et l'on n'a rien à attendre de remarquable de la part de ceux auxquels on ne permet rien. C'est pourquoi les Italiens et les Espagnols, qui ont l'esprit aigu, brillent si peu en philosophie, trop entravés qu'ils sont. Ce que Temmick soutient sous ce pseudonyme, beaucoup d'érudits le défendent ouvertement en France.

Quelqu'un a écrit naguère la *Concordia Scientiae cum Fide* sous le nom de Thomas Bonart, du Nord de l'Angleterre. J'ai su qu'il a appartenu à votre Ordre, et qu'il a subi des remontrances à cause de son livre : je voudrais apprendre de votre bienveillance son nom véritable. Nous avons son livre, écrit avec art et talent, mais un peu obscur : c'est pourquoi je n'ai pu l'examiner suffisamment. Si vous ne l'avez pas lu, et qu'il vous semble digne de l'être, je vous l'enverrai.

Puisque vous êtes en relation avec les Editeurs de Trévoux, voyez, je vous prie, si vous jugez possible de leur communiquer une feuille supplémentaire à insérer dans une livraison mensuelle. Car il m'importe d'enlever aux lecteurs l'occasion de mal juger de moi-mème et de mes écrits.

Je ne saisis pas bien ce que le P. Perez, dont je sais le talent, entend par *Indivisibles Métaphysiques*, chose que vous découvrirez aisément à partir d'autres passages de lui. S'il entendait les Monades il serait d'accord avec moi. Et l'espace n'est certes pas composé de monades : si c'est aussi la pensée de Perez au sujet de ses indivisibles métaphysiques, on pourra le savoir d'après le texte même, mais en tout cas il les oppose aux indivisibles mathématiques[1]. Je pourrais en attendant me servir de son vocabulaire pour désigner mes propres Monades : et je me rappelle les avoir parfois nommées Atomes métaphysiques ou bien Atomes substantiels[2]. L'espace en lui-même est indéterminé relativement à toutes les divisions possibles ; car c'est une chose idéale, comme l'unité numérique que l'on peut arbitrairement diviser en fractions, mais en revanche la masse des choses est divisée en acte.

Le livre d'Hartsœker, que son auteur m'a envoyé, se trouve dans mon coffre que j'attends encore de Berlin ; quand je l'aurai reçu, je vous l'enverrai. Il pose deux principes, savoir, que certaines parties de la matière sont parfaitement fluides, et d'autres parfaitement solides. Les notions courantes des philosophes auraient du mal à réfuter cette hypothèse ; mais chez moi elle ne peut tenir.

Il me semble (pour autant que j'en puisse juger en ce moment, car je n'ai pas le temps de lire son livre en entier) que Newton n'a pas vraiment présenté sa démonstration du vide comme si absolue, mais qu'il l'a plutôt glissée p. 346 des *Principia Naturae mathematica*, là où il présente les expériences dont dépend selon lui la démonstration du vide. A vrai dire, je ne vois pas quant à moi comment il serait possible de trouver des expériences qui permettraient de définir exactement la question, que j'estime dépendre uniquement des raisons. Vous verrez le passage que vous recherchiez, et l'étudierez de près si bon vous semble[3].

J'en viens aux controverses qui agitent les vôtres, et j'avais souhaité qu'on s'abstînt de part et d'autre de propos désobligeants. Cela, Très Révérend Père, vous le louez par dessus tout, à condition que chacun s'y tienne. Mais peut-être sera-t-il plus digne d'éloges, celui qui en usera ainsi pour sa part sans bénéficier en retour de la même urbanité : et je penserais volontiers que c'est pour ces Religieux, qui tous ont le culte profond de la vertu, que Virgile a dit :

*Tuque prior, tu parce genus qui ducis Olympo,*
*Projice tela manu, sanguis meus*[4].

Bien plus, j'estime leurs railleries plus graves que des injures ; car elles sont plus mordantes, et moins faciles à repousser.

Je suis bien loin d'approuver les persécutions pour des opinions qui n'enseignent rien de criminel ; non seulement les honnêtes gens doivent s'en abstenir, mais encore les avoir en horreur, et travailler à en détourner ceux auprès desquels nous avons quelque autorité. Il est permis de refuser honneurs et profits, qui ne sont pas un dû, à ceux qui soutiennent des opinions que nous jugeons indésirables : mais leur ôter leurs propres biens, et pire, proscrire, enchaîner, condamner aux galères, infliger des châtiments encore plus graves, je pense que tout cela n'est pas permis. Car qu'est-ce d'autre, sinon une sorte de violence, contre laquelle on ne peut se protéger que par un crime (en abjurant ce que l'on pense vrai) ? Ainsi plus quelqu'un a de mérite, plus il souffre sous une telle tyrannie. Et vraiment, si j'avais quelque influence, Gerberon et ses semblables jouiraient de la plus entière liberté : laissez-les (on le leur refuse) retourner à leurs anciennes retraites [5], laissez-les écrire, laissez-les défendre leurs opinions ; c'est à armes égales, et non par la force et la crainte, que l'on doit renverser les erreurs ; bien plus, laissez les erreurs en place : c'est un moindre mal, en ces matières, que de se comporter ainsi. Et même, elles périssent plus facilement de l'indifférence que de l'oppression. Il n'y aurait pas aujourd'hui ce que vous appelez le Jansénisme si des hommes pleins d'hostilité n'avaient pas suscité un tel tollé contre l'œuvre de Jansénius, ayant à cœur leur secte plus que la vérité. J'ai étudié un jour, non sans soin, l'*Augustinus* de Jansénius : j'ai trouvé là un ouvrage remarquable, et c'est un grand tort qu'on fait à la théologie en l'arrachant des mains des savants, bien que je n'approuve pas bon nombre de ses opinions. J'ai cru remarquer que son projet n'était pas tant de rétablir dans les écoles le système théologique d'Augustin, ce que l'on ne pouvait désapprouver, que de rejeter les doctrines auxquelles il s'opposait, tant Pélagiennes que Semi-pélagiennes, ce que je ne puis approuver. Il est fort préjudiciable de restreindre de jour en jour la liberté de penser dans des définitions non nécessaires. Supposez qu'il y ait certains points où les Scolastiques soient d'accord avec les Pélagiens : doivent-ils pour cela être aussitôt condamnés ? Augustin lui-même modifia certaines de ses premières opinions cependant que progressait la controverse avec les Pélagiens [6]. Il suffit d'éviter les principales conclusions des Pélagiens et Semi-pélagiens, rejetées par l'antique Église. Aussi voici mon avis : si Jansénius, ou le parti janséniste, avait atteint son but, la contrainte eût été encore plus lourde, et l'on pouvait reprendre à bon droit chez Jansénius sa virulence inconsidérée à condamner les autres. Mais il advint par je ne sais quelle fatalité que furent repris comme jansénistes des propos qu'à dire vrai Jansénius ne me semble pas avoir enseignés, car il déclare plus d'une fois que lui-même et Augustin entendent les mots de liberté, nécessité, possibilité et impossibilité en un sens tout différent de celui que recoivent les Écoles ; ce pour quoi il dit qu'il ne nie pas les thèses reçues, mais simplement qu'il n'en fait pas cas. C'est pourquoi je crains que les foudres du Vatican déchaînées contre lui ne soient vaines, et que les moyens de défense [7] allégués par les amis de Jansénius ne soient tout à fait justes, à savoir qu'il avait à l'esprit tout autre chose que le sens évident pour les Censeurs de Rome. Car si le sens des mots est évident aujourd'hui dans les écoles, il ne l'était pas autrefois. On prend les mêmes mots en des sens très différents selon que l'on parle ou écrit, et cela non moins dans la conversation courante qu'entre érudits ; j'en ai très souvent fait moi-même l'expérience. Aussi ai-je été surpris que Dumas, écrivain de votre parti, n'ait pas ajouté à son Histoire du Jansénisme ce qui devait être le fondement de son travail, à savoir un index des passages de Jansénius où se trouvent les propositions condamnées afin que l'on puisse les discuter plus aisément[8]. Est-ce à dire qu'il pense que l'autorité des Censeurs du Vatican et les signatures extorquées puissent suffire dans une question qui dépend d'une lecture attentive ? Il ne manque pas de discuter les subtilités admirables de l'Archevêque de Cambrai, personne de grande valeur que j'estime fort par ailleurs, qui revendique l'infaillibilité de l'Église dans les questions de fait ; mais à mon avis point n'est besoin de cet effort, car je tiens qu'il n'y a pas d'infaillibilité de l'Église si ce n'est pour conserver les dogmes du salut déposés jadis par le Christ ; mais que tout le reste relève de la doctrine[9], où le respect est suffisant et l'assentiment non nécessaire. Si Rome avait décidé qu'il n'y a pas d'antipodes, si elle condamnait aujourd'hui le mouvement de la terre, penserions-nous qu'il faut la tenir pour infaillible ? Et bien que cette mauvaise habitude de produire de nouveau dogmes de foi et d'en condamner d'autres sans nécessité ait envahi l'Église, on n'en doit pas moins la désapprouver et la compter parmi les autres abus qui s'y sont introduits. Ce n'est certes pas un article de la foi salvatrice que Jansénius ait enseigné telle chose ; par quelle « κακοζηλία »[10] veut-on arracher à tous la profession d'une opinion sans importance ? Ainsi, tant que les hommes suivent l'injuste, ils ne supportent pas ce qui est juste. Je voudrais que quelqu'un montrât la véritable opinion de Jansénius, ce qui serait aisé à un homme diligent et averti ; mais il sera encore plus utile d'étudier la pensée d'Augustin, étant donné ses mérites et son autorité ; mais je craindrais que nous ne découvrions qu'Augustin et Jansénius sont la plupart du temps « ὁμόψηφον »[11], tant celui-ci l'a étudié à fond, et à mon sens non moins fidèlement reproduit. Plus tard, l'École s'est éloignée d'Augustin, et avec raison, je crois, sur bien des points. Je voudrais néanmoins que le système d'un tel homme soit plus connu qu'il ne l'est. Lorsque vous faites une distinction entre deux propositions, l'une que l'auteur a eue en l'esprit, et l'autre qu'il a exprimée, et que vous pensez que cette dernière touche à des faits doctrinaux sur lesquels l'Église puisse infailliblement se prononcer, vous me semblez reconnaître que l'on n'aurait pas dû décider quoi que ce soit « sur le sens visé par l'auteur », ce que, si je ne me trompe, les Pontifes finissent par faire, avec peu de prudence à mon avis, et sur les instances des provocateurs. Voyez à quel excès de zèle à corriger les autres on en vient à la fin.

Les mélanges philosophiques ne dépassent pas moins la portée du public que ceux de mathématiques, mais ils se prêtent plus aux interprétations erronées. Je préférerais donc les donner un jour liés les uns aux autres plutôt que dispersés et exposés aux coups, faute de s'appuyer mutuellement.

Lorsque je dis que l'étendue est la continuation de ce qui résiste, vous demandez si cette continuation est seulement un mode. Je dirais ceci : elle se comporte à l'égard des choses continuées ou répétées comme le nombre à l'égard des choses nombrées : sans doute la substance simple, même si elle ne contient pas l'étendue, a néanmoins une position, qui est le fondement de l'étendue, puisque celle-ci est la répétition continue simultanée de la position, comme nous disons que la ligne vient de la fluxion du point, puisque diverses positions se rencontrent dans cette empreinte du point. Mais l'actif ne peut naître de la répétition ou continuation d'une chose non active. Pour le reste, adieu, et portez-vous bien.

Hanovre, le 21 juillet 1707.

Si le texte que je me suis employé à réfuter ne se trouvait pas aux *Mémoires de Trévoux*, on pourrait supprimer le dernier paragraphe du feuillet supplémentaire ; s'il y est, ce sera à la fin de l'année 1705, ou au début de l'année 1706 [12]. On n'a ici encore rien de très nouveau. Je vous prie d'envoyer aux Très-Révérends Pères d'Anvers le court billet ci-joint.

## NOTES DE LA LETTRE X

1. Le passage en question est tiré du *Traité des vertus théologales* du P. Antonio Perez, S.J. Des Bosses citait cet extrait pour montrer en quoi il s'accorde aux thèses leibnitiennes : le continu contient des indivisibles métaphysiques en nombre infini, et c'est par la distinction des indivisibles métaphysiques et mathématiques qu'on résout le problème du continu. Mais le texte ne définit pas ici ce qu'on entend par indivisibles métaphysiques (*Phil.*, II, p. 335). On sait seulement que les indivisibles mathématiques ne peuvent contenir des infinis en acte, mais seulement en puissance ; de cela, Leibniz convient.

2. Cf. *Système nouveau de la nature*... : « atomes formels, atomes de substances, points métaphysiques ». En 1714, la *Monadologie* définira la monade comme véritable « atome de la Nature ».

3. Il s'agit du scolie de la Proposition XL (Problème IX) des *Principia*, où Newton propose 14 expériences sur la résistance d'un globe dans divers milieux, dont le vide (cf. la traduction de la Marquise du Châtelet, t. 1, p. 379-393, Blanchard, Paris, 1966).

4. *Enéide*, VI, v. 834-835 : « Et toi le premier fais preuve de modération, toi qui tires ton origine de l'Olympe ; rejette loin de ta main ces armes, ô mon sang. » (trad. *Les Belles Lettres*).

5. Des Bosses explique à mots couverts (*Phil.*, II, 333) que l'on sait, par expérience, que les jansénistes, lorsqu'on les laisse libres, ne s'amendent ni ne s'apprivoisent, mais « retournent tout droit *in antiquam silvam* ». Est-ce une image (tels des bêtes sauvages, ils vont se cacher dans les bois), est-ce une allusion à l'abbaye de Corbie, près d'Amiens (dont Gerberon était Sous-Prieur en 1675, et qu'il regagne en 1710 après avoir été enfermé en 1706 à Amiens) ? est-ce une expression figurée pour désigner leurs échappatoires ? – Jurieu parle de ceux qui s'enfuient dans *les retraites de la révélation.*

6. Le Pélagianisme est né en Occident au début du Ve siècle, représenté par Pélage, Celestius, Julien d'Eclane. Vaincu par la polémique augustinienne, il fut condamné comme hérésie par Innocent Ier. On trouve une description détaillée de la doctrine au ch. XXXIII du *Liber de Hæresibus ad Quod vult Deum* d'Augustin ; les sept livres du tome I de l'*Augustinus* sont consacrés à l'histoire du pélagianisme. En exagérant la force du libre-arbitre, la doctrine pélagienne aboutit à la négation de la grâce divine, de la transmission du péché originel et de la distinction entre le naturel et le surnaturel. Le mot de semi-pélagianisme est récent, inventé par les Scolastiques contemporains de Molina : la *Concordia* de Molina (1589) fut dite comporter des *reliquias pelagianorum.* L'appellation de semi-pélagiens fut attribuée aux Molinistes lors de la Congrégation *De Auxiliis*. A cette époque, le semi-pélagianisme n'est qu'une réaction plus ou moins violente contre l'augustinisme pris en son entier. Le fondateur de cette doctrine aurait été, à l'origine, Fauste de Riez, Abbé du Monastère de Levins, puis Evêque de Riez (cf. art. « Pélagianisme » du *Dictionnaire de Théologie Catholique).*

7. *Exceptio*, de *excipio :* exciper, alléguer. Terme juridique, que l'on trouve chez Tertullien, et qui désigne le moyen de défense dont use la partie qui a contre elle le droit strict, et pour elle l'équité (cf. Blaise, *Dictionnaire Latin-Français des auteurs chrétiens.*) Le choix de ce terme est donc intéressant, qui commente très exactement la situation : l'Église condamnerait avec raison de telles propositions, mais il ne serait pas équitable de les condamner comme jansénistes, puisque Jansénius a voulu dire tout autre chose que ce qu'ont entendu les Censeurs. (cf. Lettre IX, note 2).

8. Hilaire Dumas est l'auteur d'une *Histoire des Cinq Propositions de Jansénius*. En voici la liste :

I. *Quelques commandements de Dieu, pour des hommes justes le voulant bien et s'y efforçant, sont impossibles à accomplir étant donné les forces qu'ils ont actuellement ; il leur manque aussi la grâce qui rend ces préceptes possibles.*

Cette proposition, de l'aveu même de Jansénius, se trouve à peu près en propres termes dans l'Augustinus, *De Gratia Christi*, III, chap. 13. Elle fut qualifiée de « téméraire, impie, blasphématoire, digne d'anathème et hérétique ».

II. *Dans l'état de nature déchue, on ne résiste jamais à la grâce intérieure.*

Condamnée comme hérétique, cette proposition ne se trouve pas en propres termes dans l'*Augustinus*, mais on la juge implicitement affirmée dans tous les endroits où Jansénius parle de la grâce efficace. Ainsi : *De Gratia Christi*, II, chap. 25-27 ; III, chap. 4.

III. *Pour mériter et démériter dans l'état de nature déchue, la liberté qui exclut la nécessité n'est pas requise en l'homme ; la liberté qui exclut la coaction suffit.*

Dite hérétique, cette proposition n'est pas contenue explicitement dans le texte, mais en est une conséquence logique.

IV. *Les Semi-pélagiens admettent la nécessité de la grâce antérieure prévenante pour chaque acte en particulier, même pour le commencement de la foi, et ils étaient hérétiques en ce qu'ils voulaient que cette grâce fût telle que la volonté pût lui résister ou lui obéir.*

Dite hérétique et fausse, cettte proposition ne se trouve pas explicitement dans l'*Augustinus*, mais rassemble plusieurs thèses de Jansénius.

V. *Il est semi-pélagien de dire que Jésus-Christ est mort ou qu'il a répandu son sang généralement pour tous les hommes.*

Dite fausse, téméraire et scandaleuse, cette proposition est exprimée en termes formels dans l'*Augustinus, De Gratia Christi*, III, chap. 21.

Pour le commentaire de ces propositions, on voudra bien se reporter à l'étude des Auteurs du *Dictionnaire de Théologie Catholique*, art. « Jansénisme », col. 474-495.

9. Le dogme est une vérité révélée par Dieu, et comme telle directement proposée à notre croyance. La Révélation d'où procède le dogme est surnaturelle ; mais pour qu'une vérité révélée soit un dogme au sens strict, il est nécessaire que l'Église en donne une définition solennelle. Le dogme est l'objet d'un acte de foi. Les vérités non révélées mais strictement définies par l'Église, les assertions auxquelles elle donne son accord, les décisions prises dans les congrégations ou les affirmations des encycliques et des bulles font partie de la doctrine. Ce mot désigne toutes les vérités non révélées que l'Église définit comme appartenant au dépôt de la Révélation, en raison de leur rapport évident avec elle, ou de leur importance pour la conservation, l'explication ou la défense de la vérité révélée. La doctrine est l'objet d'un assentiment ferme et entier, inébranlablement appuyé sur la parole de Dieu garantissant l'infaillibilité du magistère de l'Église. Leibniz, protestant, conteste la doctrine : elle n'est pas même l'objet d'un assentiment intérieur : cf. Lettre à Pellisson, *Sur les différends de la religion*, éd. GF. *Système nouveau*..., p. 19. Sur l'infaillibilité du pape, voyez la lettre au Landgrave de Hesse-Rheinfels, 4/14 mai 1685, A, I, VI, p. 354 *sq.*

10. Mauvais excès de zèle, ou mauvais goût.

11. Sont du même avis, ou ont le même poids ; le mot désigne habituellement deux personnes qui ont un droit de vote égal.

12. Le texte à réfuter est le compte rendu qu'a donné Blondel aux *Mémoires de Trévoux* (février 1706) de la séance de l'Académie Royale des Sciences du 14 novembre 1705, au cours de laquelle Fontenelle prononça l'*Eloge* de Jacques Bernoulli, mort le 16 août 1705. Cet éloge fut l'objet d'un compte rendu de J. Bernard aux *Nouvelles de la République des Lettres* de février 1706, qui attribue l'invention du calcul infinitésimal aux frères Bernoulli. Leibniz, avec l'accord de Jean Bernoulli, envoie une réfutation qui paraît aux *Nouvelles* de novembre 1706 : *Remarque de M.D.L. sur l'Article V des Nouvelles de la République des Lettres du mois de Février 1706. Envoyée à l'Auteur de ces Nouvelles.* (*Math.*, V, p. 389-392). Les *Mémoires de Trévoux* ayant donné un compte rendu de l'*Eloge*, Leibniz souhaite qu'ils fassent paraître aussi sa réfutation, et prie le P. des Bosses de se charger de cette affaire auprès de Blondel et des Directeurs de Trévoux. Voyez pour la suite de cette affaire la Lettre XIV, note 1.

## XI

*Lettre du 24 décembre 1707*

Je fus bien déçu de ne pas vous voir venir. Je vous envoie enfin le livre de Thomas Bonart, et j'espère que vous me direz un jour, quand vous en aurez le temps, ce que vous en pensez. Mais je souhaiterais d'abord apprendre de votre bienveillance le nom et la condition de son auteur.

Notre copiste s'est conduit en sophiste, non sans maladresse, car le recueil plus ancien n'était pas donné à recopier, mais pour aider le copiste. Toutefois je ne veux pas user strictement de mon droit. Aussi le réglerai-je encore, lorsqu'il aura terminé la copie, à proportion du prix de la copie déjà effectuée, que l'on peut évaluer en comparant le nombre des feuilles déjà payées à celui des feuilles qui restent.

Les vers satiriques que vous m'avez envoyés ne sont pas mal tournés. Je ne saurais dire, et je ne m'en soucie guère, s'ils appliquent directement, ou non, à Rempe. Car je n'ai pas lu, ni ne lis, ses écrits polémiques.

Il me semble qu'Hartsœker, dont vous me rappelez les conjectures par la lettre du R.P. Orban, pense comme beaucoup de savants aujourd'hui en Hollande. Il ne manque pas de talent, mais sur un certain nombre de phénomènes naturels se prononce, si je puis dire, avec précipitation, poussé par une sorte d'ambition à fonder un système physique, pour lequel nos connaissances n'ont pas encore assez de maturité. En outre, il n'a pas le sens de la Mathesis plus profonde, non plus (si je ne me trompe) que de la Métaphysique.

Pardonnez-moi, je vous prie, de ne vous avoir pas encore renvoyé ce livre subtil qui a pour titre *L'Esprit des nouveaux disciples de saint Augustin*. Je n'ai pas eu le loisir d'achever sa lecture : mais je le ferai dès que possible [1].

Je vous remercie de m'avoir envoyé un extrait fort habile de Perez. Il a très bien vu la chose : un nouvel accroissement de charité, que la charité obtient d'elle-même, n'est pas de même dimension qu'elle. S'il avait connu mon calcul infinitésimal, il aurait dit que les accroissements sont infiniment petits, ou infinitésimaux, en regard de la charité qui les obtient. Il faut souligner que, alors que les accroissements, dans la chute des graves, sont égaux quel que soit le moment, ici les accroissements de charité sont eux-mêmes continuellement croissants. Car plus grande est la charité et plus elle va croissant. Ainsi la ligne qui représente les vitesses du corps grave à un moment quelconque du temps est une droite, mais celle qui représenterait les charités complètes acquises à un moment quelconque serait une courbe (en figurant une croissance ininterrompue) dont la construction dépend des logarithmes[2].

J'ai souvent dit, à l'intention de ceux qui n'approuvent que les sectateurs de la philosophie moderne, qu'il ne faut pas rejeter entièrement les Scolastiques, et que souvent dans leur boue est caché de l'or[3], en sorte que celui qui rassemblerait un jour à l'usage du public un choix de leurs écrits serait largement payé de sa peine. Je déplore qu'il nous manque une Histoire de la théologie et de la philosophie scolastiques, et je voudrais qu'il se trouve un jour quelqu'un pour faire à partir des Scolastiques ce que Petau et Thomassin ont entrepris sur les Dogmes théologiques à partir des Pères de l'Église. Nous aurions ainsi une Histoire des dogmes jusqu'à nos jours.

Ne savons-nous rien de plus de Tolomei ?

Pour le reste, adieu, et portez-vous bien.

Hanovre, le 24 décembre 1707[a].

Je souhaite que l'année qui commence vous soit bonne et heureuse, et suivie de beaucoup d'autres.

P.-S. Je suis tombé récemment, parmi mes papiers, sur ce que vous m'avez communiqué des manuscrits du monastère de Heinningen ; je vous en dois beaucoup de remerciements ; mais ce que l'on y relate est sans aucun doute faux, et n'a rien à voir avec l'Histoire. Des suppositions de ce genre vous feraient douter même des choses authentiques – ainsi les Hypocrites font que beaucoup croient que personne n'est sincèrement pieux. Germon, avec ses amis de Trévoux, tombe dans ce défaut, lui qui semble dédaigner tous les documents officiels de la Famille impériale, ce en quoi ils excèdent fort la mesure d'un bon Critique. J'ai moi-même vu dernièrement à Kassel un document autographe authentique de Charlemagne daté de la seconde année du règne.

a. Le brouillon de la lettre porte cette date. Dutens (*Opera omnia,* t. VI, p. 178) la date du 24 février 1707.

## NOTES DE LA LETTRE XI

1. *Le véritable esprit des nouveaux disciples de Saint-Augustin*, du P. Jacques-Philippe Lallemant, S.J., est paru à Bruxelles en 1705-1706. cf. Grua, *Textes Inédits*, I, p. 255. Des Bosses attribue cet ouvrage au P. Gabriel Daniel (*Phil.*, II, p. 334).

2. Leibniz distingue une loi linéaire usuelle, comme celle de la vitesse dans le cas de la chute des graves, où l'accélération est constante, et une loi exponentielle, à quoi il compare, suivant son auteur, l'exercice de la charité. Une loi exponentielle est de la forme $y = ax$, où $x$ est la variable, en exposant. Soit donc $y = x$, $y$ représentant la charité. Or l'équation peut s'écrire $Log.\ y = x\ Log.\ a$. La courbe qui représente cette fonction, on le voit, dépend des logarithmes, tandis que celle d'une loi linéaire n'en dépend point. L'accroissement ou différentielle de la fonction exponentielle va croissant. Ceci est intuitif : le long d'une droite la « pente » est régulière, le long d'une courbe elle est croissante. Donc plus la charité est grande et plus son accroissement est grand, ce qui n'est pas le cas pour la vitesse. La comparaison est intéressante : Leibniz a établi des logarithmes à propos de la question des rentes (*De Reditibus ad vitam*, *Math.*, VII, 133-137).

La thèse de l'accroissement des vertus était l'objet des discussions des théologiens de Salamanque (Suarez, Banez, Perez) : la charité procède de la grâce sanctifiante, or toute grâce sanctifiante est indéfiniment perfectible parce qu'elle vient de Dieu. Cf. Thomas d'Aquin, *Somme Théologique*, II, Qu. 24, art. 4 et 7. Il est de l'essence de la charité de s'accroître, car c'est par elle que, voyageurs en cette vie, nous nous rapprochons de Dieu ; plus nous approchons et plus notre charité croît, et sans cette croissance l'âme n'avancerait plus vers Dieu. On ne peut assigner aucun terme à cet accroissement.

3. Expression fréquente (que Leibniz emprunte à Grotius) : cf. *Théodicée*, Discours (6) : même comparaison et même souhait ; cf. la lettre à Rémond du 26 août 1714 : « on tirerait l'or de la boue, le diamant de sa mine, et la lumière des ténèbres... » (*Phil.*, III, 624).

## XII

*Lettre du 8 février 1708*

Je profite de votre bienveillance pour écrire une lettre à votre illustre Tolomei, afin qu'elle voyage sous couvert de la vôtre.

Il m'arrive, par une singulière malchance, que depuis plusieurs semaines déjà je cherche à me procurer l'un des trois tomes de la doctrine de ceux qui se nomment disciples de saint Augustin. J'ai même pris la peine d'écrire en Hollande pour obtenir un autre exemplaire de l'ouvrage tout entier, mais il n'est pas encore arrivé. Cependant je l'aurai sans doute, et si je savais quel imprimeur ou quel libraire en Hollande peut en fournir, je le lui ferais aussitôt demander.

Si seulement il se trouvait quelqu'un pour achever et continuer les Dogmes théologiques de Petau et Thomassin, non pas tant pour ajouter des questions de théologie qu'ils auraient passées sous silence, mais surtout pour aller des Pères aux Scolastiques ! Mais cela ne se peut entreprendre que là où se trouvent de grandes bibliothèques.

Vous me rendrez service en vous informant un jour auprès des Pères Anglais de Liège de l'identité de Thomas Bonart. J'ai idée qu'il a écrit d'autres choses sous son vrai nom.

Thomas Burnet fut-il de votre Société ?

Bien que notre copiste ait tendance à recopier de façon fort négligente, je lui enverrai encore deux thalers deux tiers, afin qu'il ne puisse plus rien demander sous un prétexte quelconque, ni se plaindre – je vous remercie d'ailleurs beaucoup de vous en être occupé.

La position n'est certes rien d'autre qu'un mode de la chose, comme la priorité ou la postériorité. Le point mathématique lui-même n'est qu'un mode, à savoir, une extrémité. C'est pourquoi, lorsque deux corps sont supposés se toucher, ou à plus forte raison lorsque deux points mathématiques se rejoignent, on n'obtient pas une nouvelle position, c'est-à-dire un tout qui serait plus grand que la partie [1], puisque la conjonction de deux extrémités n'est cependant pas plus grande qu'une seule, pas plus que deux obscurités parfaites ne sont plus obscures qu'une seule. Dire que le point a une position, c'est simplement pouvoir désigner la position où se termine le corps.

Le *Magisterium artis et naturae* de Lana (qui est des vôtres) se trouve à Wolfenbutel, mais nous ne l'avons pas à Hanovre. Bien des choses chez lui sont remarquables lorsqu'il descend à la physique spéciale, mais il réussit moins dans les spéculations. Je ne comprends pas bien la force de l'argument que vous citez.

Je voudrais qu'ils m'expliquent distinctement leur pensée, ceux qui font valoir des points en inflation[2], physiquement indivisibles, métaphysiquement divisibles. Je voudrais savoir s'ils les jugent mathématiquement divisibles, ou non ?

Rigoureusement parlant, aucun corps dans la nature n'est jamais ramené au repos absolu, pas même le pendule. Si cependant nous supposons (abstraction faite d'autres impulsions) qu'un pendule perd par une semi-vibration quelconque (à cause de la résistance de l'air bien entendu) une partie déterminée de ses forces, toujours égale bien sûr, telle qu'elle mesure exactement la force totale du pendule, il est nécessaire qu'il s'épuise tout à fait dans la dernière semi-vibration. Mais, même si la force qui doit se perdre ne mesure pas la force du pendule, celle-ci sera cependant anéantie. Posons qu'il y a dans l'air une certaine consistance* (même très petite) et pour ainsi dire une viscosité ; pour la vaincre, il est besoin d'une certaine force, comme je pense que cela se passe en réalité : il est clair que l'élan du pendule peut s'affaiblir au point de ne pouvoir traverser l'air plus avant ; et cela arrivera à un moment donné, même si le pendule n'a pas atteint la position parfaitement verticale, au moment où il en est si près que la gravitation** du corps qui descend trop obliquement ne peut vaincre la consistance de l'air ; alors les vibrations, qui continueraient si cette consistance était moins forte, sont empêchées. Mais si cette force qui doit être perdue par la semi-vibration mesurait exactement la force du pendule, c'est-à-dire se comportait envers elle comme l'unité envers un nombre entier rationnel, la force du pendule s'épuiserait à l'instant précis de la position verticale. Aussi la thèse de Lana est-elle erronée, parce qu'il veut que le repos arrive nécessairement à la position verticale, alors qu'en réalité il est assez rare que la position du pendule soit parfaitement telle. Je fais abstraction pour l'instant de cette autre résistance de l'air qui est, dirais-je, relative, et qui croît autant que la vitesse du corps. Car elle n'arrêtera jamais entièrement le mouvement, encore qu'elle l'amoindrisse toujours. Et si nous posons que des vibrations peuvent se faire dans le vide, c'est-à-

* *tenacitas*

** *gravitatio*

dire dans un milieu où la résistance est supposée nulle, il y aura cependant d'autres causes pour diminuer la force du pendule, comme par exemple la courbure d'un fil, qui nécessite une certaine force si petite soit-elle, et d'autres causes de ce genre, qui produisent le même effet que la consistance de l'air[3].

Je ne me rappelle plus qui est Antoine Régnauld, à qui, dites-vous, s'adresse la première dissertation d'Anvers sur l'esprit du Concile de Trente à propos de la grâce physiquement prédéterminée; je ne me souviens plus qui est Théodore Eleuthère, qui a écrit contre Augustin Le Blanc ? Le P. Daniel est-il un esprit savant et de talent ? Adieu, etc.

Brunswick, le 8 février 1708.

## NOTES DE LA LETTRE XII

1. Le point mathématique est exact mais non réel : il n'a aucune étendue qui lui soit propre et impénétrable à toute autre. Sur les modes de l'espace, cf. *Nouveaux Essais*, II, XIII, et Lettre à Dangicourt (1716, Erdmann, p. 746b).

2. Je traduis *punctum inflatum* par « point en inflation » (cf. *infra*, Lettre XXIII, note 2; Newton dit « fluxion du point » pour l'accroissement et l'évanouissement) suivant Michel Serres, *Hermès III, la Traduction*, p. 193. La notion de *punctum inflatum* est tirée d'un extrait du *Magisterium Artis et Naturae* du P.François de Lana, mais il semble que celui-ci n'en soit pas l'auteur (cf. *Phil.*, II, 346). Des Bosses cite de Lana l'argument suivant lequel « du mouvement du pendule il pense pouvoir démontrer que la quantité considérée physiquement n'est pas divisible à l'infini, mais qu'après l'avoir divisée de façon finie on parvient enfin à des parties si petites qu'elles sont de leur nature physiquement ou réellement indivisibles, bien qu'il ne concède pas qu'elles soient métaphysiquement divisibles, comme sont les points qu'on dit en inflation » (je traduis). La conclusion du P. Lana est la suivante : « une fois que le pendule a quitté la position dans laquelle il est naturellement au repos, ou la ligne de sa direction, il parvient, après un nombre déterminé de semi-vibrations, de nouveau au repos, dans la même ligne où il était auparavant ; mais si l'espace à travers lequel il se meut était divisible à l'infini, jamais il ne pourrait se trouver au repos, donc cet espace n'est pas ainsi divisible ». La réponse de Leibniz consiste à nier l'hypothèse du repos absolu, ce qui infirme la thèse de l'indivisibilité des parties de l'espace. Si le repos n'est que la limite minimale du mouvement, l'on conçoit corrélativement que le point ne soit aussi qu'une limite de la ligne, un terme, non une partie réelle de l'espace. La thèse du repos absolu confirmait celle de l'indivisibilité des parties de l'espace, la thèse du repos limite du mouvement confirme la divisibilité. Le repos n'est pas l'état naturel du mobile mais le moment où sa force est infiniment petite : le pendule ne s'arrête pas parce qu'il est naturellement au repos mais parce que, pour continuer son mouvement, il devrait vaincre une résistance plus forte que la quantité de force qu'il lui reste.

## XIII

*Lettre du 3 septembre 1708*

Absent quelque temps et très occupé, je vous réponds plus tard qu'il ne sied, ce dont je vous demande pardon, et sans même donner satisfaction à tous les arguments de vos lettres ; mais je le ferai bientôt. J'ai reçu aussi tout dernièrement la lettre du R.P. Orban.

Je me réjouis de vos relations avec le T. R. P. Tournemine, plein de talent, de science et d'autres mérites encore. Je pense que, par vos soins, mon papier lui est parvenu, dans lequel j'ai répondu à sa Remarque sur l'union de l'âme et du corps, qui ne s'oppose en rien à mon Hypothèse [1]. Il y comprendra que j'explique l'accord des phénomènes par l'harmonie préétablie, mais que je ne nie pas pour autant l'union métaphysique du substrat, qui est d'une recherche plus élevée, et que l'on ne peut expliquer par les phénomènes, mais qui à son tour ne rend pas raison de ceux-ci. J'ai demandé aussi qu'on insère ma déclaration dans le Journal de Trévoux, si cela se peut faire sans difficulté. Je n'ai pas su si on l'a fait.

Je réponds comme il se doit à Mr. Blondel sur une feuille à part, et je remercie le R.P. Tournemine de m'avoir donné cette excuse très courtoise quoique non nécessaire de la part de ce savant homme.

Mr. Eckart, appelé d'ici à Helmstadt, se plaint dans la lettre qu'il m'envoie d'avoir été très pris, et de ne pouvoir se charger du courrier ordinaire : dans le temps qu'il assurait mon secrétariat, il préparait un Journal savant en langue allemande, chose à ne pas négliger, et écrivait fréquemment en France. J'ai fait la connaissance de Mencke le fils, qui a succédé à son père dans la publication des *Actes* de Leipzig ; je verrai s'il est possible d'organiser avec lui un échange épistolaire avec le R.P. Tournemine, si ce n'est déjà fait, bien que ce soit aussi demander plus à Mr. Eckart. Je vous remercie du passage d'Ayleworth où il est question de Thomas Bonart, et que vous me dites se trouver dans les *Metaphysica Scolastica* publiées en 1675. Je serais fort surpris qu'aucun de ses contemporains ne se fût attaché à ses paradoxes.

Je penserai à quelques pages pour le Journal de Trévoux au moment opportun. Pour l'heure, j'annonce l'édition d'un poème de la très-célèbre poétesse Roswita, religieuse de Gandesheim, poème jusque-là perdu et récemment tiré de l'oubli, sur la fondation du Monastère de Gandesheim, qui apprend sur l'histoire certaines choses non négligeables. Il y a deux ans, les œuvres de Roswita éditées par Conrad le Celte il y a environ deux siècles ont été réimprimées à Wittenberg par les soins de Cl. Schurzfleich, mais il manquait encore ce poème. Je l'insérerai au tome second de mon Recueil des écrivains célèbres de Brunswick. J'aurais envoyé par le courrier belge dont vous me faites souvenir le premier tome de Brunswick à Anvers, si j'avais pu à Brunswick le retirer pour huit jours ; je l'ai confié maintenant à notre Libraire Förster, pour qu'il veille à ce qu'une copie soit établie à Francfort pour le Libraire de Cologne dans les huit prochains jours.

Bien qu'il me semble que même les damnés, comme les bienheureux, gardent un certain degré de liberté, je veux dire une contingence ou une non-nécessité, d'où suit que ceux-ci agissent encore de façon louable et ceux-là coupable, il y a sans aucun doute plus de variabilité chez les *viatores* (comme on dit), puisque chez les bienheureux la puissance de la raison est plus forte, tandis que chez les damnés c'est celle qui dispose au vice. Mais je voudrais savoir si Jansénius fait cette distinction entre les voyageurs et les confirmés [2]. Il prend d'ordinaire les termes de liberté et de nécessité en un sens très différent de celui de l'École. Pour l'instant j'approuve les formules des Écoles plutôt que les siennes propres ou celles de ses sectateurs.

Madame la Comtesse de Bükeburg m'a dernièrement donné à lire un petit livre récent intitulé : *La Suite du Comte de Gabalis ou nouveaux Entretiens sur les sciences secrètes touchant la nouvelle philosophie,* édité à Amsterdam chez Pierre Mortier. Ce petit livre (si j'en juge bien) vient d'un homme savant et plein de talent qui est des vôtres et qui, s'il n'est pas le R.P. Daniel, du moins l'imite. L'histoire racontait jadis qu'un certain Comte de Gabalis versé dans la magie venait de Silésie chez l'éditeur français du livre intitulé *Le Comte de Gabalis* – c'est maintenant un certain Jean Bruno qui vient d'Espagne chez le même homme : il est docteur en théologie, arrière-petit-fils de Jordano Bruno, défenseur du cartésianisme et des nouveaux dogmes de théologie ; il veut que la matière consiste dans l'étendue, que les accidents ne soient rien, et enfin, par un paradoxe admirable (un peu comme Bayle) il prouve que la philosophie s'oppose totalement à la religion, pour que le triomphe de la foi (s'il plaît aux Dieux) soit d'autant plus grand. Mais la chose finit en tragédie, car cet honorable Bruno, en colère contre l'auteur, est gagné par la fièvre et en meurt, vraisemblablement damné (au jugement de l'auteur)[3].

Comme je passais presque tout l'été à Berlin avec la Reine, lectrice attentive des œuvres de Bayle ou d'autres ouvrages de ce genre, et qui a du goût pour les méditations, j'avais fait des remarques sur la plupart des difficultés que soulève Bayle contre la religion, d'abord au cours de la conversation puis sur l'invitation de la Reine. Mes amis m'ont demandé de les rédiger en ordre. Ce que je fis, et puisque j'en suis maintenant à les passer en revue, je verrai s'il est possible de vous les donner à lire avant votre départ ; car j'écoute volontiers le jugement des vôtres, mais le vôtre en premier, vous qui pouvez, par votre savoir, et voulez bien, par bienveillance, considérer avec soin mes écrits. Car quoique je ne cache pas de quel parti je suis, j'écris volontiers, autant qu'il est possible, de façon à ne pas contraindre les vôtres à rejeter mes opinions sur les sujets qui ne concernent pas nos controverses. Je voudrais savoir si le R.P. Dez, que le Roi Très-Chrétien a choisi comme *coadjuteur* pour assister Hédraeus (La Chaise) est celui qui a fait paraître autrefois à Strasbourg des livres sur les controverses religieuses.

Pour le reste, etc.

Hanovre, le 3 septembre 1708.

## NOTES DE LA LETTRE XIII

1. Cf. Lettre I, note 10.

2. *Viatores :* voyageurs. Les Chrétiens sont en effet voyageurs en cette vie, soutenus par le viatique que donne l'eucharistie. La confirmation est plus précisément l'infusion de l'Esprit-Saint, qui complète, consomme et perfectionne le baptême.

3. Ce petit livre a été l'objet de multiples éditions, de 1670 à 1742. Le *Comte de Gabalis ou Entretiens sur les Sciences secrètes,* par l'abbé de Montfaucon de Villars, parut à Paris en 1670 chez Claude Barbier. *La Suite du Comte de Gabalis ou Nouveaux Entretiens sur les Sciences secrètes touchant la nouvelle philosophie,* par le même abbé, parut à Amsterdam chez E. Roger en 1708. De nombreuses éditions du *Comte* et de la *Suite du Comte* se succédèrent à Londres et Amsterdam jusqu'en 1742, témoignant de l'intérêt persistant pour les sciences occultes à l'Age Classique. Leibniz cite une édition non datée : *Histoire secrète du Comte de Gabalis, ou Nouveaux Entretiens,* publiée en effet à Amsterdam chez Pierre Mortier.

## XIV

*Lettre du 12 septembre 1708*

Je vous remercie du soin que vous avez pris et prenez de ma correspondance. Votre conseil me convient tout à fait. Et il serait plus juste, je pense, de dire : *je n'ay nul*[1].

Il se peut que Jansénius ait voulu établir une analogie entre la charité des bienheureux et la concupiscence des non-régénérés, suivant la leçon d'Augustin pour qui tout acte, chez les non-régénérés, est entaché de péché, cependant que les vertus ne sont rien d'autre que des vices éclatants. Ainsi, même les non-régénérés seraient toujours déterminés à un acte quant à sa qualité, mais non quant à sa substance ; ce qu'assurément je n'approuve pas, non plus que la damnation des enfants non baptisés, ni d'autres propositions sévères d'Augustin[2] ; et je ne vois pas pourquoi cette grâce qui triomphe par elle-même, que ceux qui disent suivre Augustin introduisent çà et là est indispensable ; ni pourquoi la même quantité de grâce pourrait être, chez l'un, cause efficiente de son salut quand elle ne l'est pas chez l'autre. Je pense que Dieu veut le salut de tous, par volonté antécédente, et que sa volonté n'est pas sans effet, mais se manifeste par l'abondance des secours d'une grâce qui est suffisante lorsque la bonne volonté s'y rallie, et que même elle provoque parfois[3]. Lorsqu'on demande s'il y a un choix et dans quelle mesure il est gratuit, je déclare que Dieu ne s'est assurément pas attaché à prévoir la bonté des qualités ou le degré moindre de résistance, ni à quelque chose comme un futur absolu ou conditionnel, et que l'on n'a pas à discuter de l'ordre de ses décrets, pour savoir lequel est premier dans l'intention de Dieu, le salut ou le don de la foi vive[4] ; mais que Dieu a choisi le meilleur des mondes infinis possibles après en avoir considéré toutes les composantes. Il n'y aura donc en vérité qu'un seul décret de Dieu sur l'existence de telle série de choses, et comme certains maux entrent dans la meilleure série, ils sont de ce fait permis. J'estime qu'il faut distinguer la liberté de la contrainte, mais aussi de la nécessité ; mais non pas toutefois de l'infaillibilité ou détermination : car il doit toujours se trouver une raison pourquoi l'un arrive plutôt que l'autre, et l'on ne voit nulle part l'indifférence d'un équilibre parfait[5]. Toutefois, la raison déterminante détermine en inclinant, non en nécessitant, puisqu'il n'y a pas contradiction à ce que quelque chose d'autre advienne. J'ai remarqué encore bien des choses qui à mon sens démêlent la plupart des difficultés, et autant que j'en puisse juger mes opinions en ce domaine ne s'écartent pas des décrets de votre Église, ni des préceptes essentiels de votre Ordre : car j'ai peu de goût pour les doctrines qui semblent léser la bonté de Dieu, quoique par ailleurs je fasse grand cas d'Augustin, d'Arnauld et de Quesnel. C'est pourquoi je me promets quelque succès, même chez les vôtres. Pour l'heure, j'en suis à mettre au net certaines choses assez désordonnées.

Je pense que la discussion qui fait suite à celle qu'on a tenue sur *Le Comte de Gabalis* a été publiée en Hollande.

Je ne rejette pas l'art des Chronostiqueurs ou plutôt des Arithmétiqueurs[6], car il peut présenter une remarquable utilité pour apprendre l'Histoire et d'autres objets que la mémoire retient au moyen des nombres, comme les chapitres des Saintes Bibles ou les titres du Corpus juridique.

Le distique que vous rappelez est de ceux dont je ne voudrais pas salir une page, encore moins ma vue. Il est juste que les gens sérieux aient horreur de tels vers, bons au langage des porchers et des charretiers. Mais le poème de Jacob Bosch (dont vous citez quelques vers) sur l'Art symbolique ne me déplaît pas ; je ne me souviens pas d'avoir lu autre chose de lui. Il semble que son style se rapproche de l'art poétique d'Horace. Pour le reste, etc.

Hanovre, le 12 septembre 1708.

P.-S. Je me souviens d'avoir regardé, dès sa parution, le livre édité jadis à Strasbourg du R.P. Dez sur les Controverses Religieuses, que m'avait envoyé le Landgrave Ernest. Le talent et la modération de l'auteur m'ont plu, et il est légitime qu'un tel homme se trouve maintenant au premier rang.

## NOTES DE LA LETTRE XIV

1. En français dans le texte. Cette petite phrase, incompréhensible ici, est extraite de la réponse que Leibniz vient de donner (septembre 1708) à la lettre de Blondel du 20 avril 1708, qu'il dit n'avoir reçue qu'en août. Leibniz écrit : « Je n'ay nul sujet, Monsieur, de me plaindre de vous, je ne suis pas d'humeur non plus de me plaindre de Monsieur de Fontenelle ». On voit qu'il s'agit encore de l'Eloge de Jacques Bernoulli et de la rectification que Leibniz veut apporter sur l'invention du Calcul infinitésimal (cf. Lettre X, note 11). En mars 1708, dans sa *Remarque sur un endroit des Mémoires de Trévoux...* (*Phil.*, VI, p. 595-598) Leibniz demande que l'on fasse paraître sa réfutation de l'Eloge dont Blondel a donné un compte rendu. Il ignore que cette réfutation est parue aux *Mémoires* de mars 1707,

dans la *Lettre de Monsieur de Leibniz Sur quelques faits qui le regardent mal expliquez dans l'Eloge de Mr. Bernoulli prononcé à l'Académie des Sciences* (Kortholt, IV, p. 361-366). Tournemine note, à la fin de sa réponse à la *Remarque*... : « on a prévenu ce que Mr. Leibniz souhaite de nous, et sa Lettre sur l'invention du Calcul des infinitésimales est dans les *Mémoires* du mois de mars 1707, p. 104 ». Dès 1707, donc, l'affaire est réglée, mais Leibniz l'ignore : d'où les lettres qu'il échange avec Blondel par l'intermédiaire du P. des Bosses. La lettre de Blondel du 20 avril montre qu'en effet Leibniz n'a nul sujet de se plaindre de Blondel ni de Fontenelle. Blondel désavoue la relation parue aux *Nouvelles*, ainsi que les propos qu'on a attribués à Fontenelle. Il souligne les termes exacts de l'Eloge et de son propre compte rendu : « ...L'illustre Monsieur Leibniz donna dans les *Actes* de Leipzik quelques essais de son nouveau calcul différentiel, ou des infiniment petits, *dont il cachoit l'art et la méthode.* Aussitôt Mrs. Bernoulli sentirent par le peu qu'ils voyoient de ce calcul quelle en devoit être l'étendue et la beauté, ils s'appliquèrent opiniâtrement à en chercher le secret, et à l'enlever à l'inventeur, ils y réussirent, et perfectionnèrent cette méthode au point que Monsieur Leibniz par une sincérité digne d'un grand homme a déclaré qu'elle leur appartenait autant qu'à lui ». (Paroles de Fontenelle, soulignées par Blondel.)

Le texte de Blondel suit : « ...Le célèbre Monsieur Leibniz donna dans les journaux de Leipzik des Problèmes résolus par une méthode toute nouvelle dont il cachoit le secret. Cela frappa tellement les deux Mrs. Bernoulli, qu'ils travaillèrent de concert à découvrir le secret de cette nouvelle géométrie... Ils y réussirent si bien que Monsieur Leibniz a déclaré depuis que ce nouvel art ne leur appartenait pas moins qu'à luy ».

Dans la *Lettre Sur quelques faits qui le regardent,* Leibniz se plaint cependant des expressions de l'auteur qui le font « passer pour envieux » et les Bernoulli « pour inutiles », comme s'ils avaient résolu de lui « enlever la gloire de l'invention » grâce aux « faibles rayons » qui lui étaient « échappés ». Mais bien que les propos de Blondel et de Fontenelle soient éloignés de ces insinuations, Leibniz, dans sa réponse à Blondel, relève encore quelques inexactitudes : « ...que je n'ai point fait un secret de ma nouvelle analyse, que Messieurs Bernoulli ne se sont point appliqués à m'enlever ce secret ; et que je n'ai point déclaré, ni qu'ils n'ont point prétendu qu'il leur appartenait autant qu'à moi. Ce qu'il y a de vrai est qu'ils ont autant de part que moi à en faire l'utilité qu'on en a retirée, parce qu'ils ont contribué autant que moi à en étendre et faire valoir l'usage ».

Leibniz s'accorde l'invention, et aux frères Bernoulli l'application. Le texte de la *Lettre Sur quelques faits*... diffère très peu de celui de la *Remarque de M.D.L.*.. parue aux *Nouvelles*. Quoi qu'il en dise, Leibniz a quelque sujet de se plaindre de Fontenelle et de Blondel...

Je dois à Yvon Belaval la communication des documents nécessaires à l'élucidation ce petit problème.

2. Cf. *Théodicée*, article 259 : « ...en disant que les vertus des Païens n'étaient que *splendida peccata*, des vices éclatants. C'est une saillie de Saint Augustin, qui n'a point de fondement dans la Sainte Écriture, et qui choque la raison ». Sur cette sévérité, cf. art. 283-284. D'Augustin, voyez le *Liber de Hæresibus*... et les Lettres 186 et 217. Des Bosses cite un extrait de l'*Augustinus* (*Phil.*, II, p. 357) : « On peut apporter de nombreux endroits d'où il ressort que Jansénius n'a fait aucune distinction entre la liberté des Bienheureux et celle des Voyageurs (*viatores*) ». Des Bosses renvoie au t. 11, Livre 1, chap. 4, col. 16 de la première édition de l'*Augustinus*. La question est de savoir si les bienheureux sont nécessités au bien comme les damnés au mal (cf. Lettre XIII). Dieu par justice ne sauve pas le réprouvé ; mais par miséricorde sauve l'élu. La grâce, selon Jansénius, est donc nécessaire, puisque sans elle tout acte est mauvais.

3. Sur la volonté de Dieu, cf. *Théodicée* (art. 22-25). La volonté en général est l'inclination à faire une chose à proportion du bien qu'elle renferme. La volonté est antécédente lorsqu'elle regarde un bien à part, en tant que bien : elle est détachée. La leçon de la *Théodicée* est conforme à celle de la Lettre XIV : Dieu veut par volonté antécédente « sanctifier et sauver tous les hommes, exclure le péché et empêcher la damnation ». Cette volonté est efficace de soi, c'est-à-dire que « l'effet s'ensuivrait s'il n'y avait pas quelque raison plus forte qui l'empêchât ». Dans un premier temps donc, on fait l'économie de la distinction (incompréhensible aux yeux de Leibniz) d'une grâce suffisante et d'une grâce efficace. Le salut de chacun dépend de sa volonté, et de l'usage qu'il fait de la grâce divine, celle-ci étant toujours suffisante. Il reste à expliquer pourquoi les uns sont sauvés et les autres damnés : en d'autres termes, pourquoi Dieu n'a pas donné à tous la même bonne volonté (cf. *Théodicée, art.* 413). C'est là qu'intervient la volonté conséquente, « finale et décisive, qui résulte du conflit de toutes les volontés antécédentes ». Celles-ci concernent des biens particuliers, celle-là le bien général ou global, le meilleur : « Dieu veut antécédemment le bien et conséquemment le meilleur ». Dieu ne s'est pas attaché au salut de chacun, ni à sa capacité de recevoir ou de repousser la grâce, mais à la série totale des êtres : le bien est au meilleur ce que le beau est à l'harmonique, il exige des dissonances. Pour résoudre le problème du mal, il faut passer par la loi de l'harmonie ; celle-ci rend nulle et non avenue la querelle des jansénistes et des molinistes. La distinction janséniste d'une grâce suffisante, ou efficace, est impensable dans le système de l'harmonie. La grâce efficace implique l'action directe de Dieu sur une créature en particulier, non sur le tout : Dieu n'aurait que des volontés antécédentes, il se conduirait comme un tyran plus que comme un monarque (cf. *Théodicée, art.* 39-40 et 77-85). Cela posera le problème de la liberté de la créature. La théorie de la grâce, chez Jansénius, est fondée sur la théorie des états ; à la différence des autres théologiens, Jansénius distingue la grâce dans la nature saine et entière, et la grâce (médicinale) dans la nature malade et corrompue. La première grâce est *adjutorium sine quo non*, le secours sans lequel une chose ne se fait pas ; la seconde est un *adjutorium quo*, le secours par quoi une chose se fait. La première est la grâce que Dieu a donnée aux anges et au premier homme innocent ; ils peuvent en user ou non, selon leur libre-arbitre. Cette grâce est dite suffisante. La seconde est la grâce de Jésus-Christ, grâce médicinale, par laquelle le pécheur fait le bien, et le libre-arbitre lui est soumis : la grâce le détermine et l'applique au bien. Cette grâce est dite efficace. Or dans l'état actuel (malade) la grâce suffisante n'a pas d'effet : car le secours *sine quo non* ne peut devenir secours *quo*.

4. L'adjectif est à prendre dans sa valeur active : la foi est vivifiante, elle donne la vie. Tertullien dit « la foi de vie » ; Pascal, « la foi vive ». Leibniz dit « foi vive »tout au long de la *Théodicée*.

5. Liberté, contrainte, nécessité, détermination : sur ces termes, voyez *Théodicée* (art. 35-59 et 367). La liberté s'oppose à la contrainte, du double point de vue de Dieu et des créatures. Car il faudrait, dans le premier cas, supposer une puissance supérieure à Dieu ; et dans le second, que Dieu agisse sur chaque créature de façon antécédente ; or il a égard au tout. Dans le domaine des choses morales, la liberté s'oppose aussi à la nécessité (absolue ou métaphysique) : la créature est libre de faire le bien ou le mal, parce que celui-ci est une imperfection (morale) mais non une contradiction (absolue, logique ou métaphysique). La liberté en revanche va de pair avec la détermination (ou infaillibilité) au nom du principe de raison suffisante : il est impossible (contradictoire) qu'il n'y ait pas une raison pourquoi ceci arrive plutôt que cela : vous ne sortirez pas d'une chambre pied gauche devant sans raison aucune, les viscères de l'âne penchent plutôt d'un côté. Par-delà le modèle mécanique de la balance, le *clinamen :* les raisons sont inclinantes, et non déterminantes. Cf. la *Conversation*

*sur la liberté et le destin*, 1703 (Grua, *Textes Inédits*, II, p. 478 et GF. LEIBNIZ, *Principes de la Nature et de la Grâce*, p. 45), et la Lettre à Coste, 1707 (*Phil.*, III, p. 400). Sur l'inclination et la contingence, voyez Michel Serres, *La naissance de la physique*..., Minuit, 1977.

6. Gerhardt : *Chronostichorum vel potius Arithmosticorum artificium.* Dutens (II, p. 283) et Erdmann : *Chronologicorum vel potius Arithmeticorum artificium.* Le texte de Gerhardt est conforme au manuscrit. (L Br 95, f. 69).

## XV

*Lettre du 2 octobre 1708*

Je vous remercie de vous être chargé de ma correspondance avec Orban ; mais plus encore de m'avoir signalé parmi les vôtres des hommes savants, et de talent, dont les pensées s'accordent aux miennes. Lesquelles assurément tiennent si bien ensemble, qu'il est impossible d'ôter un anneau de la chaîne sans la rompre. C'est de la considération des mondes possibles, d'où est issu le choix de Dieu, qu'il s'ensuit que Dieu a choisi celui qui est le meilleur, et cela par un seul décret, dont l'objet est précisément le monde choisi. J'entends par Monde la série totale des choses se déroulant dans l'éternité, bien entendu *a parte posteriore*, ou dans le futur[1], série qui n'est pas une créature une et simple mais quelque chose d'infini, pour ainsi dire un agrégat. D'ailleurs j'accorde qu'il n'est pas donné de créature absolument parfaite.

J'ai lu autrefois étant jeune certaines choses de Martin Esparsa et d'Antonio Perez, qui sont des vôtres, et je les ai trouvées pleines de talent. Mais maintenant, si longtemps après, je ne me rappelle pas bien quels étaient ces écrits. Je me souviens d'avoir vu aussi jadis des écrits scolastiques de Sfortia Pallavicini, finalement cardinal, qui me semblaient profonds et pleins de talent, quoique, en même temps, un peu obscurs. Je me souviens encore d'avoir parcouru le livre du P. Derkennis sur Dieu, livre où me semblait briller un talent non commun. Il me sera très agréable de connaître un jour le R.P. Salerni.

Je compte écrire bientôt certaines de mes pensées au R.P. Tolomei, afin de bénéficier aussi de son jugement. Les auteurs, surtout lorsqu'ils parlent la langue commune, confondent çà et là ce qui est infailliblement déterminé et ce qui est à proprement parler nécessaire ; d'où vient que souvent leur langage durcit leur pensée.

Je vous remercie de m'avoir donné les vrais noms des savants hommes qui ont dernièrement engagé, en Belgique et en France, des polémiques sur la liberté et la grâce. Je vous prie de bien vouloir vous souvenir de Bonart, afin que nous apprenions son vrai nom des Pères Anglais de Liège ou de Belgique. Il est certain que cet homme savant et de talent mérite qu'on ne l'oublie pas. Pour le reste, etc.

Hanovre, le 2 octobre 1708.

P.-S. Je me souviens que François de Lana, qui est des vôtres, préfère Thomas d'Aquin à tous les interprètes médiévaux d'Aristote ; et de même parmi les Modernes, il ne met personne au-dessus de Sylvester Maurus, qui est de votre société. Je désirerais savoir qui il est et quels sont ses écrits.

Voici ce que je pense des vertus ou bonnes actions des païens. Beaucoup de leurs actions qui n'ont pas pour but le Souverain Bien n'en sont pas moins formellement, si j'ose dire, bonnes et innocentes ; cependant toutes sont entachées d'une sorte de faute, quoique de façon seulement virtuelle, exactement comme vous accordez une intention virtuelle au prêtre qui consacre, même si au moment précis de la consécration il pense par hasard à autre chose ; ou comme Frédéric Spee, qui est des vôtres, a enseigné, dans un petit livre plein de finesse, la manière de louer Dieu sans cesse : à savoir, en dirigeant réellement une fois pour toutes l'intention de l'esprit, avec force, vers la décision d'agir par la suite en toutes choses, ou en celles dont c'est la destination particulière, en vue de la gloire de Dieu ; ou de faire de toutes choses les signes de la louange de Dieu, et de répéter expressément cette profession, dirais-je, avec une égale fermeté d'esprit aussitôt que l'occasion s'en présente. Bien sûr, l'action d'un philosophe ou d'un héros chez les Gentils de l'Antiquité pourra être si bonne que tout ce qui est contenu en elle formellement peut l'être sans tache aucune chez le Chrétien le plus pieux. Mais il manquera ce virtuel ou, si vous préférez, cet intentionnel ou cet imputable, parce que le Gentil n'aura pas dirigé son intention vers le Souverain Bien ni décidé de lui rapporter toutes ses autres actions, tandis que le Chrétien vraiment pieux l'a fait. Donc, de même que l'intention virtuelle commande ou rend efficaces les autres actions, ici c'est le manque d'une juste intention qui entache les actions et les rend blâmables. Le degré de la faute, ou du moins de l'imperfection, se mesure à celui de la méchanceté ou faute et à la possibilité de vaincre l'erreur ou l'ignorance. Il faut laisser le jugement de Dieu décider dans quelle mesure ce doit être châtié[2].

J'ai ajouté ces lignes parce que j'avais différé l'envoi de la lettre déjà écrite, lorsque j'ai su que vous aviez quitté Mr. Behrens auquel je la destine, et je laisse à celui-ci le soin de juger s'il faut la garder en attendant votre retour, ou bien vous la transmettre.

## NOTES DE LA LETTRE XV

1. *A parte posteriore seu in futurum :* le monde ayant été créé, il a nécessairement un commencement, encore qu'il soit indifférent de situer celui-ci à tel ou tel moment du temps. Cf. v[e] *Ecrit contre Clarke*, §74 (*Phil.*, VII, p. 408, PUF, p. 160) : « De plus, le commencement du monde ne déroge point à l'infinité de sa durée A PARTE POST, ou dans la suite ». On peut donc penser le commencement du monde sans poser de bornes.

2. Sur la vertu des païens, voyez J. Wang Tchang-Tche, *Saint Augustin et les vertus des Païens* (Paris, Beauchesne, 1938). Leibniz cite à la *Théodicée* (art. 252-253) le livre de La Mothe Le Vayer (*De la Vertu des Païens*). Les Lettres ne posent ici le problème qu'à propos des Chinois.

## XVI

*Lettre du 24 avril 1709*

Il y a deux choses qui d'ordinaire rendent les Libraires incertains : l'une est le désir du profit, l'autre l'ignorance ; aussi ne savent-ils que choisir. Et ils ne se fient pas assez aux personnes savantes, parce qu'ils les jugent plus compétentes dans le domaine du savoir que dans celui de la vente. Je me suis occupé, ces derniers jours, à mettre au propre un texte que j'ai écrit autrefois lorsque j'étudiais le neuvième siècle et m'attachais à des recherches chronologiques. Je l'ai intitulé *Flores sparsi in tumulum Johannae Papissae;* j'y réfute l'histoire de la papesse, avançant de nouveaux arguments, ou en confirmant de plus anciens ; j'éclaircis la chronologie, çà et là obscure, de cette époque, et je réplique aux dernières échappatoires contenues dans le curieux petit livre de Frédéric Spanheim, théologien de Leyde, paru en Hollande il y a quelques années. J'apporte aussi des éléments que l'on n'avait pas remarqués ; car j'ai même découvert ce livre de magie attribué à la papesse, mais non encore édité, et tiré des manuscrits d'autres choses dignes de la curiosité du lecteur. Mon petit livre plairait peut-être beaucoup à votre imprimeur de Liège, mais je préférerais pour ma part donner à un seul les deux livres, l'un en latin sur la Papesse, l'autre, en français, contre Bayle.

J'en viens maintenant à la question philosophique. Je ne déclare pas que les âmes des bêtes ont été créées précisément au quatrième jour : il suffit que d'innombrables entéléchies aient été créées immédiatement ; mais j'ai seulement voulu expliquer comment de nouvelles âmes peuvent exister, bien qu'il ne soit créé aucune nouvelle partie de matière. Et cela, si je ne me trompe, je l'ai établi dans ma dernière lettre[1]. Or par Matière, j'entends ici la Masse ou matière seconde[2], qui contient l'étendue avec la résistance. Et je ne me souviens pas (prenant la matière en ce sens) d'avoir assigné une matière propre à aucune âme : bien plus, toute partie d'un corps organisé contient d'autres entéléchies. Pour moi il est vrai que l'âme ne passe pas d'un corps organique à un autre, mais demeure toujours dans le même corps organisé : la mort même ne viole pas cette loi. Mais il faut observer que le corps organique demeure le même comme le vaisseau de Thésée, ou comme un fleuve, c'est-à-dire qu'il est en flux perpétuel, et qu'il n'est peut-être pas possible d'assigner aucune portion de matière qui demeure toujours propre au même animal ou à la même âme. Si vous considérez la chose de plus près, vous serez peut-être tenté de dire que l'on peut du moins assigner à l'âme un point déterminé. Mais le point n'est pas une partie déterminée de la matière, et des points en nombre infini réunis en un seul ne produiraient pas l'étendue. Ce que je prouve comme suit.

Soit un triangle ABC, dont le côté AC est divisé par moitié en D, puis AD en E, AE en F, AF en G, et ainsi de suite. A supposer que cela ait lieu à l'infini, nous obtenons des triangles en nombre infini BCD, BDE, BEF, BFG, etc. Chacun d'eux (si on leur donne une épaisseur, pour en faire des corps, ou si l'on suppose dès le début un triangle solide, c'est-à-dire une pyramide) peut exister séparément. Et ainsi chacun d'eux aura son propre sommet. Imaginez ensuite que tous soient réunis les uns aux autres pour obtenir la pyramide ou le triangle total ABC : il est évident que tous les sommets en nombre infini ne peuvent faire, ainsi réunis, rien d'autre que le sommet commun B. Que si vous ne voulez pas admettre des triangles en nombre infini, du moins voyez que cela est vrai en général d'un nombre quelconque de triangles. Il est vrai que l'étendue naît du situs[3], mais elle lui ajoute la continuité. Les points ont un situs mais ils n'ont ni ne forment une continuité, et ils ne peuvent être par eux-mêmes. C'est pourquoi rien n'empêche que des points en nombre infini apparaissent et disparaissent continuellement (ou du moins qu'ils coïncident ou soient posés tour à tour les uns à côté des autres) sans que la matière ni l'étendue n'augmentent ni ne diminuent, puisqu'ils ne sont que des modifications, c'est-à-dire non des parties, mais des limites. Je ne pense pas toutefois qu'il convienne de considérer les âmes comme étant dans des points. Peut-être pourrait-on dire qu'elles *ne sont en un lieu que par une opération*, suivant l'ancien système de l'influx, ou plutôt (suivant le nouveau système de l'harmonie préétablie) qu'*elles sont en un lieu par une correspondance* et qu'ainsi elles sont dans la totalité du corps qu'elles animent. Je ne nie cependant pas qu'il y ait *une certaine union réelle métaphysique* entre l'âme et le corps organique (comme je l'ai dit aussi dans ma réponse à Tournemine)[4], union qui permet de dire que l'âme est vraiment dans le corps. Mais comme la chose ne se laisse pas expliquer à partir des phénomènes et

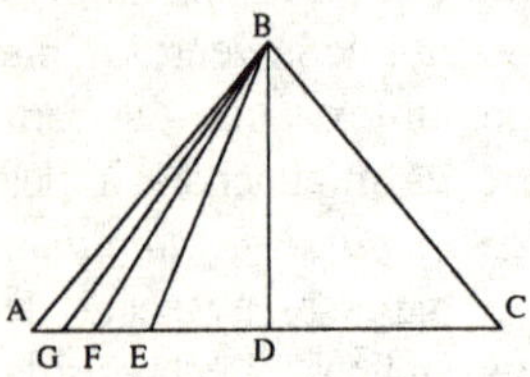

qu'elle ne change rien en eux, je ne puis plus avant expliquer distinctement en quoi elle consiste formellement. Il suffit qu'elle soit liée par une correspondance. Mais vous voyez que, jusque là, je ne parle pas de l'union de l'entéléchie, ou principe actif, à la matière première, ou puissance passive, mais de l'union de l'âme, c'est-à-dire de la monade elle-même (qui résulte des deux principes) et de la masse, c'est-à-dire des autres monades.

Mais, direz-vous, que penser de la matière première propre à l'âme ? Je réponds qu'elle est sans conteste créée avec l'âme, c'est-à-dire que la monade est créée tout entière. Est-ce donc que la matière première augmente et diminue ? Je l'accorde, puisqu'elle n'est que puissance* passive primitive. Donc, direz-vous, la masse aussi augmente. Je reconnais que le nombre des monades, d'où assurément résulte la masse, peut augmenter, mais non pas l'étendue, ni la résistance, ni les phénomènes : non plus que lors de l'apparition de points nouveaux. Dieu pourrait créer de nouvelles monades en nombre infini sans augmenter la Masse, pourvu qu'il n'attribuât au corps organique de la nouvelle monade que des monades déjà là. La masse est un phénomène réel, et dans les phénomènes (exceptés ceux qui apparaissent à la nouvelle monade de façon entièrement nouvelle) rien n'est changé lorsque naît une nouvelle monade, sinon peut-être par miracle. Car l'on doit penser que Dieu dès le commencement a préordonné les premières monades lors de leur création en sorte que leurs phénomènes répondissent un jour à celle qu'il restait encore à créer, à moins que nous ne préférions dire que Dieu par miracle change toutes les autres monades lorsqu'il en crée une nouvelle afin d'accommoder les premières à la dernière, ce qui est fort peu vraisemblable[5].

De tout cela il résulte que Dieu a la possibilité de créer de nouvelles monades. Mais je ne déclare pas pour autant qu'il le fasse. Je penserais plutôt que l'on peut soutenir le contraire, et qu'il est même plus probable, et même la préexistence des monades. Et plutôt qu'une création absolue de l'âme raisonnable, on pourrait soutenir une transcréation de l'âme non-raisonnable en âme raisonnable, ce qui se ferait par l'adjonction miraculeuse d'un degré essentiel de perfection. C'est ce que je soutiens dans ma discussion contre Bayle, tant ce me semble plus probable qu'une création absolue, et plus vrai que la traduction[6].

Je serais surpris, étant donné le danger que court l'Église naissante, que Rome se prononçât sur les affaires chinoises encore mal éclaircies ; je voudrais savoir s'il est vrai que le Cardinal de Tournon a été détenu à Macao par les Portugais, et si un Ambassadeur du Monarque de la Chine est venu, comme on s'accordait à l'annoncer, avec le R.P. Provana.

* *potentia*

Représentez-vous que beaucoup de Chinois sont véritablement idolâtres ou encore athées ; il suffit que l'autorité publique assigne aux rites un autre sens ; et de cette façon, c'est le moyen de délivrer aussi de l'erreur ceux-là mêmes qui errent dans leur culte privé[7]. Pour le reste, etc.

Hanovre, le 24 avril 1709.

*Le brouillon ajoutait ceci :*

P.-S. Il y a bien des années, alors que ma philosophie n'était pas encore mûre, je localisais les âmes dans des points, et je pensais ainsi pouvoir expliquer leur multiplication par la traduction, puisqu'on peut obtenir plusieurs points à partir d'un seul, comme les sommets de plusieurs triangles par division à partir du sommet d'un seul. Mais je devins plus circonspect, et m'aperçus que c'était s'enfoncer dans d'innombrables difficultés, et même qu'il y avait là si j'ose dire une « μετάβασυιν είυς ἄλλο γένους »[8]. Car il ne faut attribuer aux âmes rien qui relève de l'étendue, ni concevoir leur unité ou multitude sous le prédicament de la quantité, mais sous celui de la substance ; c'est-à-dire non pas à partir des points, mais de la force d'agir primitive. Or l'action propre à l'âme est la perception, et l'unité de ce qui perçoit vient de la liaison des perceptions, suivant laquelle celles qui suivent dérivent de celles qui précèdent.

## NOTES DE LA LETTRE XVI

1. Voyez la lettre du P. des Bosses du 14 février 1709 (*Phil.*, II, p. 367) et le billet de Leibniz du 16 mars. (II, p. 368) L'argument du P. des Bosses est le suivant : puisque l'entéléchie est indestructible, et qu'elle a une matière première qui lui est propre dont elle ne peut être séparée ; puisque d'autre part toute la matière a été créée dès le début de la création, il faut dire que toutes les entéléchies ont été créées dès le début en même temps que la matière. Or on ne peut dire cela des âmes humaines ni des nombreuses entéléchies dont Leibniz dit, au *De ipsa Natura* (le paragraphe 8 fait allusion à la *Genèse*, I, 28) selon des Bosses, qu'elles ont été créées seulement au quatrième ou cinquième jour. On ne peut pas non plus dire que la matière première créée auparavant reçoit après coup une âme humaine ou une entéléchie de cet ordre, qui n'aurait pas été créée dès le début : car avant la création de l'âme humaine, la matière qui devait lui être propre dans le futur existait de toute façon, et avait une entéléchie, puisqu'elle ne peut exister sans principe d'unité. Donc bien après la création de l'âme humaine la matière première retient la précédente entéléchie : alors la même matière première aura deux entéléchies qui lui sont propres ou adéquates, et dans cette mesure elle est et en même temps n'est pas propre à l'âme humaine ; mais si inversement la matière première ne retient pas la précédente entéléchie, alors celle-ci est détruite. La réponse de Leibniz résout ainsi la question : « Je pense que les entéléchies ne peuvent naître naturellement, et dans cette mesure qu'elles ont été créées soit au commencement des choses, soit par après. Bien plus, une entéléchie nouvelle peut être créée, bien qu'aucune nouvelle partie de masse ne le soit, puisque la masse, bien qu'elle contienne déjà partout des unités, en reçoit toujours cependant de nouvelles, qui dominent toutes les autres : comme si vous imaginiez que Dieu fait, à partir d'une masse jusque-là nullement organisée, par exemple d'une pierre à l'état brut, un corps organique, et lui donne une âme

qui soit sienne ; assurément il y a autant d'entéléchies que de corps organiques. En outre, la matière première propre, c'est-à-dire la puissance passive primitive inséparable de l'active, est créée avec l'entéléchie elle-même (qu'elle achève, pour constituer une monade ou substance complète). Mais elle n'augmente pas la masse, c'est-à-dire le phénomène qui résulte des monades, pas plus que le point n'augmente la ligne ». (II, p. 368) La réponse de Leibniz me semble quelque peu décalée par rapport à la question du jésuite. Celui-ci demande comment une matière, déjà existante – et donc déjà pourvue d'une entéléchie – peut recevoir une âme humaine : ceci posera dans les lettres ultérieures le problème de la « traduction ». La question est précisément : comment une même matière peut-elle être soumise à la fois à son entéléchie (dont elle ne peut être séparée) et à une âme humaine créée ultérieurement ? Leibniz répond en donnant la solution d'une autre question qui n'est pas sans rapport à la première, mais qui est néanmoins différente : Dieu peut créer de nouvelles âmes sans pour autant augmenter la matière. En d'autres termes : la quantité réelle de matière existant dans le monde ne varie pas avec le nombre des entéléchies. Tout se joue sur le mot *matière*, et il se peut que des Bosses n'ait pas pris garde à la distinction de la matière première et de la matière seconde. Il est clair qu'il pose la question eu égard à la *matière première :* l'entéléchie a une matière première qui lui est propre, donc s'il survient de nouvelles âmes, elles seront fixées à une matière première déjà liée à une entéléchie. La question sous-entendue se pose donc ainsi : faut-il augmenter la quantité de matière première ? Or cette question n'a pas de sens : tout simplement parce que la matière première n'existe pas, elle n'est ni un être (une véritable unité) ni un phénomène (quelque chose qui résulte des monades), parce qu'elle est une abstraction. Seule existe la substance complète ou monade, que l'on peut décomposer idéalement en puissance active primitive (entéléchie) et puissance passive primitive (matière première). On aurait dû, je crois, s'étonner de l'expression *puissance passive* et d'une symétrie fausse entre les deux choses en question (cf. à Arnauld, 9 octobre 1687, *Phil.*, II, 119-120 ; Vrin, p. 186-187). *Puissance active* se dit *principium activum* ou *vis activa*, mais *puissance passive* se dit *potentia passiva. Potentia* est à prendre au sens aristotélicien et scolastique : la matière première n'est qu'en puissance et non en acte, elle est potentielle puisque abstraite. C'est-à-dire qu'elle n'existe pas à proprement parler en tant que matière, comme le pense des Bosses. Elle ne saurait donc être une quantité qui se mesure, susceptible d'augmentation ou de diminution, puisqu'elle représente seulement la possibilité pour la monade d'avoir un situs, ou d'occuper par correspondance un lieu dans l'espace, et d'être en relation de coexistence à d'autres monades. La question, donc, ne peut se poser au niveau de la matière première : puisque la puissance passive est nécessairement le corrélat de l'entéléchie, il est évident qu'une nouvelle entéléchie ne peut être créée sans sa matière première ; mais celle-ci, n'étant que puissance, n'augmente pas pour autant la quantité de matière créée dans le monde. D'où la réponse de Leibniz. Il faut par conséquent poser cette question ailleurs, au niveau de la *matière seconde*. Leibniz distingue deux sortes d'union, celle de la matière première à l'entéléchie, et celle de l'âme au corps organique ou matière seconde (XVI). La matière seconde, elle, existe en tant que matière : elle est le corps lui-même, la machine organique qui résulte de l'union d'innombrables monades. Elle est l'actualisation de ce qui n'est que potentiel dans la matière première, ce qui s'étend et ce qui résiste. Elle résulte nécessairement d'une pluralité de monades, puisque s'étendre, pour la monade, signifie simplement être dans un rapport de coexistence avec d'autres. La pluralité fonde la matière seconde, le corps est d'abord multiple ; on ne fonde son unité réelle que par le lien substantial (XXV). Cela posé, la question de départ devient la suivante : la création de nouvelles entéléchies, comme sont les âmes humaines par exemple, augmente-t-elle la quantité de matière *seconde ?* La réponse est claire, et négative, pour cette raison qu'il n'y a pas de matière seconde qui soit perpétuellement fixée à la même âme : car tout vivant est actuellement subdivisé en un nombre infini d'autres vivants. Parce que la matière est actuellement divisée à l'infini, il suffit de penser la division, et non la multiplication comme le fait des Bosses, lors de la création d'une nouvelle âme : la matière seconde reçoit une nouvelle organisation, une hiérarchie plus complexe, un niveau d'intégration plus élevé. D'où l'exemple. Donc : la matière première d'une entéléchie n'ajoute aucune quantité, puisqu'elle n'est que puissance ; la matière seconde est divisible et divisée à l'infini ; aucune entéléchie n'est fixée à une portion déterminée de matière. Ces trois propositions permettent la quatrième : la création d'une nouvelle entéléchie n'implique aucune augmentation dans la matière seconde.

2. Cf. Lettre VII, note 3. Le flottement dans l'usage des termes vient sans doute de ce que la *massa* désigne, comme la *moles*, ce qui est passif dans la substance, composée ou simple. Car on peut lire transversalement la substance composée comme on fait de la simple : la masse est alors l'union de toutes les puissances passives primitives des monades qui font le corps organique, et son âme est l'union de toutes les puissances actives primitives ou entéléchies des mêmes monades. La masse est alors prise comme limitation (cf. *Théodicée*, art. 30 : les bateaux ne descendent pas le fleuve à la même allure.) Ce qui dans la substance simple est *potentia* ne devient *vis passiva* dans la composée que parce que l'on peut en mesurer les effets par l'inertie. Mais elle n'est pas *vis* ou *virtus* au même titre que la *vis activa*. Sur ce point, voyez Gueroult, *Dynamique et Métaphysique* (chap. VI).

3. La tradition laisse ce mot sans traduction. Le situs désigne dans le registre de l'espace ce qu'est le point de vue dans celui de l'optique, ou la partition dans celui de l'harmonie. Il est le rapport de coexistence d'une monade aux autres et à l'univers tout entier.

4. Cf. Lettre I, note 10.

5. L'harmonie est préétablie pour les existants mais aussi pour les mondes possibles : il n'y a pas de fausse note pensable dans le concert des monades, la communication se fait sans bruit parasitaire. La nouvelle monade, ou la nouvelle note introduite dans la symphonie ne crée pas un nouvel ordre, elle trouve d'emblée sa place dans l'ordre déjà établi. D'où le paragraphe suivant : il est plus probable que Dieu a tout créé dès le début.

6. Sur la notion de traduction, voyez la *Théodicée* (art. 86-91 et 397) et la *Causa Dei* (art. 85). Le problème s'est d'abord posé à propos du péché originel : comment s'est-il transmis de l'âme des parents à celle des enfants ? D'où un problème plus général : les hommes se transmettent-ils l'âme raisonnable, ou est-elle créée à chaque conception ? La réponse est donnée à la *Théodicée* (art. 91) : les âmes destinées un jour au corps humain (et donc à la raison) existaient en tant que sensitives ou animales dans les semences des ancêtres depuis Adam, et reçoivent au moment de la conception, par une opération immédiate de Dieu, ce degré supérieur qui leur donne la raison et fait d'elles des esprits. On ne tire pas l'âme de l'âme, ce dont on ne voit pas le moyen, mais on ajoute une perfection à une âme déjà existante, et déjà entachée du péché originel. Le mot *tradux* est intéressant : il désigne le sarment qu'on fait passer d'une vigne à l'autre pour opérer une greffe. Leibniz avoue avoir été, dans sa jeunesse, partisan de la traduction : il serait possible de multiplier les âmes à partir d'une seule comme on fait des sommets de plusieurs triangles à partir d'un seul sommet ; ou comme le Christ multiplie les pains ; ou comme les Chrétiens se multiplient autour du Christ : « Je suis la vigne, vous êtes les sarments » (Jean, XV, 5). Leibniz s'est autrefois intéressé à la traduction parce qu'elle est un modèle du schéma un-multiple qui est au fondement de toutes ses méditations. Il est clair qu'il y a comme un miracle dans cette relation productive de l'un au multiple : la christologie en donne le modèle optimal.

7. Le Cardinal de Tournon a été en effet retenu à Macao par les Portugais en 1707. Sur la querelle des rites, voyez Etiemble, *Les Jésuites en Chine* (Coll. Archives, Julliard, 1966). Cf. Olivier Roy, *Leibniz et la Chine,* chap. III et IV (Vrin, 1972), et Ch.Frémont, LEIBNIZ, *Discours sur la théologie naturelle des Chinois* (L'Herne, 1987).

8. « Un changement en un autre genre » : en effet, à moins d'attribuer aux âmes quelque chose d'étendu, on voit mal comment s'opère cette greffe par division.

## XVII

*Lettre du 31 juillet 1709*

Je pensais vous avoir fait savoir que j'avais retrouvé les *Conjectures*[1] de Mr. Hartsœker. Il est sur le point de donner la suite. Cet homme très illustre nous promet en Dioptrique des choses non négligeables. Je ne vois pas pourquoi je discuterais avec lui sur les Eléments, surtout lorsqu'il s'agit de passer aux raisons métaphysiques, domaine où je ne le crois pas bon juge. En outre, notre controverse n'aurait pas grande utilité pour les phénomènes, car l'analyse que donne notre explication ne va pas jusqu'aux Eléments.

Il ne faut pas s'inquiéter outre mesure de l'imprimeur de Liège. Cependant je vous dois beaucoup de remerciements. Dans mon petit écrit, je ne pense rien soutenir au sujet du dogme que quelqu'un des vôtres ne puisse aussi défendre, mais je ne cache pas que je suis Protestant.

Sans doute le commandement divin « *que la terre produise* » indique qu'il y a une efficace imprimée dans les choses ; mais elle n'a pu avoir été en elles dès le début de la création, bien que par la suite elle fût davantage disposée aux opérations. Il n'était pas alors nécessaire de créer de nouvelles âmes, car les premières suffisaient. On ne peut démontrer que la bête est douée d'âme, ni même le prouver, étant donné qu'on ne le peut même pas pour affirmer que les autres hommes ne sont pas de pures machines, puisqu'il est impossible de regarder à l'intérieur de leurs esprits. Mais ces choses ont une certitude morale, comme par exemple qu'il y a des créatures en-dehors de moi. Donc, s'il n'est pas absolument nécessaire que tout corps organique soit doué d'âme, il est à penser que Dieu pourtant n'en a pas négligé l'occasion, puisque sa sagesse produit autant qu'il est possible le plus de perfection.

L'âme sans l'assistance du corps est assurément capable d'actions internes, mais non externes. Mais des actions externes correspondent toujours dans les corps à ses actions internes. Sans doute Dieu peut-il par miracle produire une âme hors du corps, mais cela ne convient pas à l'ordre des choses. Séparée de ce qui est premier et passif, elle ne constituera pas une chose complète ou monade. Mais si l'on ne fait qu'ajouter un degré supérieur, il n'y aura pas infusion[2] d'une nouvelle âme. Ce degré essentiel ne peut subsister à part, et il n'est pas une entéléchie, puisqu'il n'est pas principe d'action, mais seulement une faculté de l'âme. Les philosophes s'accordent à dire que la faculté de sentir et celle de raisonner ne font pas en nous plusieurs âmes, mais sont contenues dans la même. Je m'étonne donc que cela vous arrête. Nous n'avons aucune raison de dire que la même matière est informée adéquatement par plusieurs entéléchies[3]. J'ai trouvé plus convenable[4] d'ajouter un nouveau degré à l'âme sensitive que d'imaginer cachées dans les semences d'innombrables âmes raisonnables qui ne parviendraient pas à la perfection de la nature humaine. Si l'on trouvait le moyen naturel de cette élévation, je ne dirais point que ce degré s'ajoute par miracle. Vous voyez donc que je dis cela à titre d'hypothèse. Que l'âme naisse de l'âme, si vous appelez cela Traduction, n'est pas explicable, et je suis très éloigné de ceux qui pensent ainsi.

Bien que les localisations[5] des monades soient désignées par les modifications ou terminaisons des parties de l'espace, les monades elles-mêmes ne sont pas des modifications de la chose continue. La masse et sa diffusion résultent des monades, mais non l'espace. Car l'espace, comme le temps, est un certain ordre, je veux dire (pour l'espace) celui des coexistants, qui est rempli par les choses actuelles, mais aussi par les possibles. Et partant il est quelque chose d'indéfini, comme tout continu dont les parties ne sont pas en acte, mais peuvent être prises à volonté comme les parties d'unité ou fractions. Si dans la nature des choses les subdivisions des corps organiques en corps organiques étaient différentes, les monades seraient différentes, la masse serait différente, bien que l'espace rempli reste le même. Car l'espace est un continu, mais idéal, tandis que la masse est une quantité discrète, j'entends une multitude actuelle, ou un être par agrégation, mais résultant d'unités en nombre infini. Dans les choses actuelles les simples sont antérieurs aux agrégats, mais dans les choses idéales le tout est antérieur à la partie. Qui néglige cette remarque engendre le labyrinthe du continu.

Le R.P. Denis de Werl, Capucin, m'avait écrit peu avant sa mort, et me semblait entreprendre je ne sais quel nouvel ouvrage. Il y a en Hollande un imprimeur ou un libraire qui fait une offre sous une condition déterminée. Nous verrons quelle en sera la suite.

Hanovre, le 31 juillet 1709.

P.-S. Lorsqu'ont paru mes *Novissima Sinica*[6] on les a envoyées à Rome, et je crois que Mr. Magliabecchi les a fait parvenir au Général de votre Société, qui si j'ai bonne mémoire me fit saluer par son intermédiaire. Je vous prie de me recommander à votre illustre Tolomei. Lorsque mon petit livre contre Bayle aura paru, je le soumettrai à son jugement.

## NOTES DE LA LETTRE XVII

1. Voyez *supra* Lettres IX et X, et les Lettres à Hartsœker (*Phil.*, III) ; cf. celle du 6 février 1711, *in* GF., *Principes de la Nature...*, p. 169.

2. Voyez Blaise, *Dictionnaire latin-français...* : le terme est de théologie, infusion de la grâce, infusion de l'Esprit-Saint par la confirmation.

3. Des Bosses pose ce problème dans sa lettre du 14 février 1709 (cf. XVI, note 1) ; cf. Thomas d'Aquin, *Somme théologique*, I, Qu. LXXVI.

4. Gerhardt (II, p. 378 : *congruentis* ; Dutens (II, p. 286) et Erdmann (p. 461b) : *congruentius*. Cette dernière leçon est plus claire, et grammaticalement attendue. Le manuscrit de Hanovre (L Br 95, f. 84) permet de lire aussi bien l'une que l'autre, car une petite rature empêche de bien voir, comme si Leibniz avait voulu rajouter *u*, ou au contraire l'ôter. Je choisis évidemment *congruentius*. Le terme est de mathématique, et désigne la congruence dans l'*Analysis Situs* ; mais il se prend aussi au sens courant de convenable. Sur l'usage mathématique du mot, voyez *infra* la note 7 de la lettre XXV.

5. Les localisations (*loca*) ne sont pas données sans la masse et les phénomènes résultant de la pluralité des monades. On engendre le labyrinthe de la composition du continu en confondant divisibilité idéale et divisibilité actuelle. La notion mathématique de divisibilité s'applique aux choses idéales : on peut toujours diviser une portion d'espace en portions plus petites, ou une ligne en parties, et ceci à l'infini ; comme on fait d'un nombre en fractions. Leibniz convient avec Foucher, en juin 1692, que : « toutes les grandeurs peuvent être divisées à l'infini. Il n'y en a point de si petite dans laquelle on ne puisse concevoir une infinité de divisions qu'on n'épuisera jamais ». (*Phil.*, I, p. 403) Les unités auxquelles on parvient ne sont jamais que des termes momentanés, des modalités, non des êtres. L'étendue géométrique participe de cette idéalité ; or la matière exige l'étendue ; donc si l'on pense la divisibilité à l'infini de la matière sur ce modèle géométrique, on ne comprend pas ce qu'est le véritable continu. Il faut renverser l'opération, et montrer que la matière est infiniment divisible et divisée parce qu'elle est réellement composée d'unités en nombre infini, lesquelles forment un continu grâce au lien réel qui les unit. Les simples sont, dans les choses actuelles et non plus idéales, antérieurs aux composés, la partie est ici antérieure au tout. Leibniz cite (*Théodicée*, Discours, § 24) le *Labyrinthus de compositione continui* de Froidmont, paru en 1632.

6. Leibniz a publié les *Novissima Sinica* en 1697, chez Förster à Hanovre. Cf. traduction française de la *Préface* in LEIBNIZ, *Discours sur la théologie naturelle des Chinois* (L'Herne, 1987).

## XVIII

*Billet du 12 août 1709*

J'ai retrouvé dans mes papiers les remarques que j'avais eu l'occasion de faire l'année dernière (si je me souviens bien) sur le culte et la religion des Chinois. J'ai voulu vous les donner à lire (car pour l'heure je n'ai pas le temps de les recopier), en vous priant de me les renvoyer quand vous le pourrez.

J'ai convaincu autrefois le P. Bouvet – si l'on reconnaît que l'invention de l'Arithmétique binaire se cache sous les figures de Fo-hi – de pousser les missionnaires à user d'un argument si plausible pour montrer à l'empereur que les plus anciens sages de la Chine aussi ont représenté la création, c'est-à-dire l'origine des choses à partir de l'unité et du néant. Pour le reste, je renvoie à ce que j'ai déjà écrit. Je vous salue.

Hanovre, le 12 août 1709.

*Appendice*

Je cherchais dernièrement quelque chose dans le Journal des Savants paru à Paris il y a bien des années, et le hasard me fit retrouver les comptes rendus, que j'avais déjà lus auparavant, des livres sur le culte des Chinois publiés il y a longtemps, que les Directeurs du Séminaire des Missions Etrangères avaient pris soin de faire récrire à Paris. Dans le Journal du 11 avril 1701, on trouve un compte rendu du Traité du P. Longobardi, S.J. [1], qui, en accord avec Pasio, Ruiz et Sabbatini, Missionnaires de la même Société, et contre l'avis de Pantoja et de Banoni, déclara que les Chinois n'avaient aucune notion des choses incorporelles, et qu'ils ignoraient de ce fait Dieu, les anges et l'âme ; et qu'il ne faut pas tenir la substance qu'ils nomment Xangti pour notre Dieu. Que pour eux toutes choses viennent d'un principe dit Taikie, qui en lui contient le Li, matière première et comme substance des choses, et l'Air primitif, ou en quelque sorte matière immédiate. Du Li pris en lui-même émanent pour ainsi dire la justice, la prudence et les autres vertus ; mais du Li pris plutôt comme modifié et uni à l'air primitif, proviennent les cinq éléments et les figures corporelles. Depuis le début de l'Empire, les Chinois adoraient les Esprits et leur sacrifiaient : en premier le Ciel, puis l'esprit des six causes, c'est-à-dire du chaud, du froid, du sec, de l'humide, du soleil et des étoiles ; troisièmement, les esprits des montagnes et des fleuves ; et quatrièmement, les esprits des hommes illustres. Que ces esprits constituent une même substance avec les choses auxquelles ils sont unis, qu'ils ont un commencement et auront aussi une fin avec le monde, qu'ils sont enfin d'une égale perfection, faible il est vrai, puisqu'ils sont dépourvus de vie, de science et de liberté. Que les lettrés chinois sont Athées ; ils croient que le monde a été fait par hasard ; qu'un concours fortuit (selon eux) régit toutes choses ; et que les âmes des morts retournent au vide du premier principe.

Suit le 18 avril un Appendice, qui contient le Traité du P. Domenico Sarpetri, de l'Ordre de la Prédication, sur le Dieu un, vivant et vrai connu des Chinois, depuis l'antiquité, contrairement aux écrits du P. Longobardi. Pour Sarpetri il est vraisemblable que Xamgti ait été pour les anciens Chinois le nom du seul vrai Dieu, d'abord attribué 500 ans auparavant à l'idole Chum-ti, et que certains savants Chinois en ont jugé ainsi, après avoir lu le livre de Matteo Ricci. Que Ricci, homme d'excellent jugement, n'avait rien ignoré de ce que Longobardi, son successeur, a rapporté. Comme on ne peut inventer de nouveaux noms, il faut se servir des mots reçus des Chinois, après en avoir épuré le sens. Longobardi a, dit-il, confondu à tort Zoroastre et le très-ancien Empereur Fo-hi. Voilà ce que dit Sarpetri, que les autres Dominicains rejettent comme étant trop favorable aux Jésuites.

Le 25 avril donne un compte rendu du Traité d'Antoine de Sainte Marie, Franciscain, reproduit au même endroit. On y lit que les Chinois honorent trois législateurs, Confucius, Foë, et le vieillard qui naquit avec des cheveux blancs (ou blanc comme neige)[2]. Qu'on offre, aux sacrifices, de la musique, des parfums, des libations de vin, des victimes, et enfin des actions de grâces ; que les Maîtres d'aujourd'hui aussi honorent Confucius, prosternés à terre. Que Martini, à Rome, en 1656, a dissimulé la vérité. Les temples et les sacrifices ont été instaurés deux mille ans avant Confucius, sous l'Empereur Kun, qui fut le cinquième de la fondation de l'empire ; et c'est alors qu'on décida des honneurs à rendre aux ancêtres défunts, ce que Confucius approuva entièrement par la suite. On offre là des flambeaux, des fleurs, des libations de vin, des génuflexions répétées et des prières, qui tendent à obtenir la félicité temporelle. Le sacrifice achevé, le ministre de la cérémonie remercie l'auditoire au nom des ancêtres, et promet solennellement tous les bienfaits. Le P. Antoine de Govea estime qu'il ne faut sans doute pas rejeter l'opinion que Xamgti désigne le vrai Dieu, mais qu'il est plus vraisemblable de soutenir l'inverse. Que Xamgti semble être la force dominante dans le ciel corporel, se dégageant par ses vertus de la génération et de la corruption de l'air. Dans la génération les esprits sont dits en expansion, mais ils se réduisent dans la corruption. Et ces esprits ne sont rien d'autre que les qualités du mouvement et du repos qui appartiennent au Li. Que les Chinois adoptent pour protecteur un certain esprit, mais c'est les assimiler aux Stoïciens, pour lesquels il y a un dieu corporel qui se répand par toutes choses. Le P. Emmanuel Diaz aussi se prononça contre le culte des Chinois, et réprouva en premier lieu les sacrifices qui ne sont dus qu'à Dieu seul. Voilà donc ce que contiennent les comptes rendus des Auteurs ; voici maintenant ce qu'il me semble vraisemblable d'en penser.

Je laisse aux théologiens le soin de discuter jusqu'où l'on peut étendre les cérémonies civiles, et par quelle religion de gratitude (pour ainsi dire) on peut honorer les héros ou les hommes de grand mérite. Il est certain qu'autrefois chez les Chrétiens, à la fête de Ste Catherine célébrée par les philosophes, on disait habituellement beaucoup de choses en l'honneur d'Aristote, sans actes religieux il est vrai, mais nous savons que nul peuple n'est plus attaché aux cérémonies que les Chinois, et l'on ne doit point régler leurs mœurs sur les nôtres. Le culte n'est pas tant dans les rites que dans l'esprit. C'est pourquoi il eût fallu examiner dans quel esprit les Chinois honorent les ancêtres ou les hommes de grand mérite, et en premier lieu s'ils pensent être entendus de ceux qu'ils honorent, et s'ils attendent ou demandent quelque chose. Car ce qu'ils escomptent de bienfaits en rendant un culte aux ancêtres, ce que promettent les prêtres, il n'est pas nécessaire qu'ils l'attendent des défunts, puisque ces biens peuvent venir d'une cause plus élevée, à qui plaît la gratitude : ainsi chez Moïse Dieu accorde longue vie à ceux qui honorent le père et la mère.

J'aimerais mieux me pencher sur une chose qui importe fort au philosophe (c'est-à-dire à la théologie naturelle) : ce qu'il semble bon de décider sur Xamgti et les Esprits des Chinois. Ce qu'en disent les anciens prêtres et philosophes chinois n'est pas facile à déterminer. Nous savons combien chez nous, malgré les lumières si vives de l'histoire, de la critique et de la philosophie, l'on dispute souvent de la pensée de Platon, d'Aristote et même d'Augustin. Il me semble que, chez les Chinois, ni l'histoire, ni la critique, ni la philosophie ne sont suffisamment élaborées. Il ne s'est encore trouvé personne pour donner une Histoire de la littérature chinoise, ni déterminer les véritables œuvres, les opinions et la pensée d'aucun auteur. Et je crains qu'on n'ait totalement falsifié les ouvrages anciens. C'est pourquoi rien n'empêche, en règle générale, que nous ne saisissions bien la doctrine des anciens, jusqu'à ce que nous soyons amenés à aborder tous les autres aspects. Il est certain que leurs très saints préceptes de vie donnent bon espoir d'une doctrine de la religion du salut. Et le fait que Longobardi nie qu'on puisse enseigner, à partir des écrits de Confucius, la doctrine des substances incorporelles ou des récompenses et châtiments après cette vie, ne doit absolument pas influencer celui qui considérera qu'on ne possède pas en entier son œuvre dogmatique, mais des morceaux rassemblés par les disciples, que l'on peut dire confucéens, du moins en ce qui concerne les règles de vie. Et il est avéré que ni les écrits de Moïse ni les autres textes de l'Ancien Testament ne font clairement état des substances incorporelles ou des récompenses de l'autre vie.

Je ne doute pas que les lettrés chinois qui sont athées et posent que le hasard a produit toutes choses ne soient en désaccord avec la doctrine publiquement reçue et la pensée de ceux qui l'ont instituée ; et j'irais même jusqu'à douter s'ils oseraient exprimer suffisamment les leurs, surtout sous l'Empereur K'ang-hi. Qu'avaient-ils besoin en effet des esprits et du culte des esprits, si toutes choses procèdent d'un pur élan de la matière, et si les esprits n'ont aucune connaissance ? Sans doute Epicure a-t-il laissé les dieux dans l'oisiveté, mais il y a lieu de penser que ce fut plus en paroles qu'en esprit. Jamais les Epicuriens n'instituèrent un culte public. Les Chinois n'auraient pas honoré les ancêtres ou les hommes de grand mérite, s'ils n'avaient pensé que cela fût agréable à une puissance supérieure.

Je croirais volontiers que beaucoup de philosophes chez les Orientaux, non moins que les Platoniciens et les Stoïciens, ont tenu Dieu pour l'Âme du Monde ou la nature universelle immanente aux choses ; que d'autres aussi ont pensé que les esprits ont été mis dans les corps ; et que quelques-uns ont encore considéré l'âme comme une particule de l'air divin, qui une fois le corps éteint revient à l'océan des âmes : et je ne nierais pas que ce fut la pensée de nombreux philosophes chinois, mais comme la philosophie des Chinois n'a jamais été rédigée sous forme de science et que, je le soupçonne, les termes philosophiques eux-mêmes font défaut, rien n'interdit de recevoir en meilleure part ce que les anciens chez eux ont enseigné sur les choses divines et spirituelles.

Cela est confirmé par ce que dit Longobardi lui-même du Taikie et du Li, et de l'Air primitif ou esprit, qui n'est pas sans répondre en quelque chose à la Trinité chez les Chrétiens ou du moins chez les Platoniciens. Le Taikie serait la puissance ou le premier principe, le Li serait la sagesse qui contient les idées ou les essences des choses, et l'Air primitif la volonté ou l'amour, que nous appelons l'esprit, d'où procède ce qui agit et produit. Et ce n'est pas sans motif que l'on dit, que les vertus émanent du Li, d'où l'on conçoit qu'il a en lui la source du vrai et du bien. Mais qu'ils prennent le Li ou l'esprit pour la matière des choses, cela peut venir d'une façon de parler impropre chez une nation privée de termes métaphysiques, et peut-être les auteurs anciens reconnaissaient-ils que les choses tiennent toute leur réalité et toute leur perfection d'un dieu, bien qu'ils n'aient pu en exposer distinctement le mode de production.

C'est pourquoi, pour autant que je comprenne, je penserais qu'on peut, tout en gardant la substance de l'ancienne théologie des Chinois, en soustraire les erreurs qui s'y sont ajoutées, et lui joindre les grandes vérités de la religion chrétienne. Fo-hi, le plus ancien prince et philosophe des Chinois, a reconnu l'origine des choses dans l'Unité et le Néant, c'est-à-dire que ses Figures mystérieuses montrent quelque chose d'analogue à la création ; elles contiennent, bien qu'elles indiquent aussi des choses plus élevées, l'Arithmétique Binaire que j'ai retrouvée après tant de milliers d'années, où tous les nombres s'écrivent au moyen de deux caractères seulement, 0 et 1. Et 0, 10, 100, 1000, 10000, etc. désignent 1, 2, 4, 8, 16, etc. Et les nombres sont exprimés comme suit :

| | |
|---|---|
| 0 | 0 |
| 1 | 1 |
| 10 | 2 |
| 11 | 3 |
| 100 | 4 |
| 101 | 5 |
| 110 | 6 |
| 111 | 7 |
| 1000 | 8 |
| 1001 | 9 |
| 1010 | 10 |
| 1011 | 11 |
| 1100 | 12 |
| 1101 | 13 |
| 1110 | 14 |
| 1111 | 15 |
| 10000 | 16 |
| etc. | etc. |

| | Figures de Fo-hi | | |
|---|---|---|---|
| 0 | 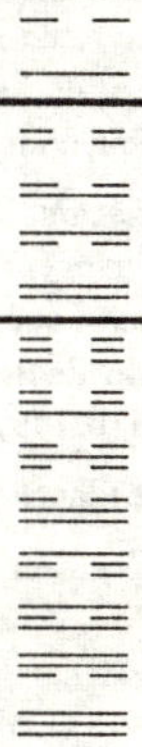 | 0 | 0 |
| 1 | | 1 | 1 |
| 00 | | 0 | 0 |
| 01 | | 1 | 1 |
| 10 | | 11 | 2 |
| 11 | | 11 | 3 |
| 000 | | 0 | 0 |
| 001 | | 1 | 1 |
| 010 | | 10 | 2 |
| 011 | | 11 | 3 |
| 100 | | 100 | 4 |
| 101 | | 101 | 5 |
| 110 | | 110 | 6 |
| 111 | | 111 | 7 |

Les figures de Fo-hi elles aussi s'écrivent par groupes de deux, quatre, huit, seize, trente-deux et soixante-quatre ; Kircher et d'autres les ont reproduites, et je n'ai inscrit là que celles qui sont par deux, quatre et huit, que les Chinois eux-mêmes n'ont pas comprises jusque-là ; mais le R.P. Bouvet m'a fait remarquer qu'elles correspondent exactement à mon Arithmétique Binaire[3].

Que si, donc, on pouvait obtenir de l'Empereur, sur l'avis des sages, qu'il déclare que Xamgti est l'Être suprême, source de la sagesse, de la bonté et de toutes les autres perfections ; que l'on adresse avant tout les sacrifices à l'auteur de tout bien ; que l'on attend les bienfaits non point des défunts mais bien de cet Être ; que tous les autres esprits procèdent de lui ; que les âmes sont immortelles ; ou, du moins, que ceux qui enseignent ces choses ne sont pas en contradiction avec la doctrine publiquement approuvée des Chinois, nous aurions gagné, je pense, et il serait vain, à mon avis, de chercher un nœud sur un jonc[4], ou de s'opposer aux opinions privées des gens. Supposons que les philosophes chinois aient eu ou ont autre chose dans l'esprit : du moins sera-t-il précieux que l'autorité publique établisse un dogme sain. Voilà ce que je pense, et Ricci, le principal auteur de la mission chinoise, homme de grande sagesse, a retenu en tout le meilleur, suivant l'exemple de l'Apôtre Paul parmi les Athéniens.

### Notes de la lettre XVIII

1. Les écrits des missionnaires de Chine ont été recensés au *Journal des Savants* de l'année 1701 ; Leibniz a lu et commenté le *Traité sur quelques points de la religion des Chinois* de Longobardi, S.J., qui sera l'occasion de la grande *Lettre à M.de Rémond sur la philosophie chinoise :* voyez Leibniz, *Discours sur la théologie naturelle des Chinois,* par Ch. Frémont, L'Herne, 1987.

2. *Canus (an candidus) :* on ignore si ce vieillard est né blanc quant aux cheveux, ou quant à sa personne. Il s'agit de Lao-tseu : une légende probable raconte qu'il est né avec des cheveux blancs, d'où son nom, *Lao* signifiant vieux.

3. Voyez l'*Explication de l'Arithmétique Binaire* de 1703 (*Math. Schriften,* VII, 223-227, cf. Leibniz, *Principes de la Nature*..., GF., 1996, p. 65) ; et Couturat, *La Logique de Leibniz* (p. 473-474), ainsi que Rita Widmaier, *Leibniz korrespondiert mit China,* Klostermann, 1990 : la lettre de Bouvet à Leibniz du 4 novembre 1701 (p. 148) et la réponse de Leibniz du 18 mai 1703 (p. 179). Cf. Etiemble, *L'Europe Chinoise,* t. I, II, chap. XXVIII.

4. L'expression est de Plaute ; nous dirions *chercher midi à quatorze heures.*

## XIX

*Lettre du 8 septembre 1709*

Bien que je ne me permette pas de penser que mon avis sur les affaires chinoises puisse avoir quelque poids, je souhaiterais cependant que l'on ne tienne pas mes raisons pour négligeables, et du moins que l'on ne juge point qu'il y ait urgence en une chose insuffisamment débattue. Je vous remercie de m'avoir communiqué le Décret chinois. Je regrette de voir que les Chinois sont au courant de la révolution qui a eu lieu au Japon [1].

Je recevrai volontiers un exemplaire de l'*Esprit des nouveaux disciples de Saint Augustin,* même si l'on y montre parfois plus de violence que de modération. Certes, « *Iliacos intra muros* » [2].

Je me demande si nous avons le droit de mettre en nous autant d'âmes qu'il y a de degrés essentiels : par exemple, aurons-nous trois âmes parce que (du moins selon l'opinion commune) nous avons les perfections des âmes végétative, sensitive et raisonnable dans le même sujet. Vous le nierez, je pense. Nous ne dirons donc pas qu'il y a une nouvelle âme lorsqu'il y a un nouveau degré essentiel. On pourra nommer ces degrés des Facultés. Mais j'entends des facultés primitives, qui ne dépendent en aucune façon les unes des autres ; ainsi la faculté sensitive est indépendante de la raisonnable, bien que peut-être elles ne soient pas contraires dans les créatures. Et j'ai tendance à penser que les degrés essentiels ne peuvent être donnés ou ôtés, sinon par Dieu, ce qui n'est pas le cas pour les qualités, ou choses dérivatives [3]. Au reste, je n'ai pas coutume de m'occuper de ces questions d'Entités ou abstractions, et je dirais, en l'occurrence, que la substance qui auparavant ne pouvait raisonner le peut désormais, et cela non par la puissance de la nature, mais de Dieu. Vous dites : « *si je saisis bien votre pensée, la transcréation de l'âme privée de raison en âme douée de raison consisterait à substituer une âme douée de raison à celle qui en est privée, et qui a cessé d'être* ». Mais vous voyez, d'après ce que j'ai dit, que ce n'est pas là ma pensée. Ceux qui posent en nous une âme double, comme font les Gassendistes, n'accordent pas l'âme immatérielle aux bêtes. C'est-à-dire qu'ils n'accordent rien du tout, eu égard à ce que je tiens. Si vous trouvez paradoxal que l'homme ne puisse être engendré sans miracle, la doctrine de toutes vos écoles sur la création de l'âme raisonnable le sera aussi, et il faudra recourir à sa préexistence. Car si les âmes raisonnables sont cachées dans les semences, une telle traduction est en vérité une préexistence. Que si vous choisissez cela, plutôt que de penser que Dieu rend raisonnables les âmes non raisonnables, loin d'y répugner, j'y prêterais plutôt les mains. Et il est vrai que j'ai pensé autrefois que d'innombrables âmes sensitives se trouvent dans les semences humaines, comme dans celles de tous les animaux ; mais que seules sont douées de raison, bien qu'elle ne se dégage pas encore, celles dont le corps organique a été destiné à être un jour un corps humain ; et cela serait déjà visible à un œil assez perspicace. Ainsi point ne sera besoin de la transcréation. J'ajouterai ce que j'ai écrit dans mon opuscule en latin[4] : « La meilleure explication de la propagation de la tache, à partir de la chute des premiers parents, dans les âmes des descendants, est de poser que les âmes des descendants étaient déjà infectées en Adam, mais que celles qui existaient alors dans les semences (d'une certaine façon vivantes et organisées) étaient seulement sensitives, jusqu'à ce que dans la dernière conception un corps séminal fût déterminé à la forme humaine, en même temps qu'une âme sensitive élevée au degré de rationalité ; soit que Dieu décide de l'ajouter miraculeusement, soit qu'il fût déjà caché dans les âmes séminales destinées à l'humanité, en un acte désigné[5] ; mais il se développe enfin et se dégage lorsque le corps organique propre à une telle âme se développe et se transforme pour devenir corps humain dans la dernière conception ; car l'organisme humain lui aussi n'est préétabli que dans les corps de telles âmes, tandis que d'autres âmes en nombre infini et d'autres animalcules séminaux (si nous en accordons de tels), ou du moins des corps organiques vivants préformés, demeurent au degré sensitif de la nature, aussi bien en un acte désigné qu'effectué, comme disent les Écoles. Il y aura donc une sorte de Traduction, mais un peu plus acceptable que celle d'Augustin[6] et d'autres hommes illustres, non pas de l'âme à partir de l'âme (traduction rejetée par les Anciens, comme il appert chez Prudence, et en désaccord avec la nature des choses), mais de l'animé à partir de l'animé »[7].

La Masse n'est rien d'autre qu'un phénomène, comme l'arc-en-ciel. Si Dieu créait une nouvelle âme ou plutôt une Monade, et joignait les corps organiques antérieurs au nouveau, il n'augmenterait pas pour autant la masse ou quantité du phénomène, comme il est évident. Mais j'ai peine à imaginer que Dieu fasse jamais cela, car je n'en vois aucunement la nécessité. Les discussions sur ce qui est possible pour Dieu s'exposent à maints embarras.

Quant à ce que vous me demandez sur ma façon d'expliquer l'Eucharistie, je réponds que pour nous[8] il n'y a pas place pour la transsubstantiation ni pour la consubstantiation du pain ; simplement, lorsqu'on reçoit le pain, on perçoit en même temps le corps du Christ, en sorte qu'il ne reste à expliquer que la présence du corps du Christ. Et j'ai déjà répondu à Tournemine[9] que la présence est quelque chose de métaphysique, comme l'union : chose qu'on n'explique pas par les phénomènes. Quant à savoir s'il est possible d'expliquer votre transsubstantiation, et de quelle façon, cela demanderait dans ma philosophie une recherche plus élevée. Si vous voulez que les accidents réels demeurent sans sujet, il faut dire qu'après la suppression des monades constituant le pain, et ce jusqu'aux forces primitives actives et passives, pour leur substituer la présence des monades constituant le corps du Christ, il reste seulement les forces dérivatives qui étaient dans le pain et qui produisent les mêmes phénomènes que ceux qu'avaient produits les monades du pain[10]. Pour le reste, etc.

Hanovre, le 8 septembre 1709.

## NOTES DE LA LETTRE XIX

1. Le décret en question est probablement le décret de 1645 d'Innocent X par lequel il condamne les rites chinois. Sur cette querelle, voyez Etiemble, *Les Jésuites en Chine*. La *revolutio* survenue au Japon désigne sans doute la fermeture du pays et les récentes persécutions contre les Chrétiens, autrefois bien traités dans ce pays. Dès 1549, saint François-Xavier a tenté d'évangéliser le Japon, mais au XVIIe siècle, le pays s'est soustrait à la pénétration étrangère et au christianisme en particulier ; cf. Etiemble (p. 74-76).

2. Des Bosses cite ce vers de Virgile dans sa lettre du 25 juin 1707 (*Phil.*, II, p. 332) à propos du Jansénisme : « Iliacos intra muros peccatur et extra » : Virgile, *Enéide*, I, v. 483-484 ; la citation est incomplète.

3. Les qualités des corps, les actions et passions, relèvent des forces dérivatives, et concernent les phénomènes ; cf. lettre à De Volder, 20 juin 1703 (*Phil*, II, p. 251, trad.) : « Les forces qui naissent de la masse et de la vitesse sont dérivatives et concernent les agrégats ou phénomènes... Et il est certain que les forces dérivatives ne sont rien que les modifications et résultantes des primitives ». Sur cette question, voyez Gueroult, *Dynamique et Métaphysique*, chap. VII. Dieu agit sur la substance simple (il lui ajoute un degré) mais non pas sur les composés ni sur les effets de la substance. Leibniz répond ici à une inquiétude du Père des Bosses (*Phil*, II, p. 387) : l'homme ne peut être engendré sans miracle.

4. L'opuscule est la *Causa Dei* (parue en 1710 chez Isaac Troyel, en même temps que la *Théodicée)*, dont Leibniz semble citer de mémoire l'article 81. Une différence, cependant, notable, peut surprendre. La Lettre chez Gerhardt porte : « Propagatio contagii... non melius videtur explicari posse, quam statuendo, animas posterorum in Adamo non fuisse

infectas ». (II, p. 390) ; et la *Causa Dei :* « Ea non videbitur commodius explicari posse quam statuendo, animas posterorum in Adamo jam fuisse infectas ». (*Phil.*, VI, p. 451). Dutens, Erdmann et Gerhardt s'accordent sur *non fuisse infectas*. L'explication qui suit est bien la même, et conforme à celle de la *Théodicée :* la corruption qui était déjà répandue dans les âmes non encore raisonnables a pris la force de l'inclination au péché lorsque ces âmes sont devenues âmes humaines par l'adjonction du degré supérieur qui les rend douées de raison. Le manuscrit (L Br 95, f. 103) porte très lisiblement : *jam fuisse infectas*, je corrige donc Gerhardt. La lettre manuscrite semble être de la main du copiste.

5. *In actu signato :* en un acte désigné (trad. Brunschwig de la *Causa Dei* dans l'édition de la *Théodicée*, Garnier-Flammarion, 1969, p. 441) ou acte scellé (trad. P. Schrecker, *Opuscules*, p. 132). Voyez la note de Jacques Brunschwig dans l'édition citée (note 581) : on trouve cette distinction chez Duns Scot et Guillaume d'Occam ; certains mots servent à désigner une opération quelconque (par ex. le verbe *nego* désigne l'acte de nier), tandis que d'autres effectuent l'opération (par ex. *non* effectue l'acte de nier).

6. Sur la notion de traduction, voyez *supra* la note 6 de la lettre XVI. Saint Augustin semble être resté indécis sur la doctrine de l'origine de l'âme. Les hypothèses principales sont les suivantes : l'émanatisme fait dériver l'âme de Dieu par une division ou une sorte de diffusion de la substance divine. Cette thèse est d'origine platonicienne et manichéenne. Le préexistantianisme pose que l'âme a été créée antérieurement à la formation du corps (Origène). Le créatianisme fut retenu par la doctrine catholique : les âmes sont créées par Dieu au moment même de leur infusion dans le corps(Ve Concile du Latran). Le traducianisme affirme que l'âme est transmise par les parents en même temps que le corps. Saint Augustin a d'abord réfuté le traducianisme, qui lui sembla par la suite une explication possible de la transmission du péché originel. Augustin rejette le matérialisme de Tertullien (l'âme corporelle est traduite ou transmise avec le corps), mais il admet que l'âme de l'enfant soit transmise de celle des parents. Il reste un problème non résolu, celui de la personnalité de chaque âme. Voyez d'Augustin le *De libero arbitrio* et le *De anima et ejus originatione.* Sur les quatre doctrines, cf. *DTC*, article « Traducianisme ».

7. Si l'on voit mal comment on tire l'âme de l'âme, il est plus aisé, en revanche, de tirer l'âme raisonnable de la sensitive, car le terme *a quo* est déjà animé : *animati ex animato.* C'est l'animé tout entier qui change, pour devenir un individu humain.

Dutens (II, 1, 289) et Erdmann donnent : *ex prudentia patet.* Gerhardt, conformément au manuscrit (L. Br 95, f. 103) : *ex Prudentio patet*, leçon évidemment juste puisqu'on trouve la même allusion à Prudence à l'article 85 de la *Causa Dei.* Leibniz cite, à la *Théodicée* (art. 151), l'*Hamartigenia* de Prudence, poème sur l'origine du mal inspiré de Tertullien.

8. La transsubstantiation implique la conversion complète d'une substance en l'autre ; seuls demeurent les accidents ou apparences du pain et du vin (cf. *supra*, 1re partie, p. 48) Le Concile de Trente (Session XIII, chap. 2) ajoute à sa définition : « Si quelqu'un dit que la substance du pain et du vin demeure dans le très-saint sacrement de l'eucharistie conjointement avec le corps et le sang de Notre Seigneur Jésus-Christ, et nie ce changement merveilleux et singulier de toute la substance du pain au corps, et de toute la substance du vin au sang, les espèces du pain et du vin demeurant seules, changement que l'Église catholique appelle très-convenablement la Transsubstantiation, qu'il soit anathème ». C'est condamner autant la thèse de la représentation calviniste que la consubstantiation, qui conjugue la substance du corps du Christ et la permanence substantielle du pain ; le corps du Christ est dit présent dans, sous, et avec le pain – thèse qu'on attribue, faussement selon Leibniz, aux luthériens (*Théodicée*, Discours, §18) qui admettent une comperception et « n'approuvent point non plus (le dogme) de la consubstantiation ou de l'impanation… mais demandent au

moins une concomitance». Mélanchton écrit, dans l'*Apologie de la Confession d'Augsbourg* : « nous croyons que dans la Cène du Seigneur, le corps et le sang du Christ sont véritablement et substantiellement présents, et qu'ils sont réellement présentés avec ces choses visibles que sont le pain et le vin à ceux qui reçoivent le sacrement» (I, art. X, trad. française Ed.du Cerf, 1989, p. 301 et 303). Variante de la consubsantiation, l'impanation : le Christ s'unit la substance du pain comme le Verbe s'est uni la Chair (Osiandre). Soulignons toutefois que Luther a parfois hésité sur la consubstantiation. Voir *DTC*, art. « Eucharistie ». Leibniz se montre clair sur ce point: « Quant à moi je me tiens à la Confession d'Augsbourg, qui met une présence réelle du corps de Jésus-Christ et reconnaît quelque chose de mystérieux dans ce sacrement» ; la présence réelle résulte de l'application de la force primitive au lieu (à Pellisson, 8/18 janvier 1692, A, I, VII, 249; cf. *Nouveaux Essais,* IV, XX, §10). Le Corps est perçu avec le pain (comperception), ce que Leibniz explique volontiers, suivant les données du Système, par la concomitance.

9. Cf. Lettre XVI, note 4.

10. Première tentative de l'explication de la transsubstantiation à partir des données du Système. Leibniz pose la substitution des monades qui font le Corps à celles qui font le pain. Cette explication sera aussitôt abandonnée (cf. XX, note 2) en raison du problème qu'elle pose : comment les forces dérivatives du pain peuvent-elles subsister sans les primitives ? Si les phénomènes du pain ne sont pas fondés dans les monades, ils sont comparables à des songes ou illusions.

## XX

*Lettre de janvier 1710*

Je m'inquiétais de votre santé, mais suis heureux d'apprendre que vous vous portez bien et vous souvenez de moi. Je comprends aisément qu'une charge nouvelle, en un lieu nouveau, exige la plus grande partie de votre temps. Merci de vos remarques : je dirais qu'on peut admettre *consécution* en français, faute d'un autre terme commode ; mais il est préférable de dire *distingué* pour *contradistingué*. J'irai consulter le texte de Gerson et Rusbrock.

Je ne voudrais pas entrer dans la controverse sur l'autorité de l'Église, de peur d'être obligé d'en venir à une discussion prolixe, et de susciter maintes difficultés. La nouvelle méthode de Véron, Niehusen et autres m'a jadis paru sans intérêt, et point n'était besoin de remettre tout cela sur le métier. Et c'est en vain que les Wallenbourg ont essayé de les défendre : j'ai lu autrefois leurs petits livres sur la question [1]. Je crois qu'ils auraient plu à Bayle, partisan du Scepticisme ; mais Bayle serait arrivé à la conclusion opposée.

Si la faculté de raisonner ne s'ajoute pas par miracle à l'âme sensitive préexistante, alors elle survient spontanément par une évolution naturelle, et c'est bien ce que j'ai voulu signifier en disant qu'elle est contenue en un acte désigné. Si vous jugez cette façon de parler peu commode, libre à vous d'en choisir une autre.

Je suis d'accord sur certains points du texte de Liceti, mais non sur d'autres, par exemple que l'âme du parent puisse être divisée en une partie végétale et une partie sensitive. Car toute âme est une et indivisible, et l'âme qui se trouve dans la semence n'est pas une portion de l'âme du père. Je ne sache pas que le livre de Liceti eût souffert d'aucune censure.

Comme le pain, à vrai dire, n'est pas une substance mais un être par agrégation, c'est-à-dire un substantié résultant d'innombrables monades par l'adjonction d'une sorte d'Union, c'est dans cette union que consiste sa substantialité. Aussi n'est-il pas nécessaire, pour vous suivre, que Dieu abolisse ou change ces monades, mais seulement qu'il retire ce par quoi elles forment un être nouveau[2], je veux dire l'union elle-même; ainsi la substantialité qui en résulte sera abolie, bien que le phénomène demeure, qui désormais ne provient pas de ces monades mais de quelque chose d'équivalent à leur union et substitué par action divine. De la sorte aucun sujet substantiel ne sera en vérité présent. Mais nous n'avons pas besoin de telles explications, nous qui rejetons la transsubstantiation.

La multiprésence[3] du même corps ne demande pas la réplication ni la pénétration des dimensions : il faut l'expliquer par un genre de présence qui n'a aucun rapport aux dimensions. Et à vrai dire si Dieu faisait que quelque chose agisse immédiatement à distance, il produirait par cela même sa mutiprésence, sans pénétration ni réplication aucune. Nous ne disons pas, quant à nous, que le corps du Christ est inclus dans le pain, mais reçu avec lui, ce qui n'implique aucune relation aux dimensions.

Je ne vois pas ce qui empêche que les génies soient des animaux (Ζῷα)[4], mais beaucoup plus nobles que ceux que nous connaissons. Quant à savoir s'ils constituent une personne ayant son propre corps, cela dépend de la nature de l'union, qui est quelque chose de métaphysique, et que nous ne pouvons pas toujours suffisamment expliquer.

On m'a écrit à propos de la Chine que le Pape, avec une singulière habileté, a rejeté l'appel à sa juridiction que faisait Tournon son Légat, tout en déclarant que l'avis de celui-ci ne s'opposerait en rien aux décrets d'Alexandre VII. Ce qui revient à se prononcer, en paroles ou dans la forme, contre les vôtres, mais pour eux en réalité et dans l'effet[5].

On m'a déjà envoyé de Hollande le livre sur *l'Esprit des nouveaux Disciples de Saint Augustin.* Mais j'obtiendrai très-volontiers de vous la *Causa Quesnelliana*, dont vous me direz le prix. J'ai l'*Augustinus* défendu par Serry, contre Launoy, mais on dit que Launoy n'était pas l'auteur de l'écrit.

Mon livre sur la Papesse n'est en rien contre Bayle. J'apprends avec plaisir que le Recueil de Martinus Polonus, dont mon livre s'éloigne, se trouve chez les vôtres. Les écrits de Pardiès traduits du français en latin sont arrivés jusqu'en Allemagne, et un libraire vous les fournira aisément. Il ne faut pas, chez les vôtres, mépriser de Chasles : mais il a péché en dédaignant une analyse assez profonde qu'il n'a pas comprise. L'Algèbre d'Ozanam n'est pas à négliger. Gottignies, qui est des vôtres, esprit subtil sans doute, me semble toutefois « chercher un nœud sur un jonc »[6]. Même si Grégoire de saint Vincent n'a pas résolu le problème de la quadrature du cercle et de l'hyperbole, il a enrichi la Géométrie de très-belles vérités; aussi lui devons-nous beaucoup.

Pour le reste, je prie Dieu, au commencement de cette année, de vous garder à nous longtemps en bonne santé.

Hanovre, janvier 1710.

## NOTES DE LA LETTRE XX

1. L'ouvrage de François Véron est la *Méthode de traiter des Controverses de la religion par la seule Écriture Sainte*, paru à Amiens en 1615. Niehusen est l'auteur d'un livre paru en 1633 à Hildesheim sous le titre : *Ars nova dicto Sacrae Scripturae unico lucrandi e pontificiis plurimos in partes lutheranorum, detecta nonnihil et suggesta theologis Helmstetensibus, Georgio Callixto et Conrado Horneio.* Il s'agit d'une nouvelle méthode pour confondre les hérétiques, que Niehusen prétend tirer de Calixte et Horneius ; lesquels ont d'ailleurs réfuté cette prétention. Leibniz (*Théodicée,* Discours, § 62) reproche à Véron et à d'autres de s'être jetés dans un scepticisme outré pour tenter de prouver, contre les protestants, la nécessité d'un jugement infaillible. Pierre de Wallenbourg et son frère, théologiens catholiques allemands, ont repris l'argument de Tertullien sur la prescription (droit réel fondé sur une possession prolongée ; cf. la *Lettre sur les différends de la religion*, 1690, *in* GF. LEIBNIZ, *Système nouveau...*, p. 25).

2. Un être nouveau par rapport aux monades constituantes, c'est-à-dire un individu original, le substantié lui-même. C'est la seconde tentative d'explication de la transsubstantiation, non plus par suppression des monades, mais seulement de leur union. Cette deuxième explication a pour origine une question du P. des Bosses sur la réalité des accidents eucharistiques. La doctrine catholique exige la conservation des accidents réels du pain et du vin, et non seulement des apparences, ou illusions. Des Bosses se montre satisfait de l'hypothèse de la suppression des forces primitives et de la conservation des dérivatives ; voyez sa lettre du 18 janvier 1710 (II, p. 396). Mais, ajoute-t-il, puisque les forces dérivatives sont les modifications des primitives, si les premières demeurent sans les secondes, il faut dire que les accidents réels ne sont que des modes : « nisi forte modos cum accidentibus quae vocamus absoluta confundis ». Cela témoigne d'une lecture fine de la physique leibnitienne et de son rapport à la métaphysique : en effet, à isoler les forces dérivatives, on en fait des êtres imaginaires (voyez Gueroult, *Dynamique*..., chap. VII), et les accidents du pain ne seront pas fondés. Pour qu'ils le soient, il faut que les forces dérivatives gardent un rapport aux primitives : il faut donc que les monades soient conservées. Comment, dans ce cas, dire que la substance du pain a disparu ? La notion de substance composée permet de résoudre ce problème : le pain n'est substance que par l'union de la multiplicité des substances simples qui le composent, il n'est que de supprimer cette union pour détruire du même coup la substance. La solution ici indiquée sera développée dans les lettres ultérieures.

3. Sur ce problème, voyez la *Théodicée* (Discours, §18-19). Des Bosses pose la question suivante (II, p. 396) : Qu'en est-il de l'étendue dans l'eucharistie ? La thèse de la présence réelle, aussi bien pour les catholiques que pour les luthériens, pose la question de sa modalité : comment le corps du Christ peut-il être présent aux dimensions du pain ? Car refuser ce type de présence, c'est suivre Calvin et Zwingle. Saint Thomas pose la question de la multiprésence du Corps (*Somme Théologique,* III, Qu. LXXVI, art. 1-5) et pense la résoudre ainsi : dans l'ordre naturel, un corps est présent en un lieu donné par l'intermédiaire de son étendue : les parties du corps correspondent à celles du lieu ; mais dans l'ordre surnaturel l'étendue du Corps n'est dans le lieu des espèces matérielles que par sa substance, et suivant le mode de la substance : tout entière dans le tout et dans chaque partie

du tout. Le Concile de Trente affirme la mutiprésence (Session XIII, *de Eucharistia*, chap. 1) : « Il ne répugne nullement que notre Sauveur soit toujours assis dans le Ciel à la droite de son Père, suivant son mode naturel d'existence, et que néanmoins il soit sacramentellement présent pour nous, par sa substance, en beaucoup d'autres lieux, suivant un mode d'existence que nous pouvons à peine exprimer par des paroles ». « Quelques Scolastiques », selon la *Théodicée*, ont proposé à titre d'explication une réplication multipliée, « comme si un même corps était en même temps assis ici et debout ailleurs ». Par exemple, Sylvestre Maurus parle de l'action réplicative qui amène le corps du Christ dans l'eucharistie. Les luthériens ont eu recours à la doctrine de l'ubiquité : puisque la nature divine, dans le Christ, est inséparable de la nature humaine, le Christ est partout comme la Divinité elle-même. Leibniz explique la chose par une analogie, indiquée seulement dans la Lettre, et développée à la *Théodicée* (Discours, §19) : « une analogie bien entendue entre l'opération immédiate et la présence ». Contre Newton, Leibniz nie l'action à distance, mais elle peut servir d'image pour les choses surnaturelles : si des corps éloignés agissaient à distance les uns sur les autres, sans la médiation de l'étendue (ce qui, en physique, est paradoxal), ils seraient multiprésents les uns aux autres ; il est possible de concevoir de la même façon une substance présente en des lieux éloignés, sans l'intermédiaire de l'étendue : une sorte de présence propre à la substance, comme par exemple l'âme est dans le corps sans être située en un point assignable. La solution est fort proche de celle de saint Thomas, et conforme aux données du système leibnitien : la substance du corps exige l'étendue, mais elle ne se confond pas avec elle, le corps du Christ ne prend pas la place du pain mais s'exprime dans le situs des espèces matérielles.

Voyez la lettre du 2 mai 1710 (trad., II, p. 403) :

« La multiprésence n'a pas besoin de déploiement ni d'une pénétration des dimensions ; il faut l'expliquer par un mode de présence qui n'a aucun rapport aux dimensions, tout comme si Dieu faisait que quelque chose agît immédiatement à distance » ; et *infra*, Lettre XXI, note 1.

4. Ζῷα : il faut distinguer *brutum*, la bête, et *animal*, l'animal au sens du XVII^e^ siècle, désignant aussi bien l'homme en tant qu'animal que toute autre « machine de la nature » ; *animatus :* ce qui est animé, doué d'une âme, donc tout animal vivant, en insistant sur ce caractère animé ; enfin Ζῷα, terme usité une seule fois dans les Lettres, peut-être pour désigner la créature, l'animal ou l'animé en tant qu'il fait partie de la création, ce qui implique qu'il soit dans une certaine mesure corporel.

5. Les décrets d'Alexandre VII en 1656, sur l'instigation des Jésuites, visaient à éluder celui d'Innocent X (1645) contre les rites chinois. Mais le décret de Clément XI en 1704 interdit les rites chinois et réprouve la conduite libérale des Jésuites. Voyez Etiemble, *Les Jésuites en Chine*, (92-127).

6. Cf. *supra*, Lettre XVIII, note 4.

## XXI

*Lettre du 4 août 1710*

Je trouve bon que vous expliquiez la réplication de la multiprésence non comme celle de la chose, mais de l'ubiété* ; mais ce faisant, vous ne rendez pas très-bien, si je ne me trompe, l'esprit des paroles. Et je ne vois pas non plus pourquoi il est nécessaire de dire qu'il y a interpénétration du corps du Christ et des dimensions du pain, puisque les dimensions n'entrent pas dans cette *ubicatio* [1]. Mais si l'on a bien expliqué la chose, on peut passer sur les mots.

Je n'avais pas pris garde, dans vos précédentes lettres [2] à l'objection que contiennent vos dernières contre l'harmonie préétablie ; car j'y aurais aussitôt répondu, attendu qu'elle est du nombre de celles qui me plaisent le plus, en ce qu'elles fournissent l'occasion d'éclairer la chose plus abondamment. Le fait même que le Monde, la matière et l'esprit ne doivent pas [a] être parfaitement compris par l'esprit fini, est l'un des arguments dont je me sers pour prouver que la matière n'est pas composée d'atomes ; mais qu'elle est actuellement subdivisée à l'infini, en sorte qu'il y a pour ainsi dire un monde de créatures infinies en nombre dans chaque petite partie de la matière. Si au contraire le monde était un agrégat d'atomes, un esprit fini assez élevé pourrait en avoir une connaissance exacte. Bien plus, de ce qu'aucune créature ne peut connaître parfaitement la matière, on voit qu'elle ne peut non plus connaître parfaitement l'âme, puisqu'en raison de l'harmonie préétablie l'âme représente exactement la matière. Donc ce que vous avez pris pour une objection peut être considéré comme un argument qui va dans mon sens.

Est-ce le texte où j'ai récemment exprimé mon avis sur la question chinoise que vous me demandez de nouveau ? Si c'est bien cela, je chercherai dans mes papiers et vous l'enverrai derechef, dès que je l'aurai trouvé. Mais je ne puis vous le promettre de sitôt, étant donné le désordre qui règne dans les documents avec lesquels je crois en avoir fini.

* *ubietas*

J'apprendrai avec grand plaisir ce que vous saurez de plus sur les Chinois par le R.P. Noël et d'autres. Le R.P. Bouvet m'a envoyé seize volumes en caractères chinois imprimés il y a quelques années, mais sa lettre s'est perdue, si bien que j'en ignore le contenu[3]. Ainsi donc c'est un trésor caché. J'ai écrit plusieurs fois, j'ai envoyé une lettre en France pour qu'on s'en occupe, mais n'ai reçu aucune réponse, et du fait de la mort du R.P. Verjus les Français de votre Société me négligent quelque peu. Si la bienveillance d'autres amis pouvait m'obtenir la lettre du R.P. Bouvet, je vous en serais encore très-obligé. Mes lettres à Bouvet contenaient beaucoup d'autres choses, mes propres questions ainsi que celles de mes amis. Mais nous n'avons reçu aucune réponse. Pour le reste, adieu.

Hanovre, le 4 août 1710.

P.-S. Bien qu'il ne soit peut-être pas possible à l'Empereur de Chine de faire publier un édit sur la signification du mot *Tien*, il pourra peut-être, par une voie indirecte mais sûre, dire ce qu'il en pense[4].

a. *Note de Gerhardt* (II, p. 409) : le brouillon porte *nequeant* (ne puissent) pour *non debent*.

## NOTES DE LA LETTRE XXI

1. Leibniz explique dans sa lettre du 2 juillet 1710 : « le corps qui agirait immédiatement à distance serait présent à l'autre non selon les dimensions (*dimensionaliter*) ou circonscriptivement (*circumscriptive)* mais ubicativement (*ubicative*) et substantiellement (*substantialiter*) ; il me semble plus commode de poser l'immédiateté de la substance, mais non celle des dimensions dont la distance serait conservée, plutôt qu'une multiprésenece réplicative, dont je ne voudrais pas discuter la possibilité; cependant je ne vois pas la nécessité d'en venir là. Je désapprouve entièrement l'opération naturelle d'un corps à distance, mais non pas tant surnaturelle ». (*Phil.*, II, p. 407) ; cf. *supra*, Lettre XX, note 3.

2. Les lettres en question sont celles du 25 mars 1710 (*Phil.*, II, p. 402), du 14 juin 1710 (p. 406) et du 18 juillet 1710 (p. 408). Des Bosses écrit dans la première :

« De l'harmonie préétablie entre l'âme et le corps suit ceci : si une créature avait dû être créée si parfaite qu'elle eût en elle l'entière perception du mécanisme de tout l'Univers, elle connaîtrait et saurait à l'avance, certainement et infailliblement, les choses cachées présentes dans les cœurs et aussi toutes les choses futures libres (du moins celles qui passent le moins l'ordre de la nature) ».

Dans la seconde, il ne fait que rappeler la présence de cette objection dans sa précédente lettre. La troisième poursuit :

« La conséquence qu'il semble qu'on puisse tirer de l'harmonie préétablie était la suivante : si aux actions libres de notre esprit correspondent dans le corps, par la seule nécessité mécanique et sans aucune influence de l'esprit, des mouvements qui les suivent au cordeau, alors la science des choses cachées dans le cœur humain, ainsi que celle des futurs librement contingents, ne sera pas propre à Dieu seul, puisqu'un esprit créé peut aller jusqu'à être si vaste et si noble qu'il contienne complètement et adéquatement la perception du mécanisme de tout l'Univers. Par cette connaissance, il verra complètement et à l'avance tous les mouvements corporels présents et à venir, tout comme les Astronomes qui ont bien vu comment procède le mécanisme du ciel prévoient avec exactitude les mouvements à venir des autres planètes. Que si vous accordez cela, alors il pourra prévoir avec certitude toutes les actions libres des esprits humains, même futures, pour autant qu'elles correspondent à ces mouvements corporels. Comme si l'on avait établi que deux Horloges, l'une en Europe, l'autre en Amérique, s'accordent toujours ensemble exactement : dès que je saurai l'état de celle qui est en Europe, j'aurai la perception complète de l'état de celle qui est en Amérique ».

Sur l'image des deux horloges, voyez les deux derniers *Eclaircissements* du *Système Nouveau...* et la lettre de Foucher à Leibniz (1695, *Phil.* I, p. 425). L'harmonie préétablie n'implique pas que les esprits finis soient égaux à Dieu dans la connaissance des contingents : mais ils l'imitent, au degré près, la perfection étant fonction de la perception plus ou moins claire.

3. Il s'agit du *Confucius Sinarum Philosophus*, traductions latines des livres confucéens, par le P.Couplet, sj. (1687).

4. L'Empereur de Chine est le maître du langage : c'est à lui de fixer par décret l'usage des mots. Pour désigner Dieu aux Chinois, les jésuites se servaient du mot *Tien* qui signifie le ciel. Mais en 1693 le Pape interdit de désigner Dieu par ce mot. Voyez la Lettre à Rémond ou *Discours sur la théologie naturelle des Chinois*, section II (L'Herne, p. 103 *sqq.*) ; cf. Etiemble, *Les Jésuites en Chine* (p. 24-34).

## XXII

*Lettre du 7 novembre 1710*

J'ai reçu il y a peu la *Causa Quesnelliana :* vous me faites là un cadeau précieux, dont je pensais vous avoir remercié. Sinon, je m'en acquitte, comme il se doit. Je me souviens d'avoir vu votre ami à Wolfenbutel. Je souhaite que se multiplient les occasions où je puisse vous prouver mon amitié.

Je suis heureux que vous soyez satisfait de ma réponse à votre objection, surtout si elle ne vous a pas entièrement surpris. Qui admettra l'Harmonie préétablie ne pourra pas ne pas admettre aussi la division actuelle de la matière en parties infinies. Mais la même chose peut se conclure d'autres endroits, ainsi, de la nature du mouvement des fluides, et du fait que les corps ont tous un degré de fluidité.

Si l'incompréhensibilité était un attribut propre à Dieu seul, notre espoir de connaître la nature serait plus grand ; mais il est trop vrai qu'il n'y a aucune partie de la nature que nous puissions connaître parfaitement, et cela, la « περιχώρησις » même des choses le prouve. Aucune créature, si élevée soit-elle, ne peut percevoir ensemble distinctement, c'est-à-dire comprendre, des choses infinies [1] ; bien plus, qui comprendrait ne serait-ce qu'une seule partie de la matière comprendrait l'Univers tout entier, en raison de la « περιχώρησιν » dont j'ai parlé. Mes principes sont tels qu'ils ne sont guère séparables les uns des autres. Qui en connaît bien un seul les connaît tous [2].

J'ai envoyé naguère, sur sa demande, certaines objections à Mr. Hartsœker. Elles font partie de celles auxquelles il a répondu dans ses déclarations (*Eclaircissements*) [3] mais il n'a pas indiqué mon nom car je ne le voulais pas. Mais nous fûmes récemment impliqués dans une autre polémique. Il a déclaré que la matière se divise en deux parties, l'une composée d'atomes parfaitement durs, l'autre d'un fluide parfait. Je déclare, quant à moi, que la matière est par nature partout divisible, que l'on ne peut y mettre des atomes que par miracle, et que la fluidité passe par certains degrés de connexion suivant les mouvements variés de la matière conspirant entre eux[4]. De là vient que la séparation ne se fait pas sans une certaine perturbation des mouvements, laquelle rencontre à proportion une résistance. C'est, à mon sens, la raison dernière de la cohésion dans la matière. Car les crochets, hameçons, cordes et planches comprimés par l'air ou l'éther, et autres choses de ce genre, présupposent déjà une certaine fermeté. Et je ne pense pas que l'on puisse donner une autre raison dernière à la cohésion. Car la matière ne peut être diversifiée que par les mouvements. Mr. Hartsœker m'avait donné l'occasion de lui suggérer cette chose-là. Il n'a pas bien compris ce me semble le mouvement conspirant dont je parle, et de ce fait il m'oppose quelques raisons et en introduit d'autres auxquelles j'ai répondu plus abondamment que prévu. « *Currente rota pro urceo amphora exiit* »[5].

J'ai voulu vous envoyer la lettre que je lui ai écrite, afin de la soumettre aussi à votre jugement. Et si bon vous semble, vous pourrez l'envoyer à Mr. Hartsœker. Je vous prie d'envoyer les feuilles ci-jointes au R.P. Orban.

Mon petit livre est enfin paru en Hollande, et puisque vous êtes assez voisin des Hollandais, et en relations fréquentes avec eux, vous l'obtiendrez facilement de Hollande par l'intermédiaire d'un ami en envoyant au Libraire Troyel le billet ci-joint. Cependant, adieu.

Hanovre, le 7 novembre 1710.

## NOTES DE LA LETTRE XXII

1. Περιχώρησις : ce mot (forgé du grec) semble désigner la connexion universelle des choses. « Comprendre » désigne autant la perception de toute monade (comprendre le multiple dans l'un) que l'opération intellectuelle propre aux esprits : avoir l'intelligibilité des raisons. Or dans la série des contingents les raisons vont à l'infini : pour Dieu seul leur perception est distincte, pour les esprits elle reste confuse. Dieu n'est donc pas le seul objet que nous ne puissions parfaitement connaître.

2. La περιχώρησις concerne également le Système, réseau où tout principe mène à tous les autres, toute vérité, toute monade, etc. Voyez les *Nouveaux Essais*, II, xxv, §10.

3. Il s'agit des *Eclaircissements sur les Conjectures physiques.* Voyez la Correspondance Leibniz-Hartsœker en *Phil.*, III, 497-498. L'éloge que fait Leibniz de ce texte semble quelque peu ambigu : « Ces *Eclaircissements* serviront à réveiller les physiciens, et par conséquent à découvrir la vérité ».

4. Sur cette description de la matière, voyez aussi la Lettre I : vides, fluides, canaux, connexions, perturbations, résistance… Cette métaphorique, ou ce vocabulaire, curieusement, sont de type atomiste : voyez Michel Serres, *La naissance de la physique* (Minuit, 1977). Tout se passe comme si le siècle restait fasciné par le texte de Lucrèce compris par la mécanique des fluides. Ce qui empêche Leibniz, parmi d'autres, d'accueillir ce modèle est l'effet d'aveuglement que produit la lecture traditionnelle de l'atomisme, celle, par exemple, d'Hartsœker : l'atome comme petit corps solide, terme réel de la division de la

matière et dureté absolue. D'où l'on comprend que Leibniz puisse parler en termes de mécanique des fluides, leçon profonde de l'atomisme, et penser contre Hartsœker, et contre l'atomisme solide. Sur les mouvements conspirants, voyez *Phil.*, III, p. 504 : « Par mouvements conspirants, j'entends les mouvements qui s'accordent : or il est manifeste qu'il faut bien qu'il y en ait, et qu'il y en ait d'autres qui ne s'accordent point, ou qui s'accordent moins ».

5. Horace, *Art Poétique*, v. 21-22. « Amphora coepit / institui : currente rota cur urceus exit ? » Mais Leibniz renverse le sens de la formule : « sous la roue qui tourne sort une amphore à la place du cruchon ».

## XXIII

*Lettre du 8 février 1711*

Je vous rends mille grâces de vous être chargé de ma lettre, et de me communiquer la *Sixième Lettre* de Lami parue aux *Mémoires deTrévoux*[1] ; également de faire parvenir mes essais à ces hommes remarquables que sont Tolomei et Tournemine, et de m'envoyer les lettres de celui-ci et d'Hartsœker. Je leur réponds à tous deux, et vous prie de vous charger de ma réponse. Et je vous sais gré d'intéresser Tournemine à ma controverse avec Hartsœker. Voici déjà de quoi répliquer : car vous avez lu, je pense, la réponse d'Hartsœker, que vous m'avez envoyée ; dans le cas contraire, ou si lui-même ne vous l'envoie pas, je vous la communiquerai.

J'en viens maintenant à vos questions. Et d'abord, puisque les entéléchies représentent la constitution de la matière organique, il doit se trouver en elles autant de variété que nous en percevons dans la matière elle-même, et il n'est pas possible qu'une entéléchie soit parfaitement semblable à une autre ; et l'entéléchie agit dans la matière suivant sa propre exigence, en sorte que le dernier état de la matière suit de l'état précédent suivant les lois de la nature ; mais les lois de la nature poursuivent leur effet par l'intermédiaire des entéléchies. Mais l'état présent de l'entéléchie elle-même suit de son état précédent. De la superficie extérieure de la matière je n'ai rien à dire, sinon pour la nier, ou invoquer un miracle qui enfermerait la masse dans des limites déterminées[2].

Puisqu'il se trouve à Düsseldorf, si je ne me trompe, quelques personnes de la famille de Spee, ce sera chose aisée de savoir par là si le R.P. Frédéric Spee appartenait à la même famille, et d'où il est issu.

Je vous remercie de ce que vous me dites des propositions de Baïus qu'on a rejetées, que je rejette moi aussi[3]. Je n'ai pas invoqué le P. Spee comme quelqu'un qui parmi vous enseigne du nouveau, mais parce qu'il explique vos thèses comme il convient. En outre c'est une question de fait de savoir si l'on peut en-dehors de votre Église posséder la vraie charité – ce que l'on peut présumer possible, jusqu'à ce que l'on prouve le contraire.

Vous me faites espérer des inédits ou des textes de Spee que je n'ai pas lus : ils seront les bienvenus.

Je ne dirais pas moi non plus qu'il y eut en Adam ou en quelqu'autre une nécessité morale de pécher, mais simplement ceci : que l'inclination à pécher l'a emporté en lui, et qu'il y eut donc bien une prédétermination, mais non une nécessité[4]. Je reconnais qu'il y a, pour Dieu, une nécessité morale d'agir selon le meilleur, et pour les esprits confirmés selon le bien. J'aimerais mieux en général donner aux mots un sens qui n'implique rien de dissonant. Aussi est-il préférable de ne jamais reconnaître de nécessité morale que vers le bien, parce que le sage est censé ne pas pouvoir faire le mal. Je ne sais si parfois j'ai parlé différemment; si oui, ç'aura été par imprudence de langage, qu'il convient de corriger, quoique l'erreur ne soit que dans les mots, non dans les choses.

Je tiens en tout cas que la possibilité de se déterminer sans aucune cause, c'est-à-dire sans qu'il y ait une racine à la détermination, implique contradiction, comme une relation sans fondement; mais de là on ne peut conclure à la nécessité métaphysique de tous les effets. Car il suffit que la cause ou raison ne soit pas métaphysiquement nécessitante, bien qu'il soit métaphysiquement nécessaire qu'il y ait une telle cause[5].

Je ne saisis pas bien la subtilité de la démarche qu'on suit à Rome, quand je vois le R.P. Tolomei satisfait de la décision pontificale, alors qu'il semblait que le Pape voulût définir quelque chose de nouveau. Aussi vous serais-je reconnaissant de m'apporter quelque lumière, dont je n'userai qu'autant qu'il vous plaira. Pour le reste…

Hanovre, le 8 février 1711

## Notes de la lettre XXIII

1. Il s'agit de la *Sixième Lettre Philosophique* imprimée à Trévoux en 1703, du R.P. Lami. Leibniz donne aux *Mémoires* de juillet 1712 des *Remarques sur la Sixième Lettre…* E. Ravier (*Bibliographie…* (N°84) attribue cette lettre au P.Tournemine ; mais il est clair, d'après la lettre du P. des Bosses (*Phil.*, II, p. 415) et l'art. 392 de la *Théodicée* que l'auteur des *Lettres philosophiques* est « dom François Lami, religieux bénédictin, et l'un des plus forts cartésiens qui soient en France » (Leibniz cite Bayle).

2. Il est insuffisant de dire, à la manière cartésienne (du moins suivant la lecture qu'en fait Leibniz), que les mouvements divisent la matière en figures par lesquelles nous distinguons les corps les uns des autres : car les figures ne sont que des terminaisons ou des limites, des modes et non des êtres, donc des termes en quelque manière négatifs. Leibniz tient « qu'il n'y a point de figure arrêtée et précise dans les corps » (à Arnauld, 28 novembre 1686, *Phil.*, II, p. 77 ; Vrin, p. 146), et s'en explique assez longuement dans sa lettre du 9 octobre 1687 : « On ne pourra jamais assigner à quelque corps une certaine surface précise… la figure même, qui est de l'essence d'une masse étendue terminée, n'est jamais exacte et déterminée à la rigueur dans la Nature » (*Phil.*, II, p. 119 ; Vrin, p. 187). C'est dire que la rigueur mathématique, ou le découpage précis de la géométrie, ne sont pas de mise en

physique : pas de globe sans inégalités, pas de droite sans courbes entremêlées, pas de vecteur qui ne soit composé d'une infinité de directions, pas de courbe sans mélange de quelque autre. L'unité d'un corps de la nature n'est pas géométrique mais dynamique : elle vient de la force dominante qui donne à l'ensemble sa cohésion. Il semble que Leibniz ait eu l'intuition que les corps ont des contours flous, mouvants ou fluctuants : d'où l'idée de remplacer le vide d'Epicure par un fluide très subtil, milieu élastique où la géométrie devient une topologie des voisinages mouvants qui font passer d'un corps à un autre, dans l'emboîtement par exemple. La superficie extérieure n'est qu'une apparence, fondée dans les degrés de connexion internes au corps. La question du P. des Bosses suppose que cette superficie soit quelque chose de réel (II, p. 415) : comment expliquer que les corps qui font la superficie extérieure (*extimam superficiem*) se touchent si étroitement qu'ils ne laissent aucun vide, sans pour autant agir les uns contre les autres, par une sorte d'inflation (*sive inflatione*) qui ferait que chacun tente de prendre la place de l'autre ? Des Bosses avoue lui-même que sa pensée n'est pas bien claire, mais Leibniz en saisit immédiatement l'implication, d'où sa réponse. Sur la superficie extérieure, voyez Descartes, *Principes,* II, 15 ; et surtout saint Thomas, *Somme théologique*, III, Qu. LXXVI-LXXVII. Car si la superficie extérieure est quelque chose de réel, on ne comprend pas le mode de la présence du corps du Christ sous le pain.

3. Le Vatican a condamné soixante-treize propositions de Baïus contre le libre-arbitre. Des Bosses indique les suivantes (II, p. 416) :

– (10) « L'homme qui est en état de péché mortel ou de damnation éternelle peut posséder la vraie charité, et même la parfaite charité peut se trouver avec l'état de damnation éternelle ».

– (71) « Par la contrition, même avec la parfaite charité, et le vœu de recevoir le sacrement qui lui est joint, le péché n'est pas remis si l'on n'a pas effectivement reçu le sacrement, hors le cas de nécessité ou martyre ».

Leibniz parle du P. Frédéric Spee à la *Théodicée* (art. 96-97). On sait qu'il écrivit son Eloge.

4. Sur les divers sens du mot nécessité, voyez le *De rerum originatione radicali*, les lettres à Arnauld d'avril et juillet 1686, la *Conversation sur la liberté et le destin* (*in* GF. *Principes de la nature...* p. 45), et la *Théodicée* (Index). Est absolument ou métaphysiquement nécessaire ce dont le contraire implique contradiction, ou absurdité logique. Est hypothétiquement ou physiquement nécessaire ce qui arrive lorsque sa condition est donnée. Est moralement nécessaire ce dont le contraire implique imperfection ou absurdité morale. Les deux premières nécessités obéissent à une logique bivalente simple : vrai et faux, possible et impossible, identique et contradictoire : s'il est nécessaire que *A*, alors il est impossible que *non-A*. Mais de quelle logique relève la nécessité morale ? Adam non pécheur n'est pas impossible comme l'est un cercle carré. La remarque de Leibniz sur la dissonance qu'il y a à dire qu'Adam a péché par nécessité morale est intéressante. J'ajouterais qu'il y a dissonance dans l'expression absurdité « morale », car l'absurde relève de la logique de la contradiction et de l'identité. Peut-on dire qu'Adam a péché par nécessité morale ? En toute rigueur, oui : car Dieu, par nécessité morale, a choisi la meilleure série parmi les possibles, laquelle contient Adam pécheur. Or, le dire est dissonant ; il est harmonieux de dire que la nécessité morale porte au bien, mais non qu'elle porte au mal. Il y a là quelque chose d'obscur : la nécessité morale est une logique où les deux valeurs de vérité sont insuffisantes ; si je peux dire que *A* et *non-A* relèvent de la même nécessité absolue ou hypothétique, le cas est différent lorsqu'il s'agit de la nécessité morale ; comme si elle exigeait une logique plus fine où les contraires ne s'excluent pas en droit mais seulement en fait, par l'effet des circonstances (*Théodicée*, art. 99-106). D'où, ici, le mot *inclination :*

quelque raison – et non une nécessité – a fait pencher Adam vers le mal, mais cette raison est obscure, et reste indéterminée : une circonstance ? Il n'y a point de « règle universelle » (art. 104) qui permette d'expliquer la nature d'Adam, et il est vain de chercher une raison nécessaire là où il y a « mille moyens » de justifier la conduite de Dieu (art. 106). Non plus logique simple par vrai et faux, mais logique du probable. La nécessité morale est le registre de la différence et du libre choix (non l'absence de raisons, mais le grand nombre), celui même de l'Harmonie, par l'un et le multiple.

5. Le principe de raison est une loi du Système : il est nécessaire absolument qu'il y ait des raisons ; toute chose a sa raison suffisante. Mais le principe se laisse moduler suivant le domaine d'application et le degré de suffisance. On peut limiter la suffisance au requisit immédiatement antérieur sur un élément ou un état du monde : on définit le domaine de la nécessité hypothétique. On peut chercher le requisit absolu de l'agrégat tout entier : c'est la nécessité absolue ou métaphysique, qui mène à Dieu comme raison dernière. Mais on peut aussi limiter la suffisance sur l'ensemble de l'agrégat : non pas « pourquoi le monde » mais « pourquoi ce monde » ? C'est alors la nécessité morale. Il faut absolument qu'il y ait une nécessité morale, mais celle-ci ne pose aucune loi qui soit nécessaire absolument. Quelques lignes de la lettre (circonstancielle) du 8 juillet 1711 reviennent sur cette question (II, p. 423, trad.) : « Il vous a semblé que j'attribuais aux événements une nécessité morale ; j'aurais dû expliquer plus distinctement ma pensée.

Le choix d'une série entière de contingents comme la plus convenable est soumis à une nécessité morale, mais on ne peut dire cela aussi commodément des péchés qui entrent dans cette série et qui sont admis par concomitance. Adam, au commencement, n'a pas une inclination plus grande au mal qu'au bien, lors de sa création, mais au moment même où il commençait à pécher. Lorsqu'on choisit d'agir de telle façon, il n'impliquerait pas contradiction qu'on choisît d'agir autrement, parce que les raisons déterminantes ne sont pas nécessitantes ».

## XXIV

*Lettre du 7 septembre 1711*

Je vous suis reconnaissant de prendre mon parti contre celui de Mr. Hartsœker.

Lors de la création d'Adam, l'inclination au bien était certainement prévalente, mais les germes d'une inclination future au mal étaient sous-jacents : car tout dans les choses est d'une certaine manière préétabli, et le passé est gros de l'avenir. Et pour que cet Adam, tel qu'il devait être par la suite, fût promu à l'existence, il fallait qu'il fît partie de la meilleure série possible. Votre illustre Tolomei me semble douter que l'on puisse admettre la meilleure série possible, parce qu'il n'est pas donné de créature absolument parfaite. Ce que j'accorde aussi ; mais je nie que l'on puisse considérer la série des choses comme une créature, car on ne peut tenir une série d'infinis pour un tout, comme je l'ai démontré ailleurs. La série des choses est assurément infinie sous le rapport ultérieur, comme on dit, c'est-à-dire qu'elle n'a pas de fin, mais elle a un commencement. A mon sens, s'il n'était pas donné de meilleure série, Dieu n'aurait absolument rien créé, parce qu'il ne peut agir sans raison, ni préférer le moins parfait au plus parfait. Mais je me réjouis qu'un si grand esprit approuve mes pensées, et je ne doute pas qu'il les puisse réformer et perfectionner en bien des façons. Certains attendent de moi que je fasse paraître en latin mon petit livre sur la Théodicée, mais je n'ai pas le temps de préparer une traduction.

Il me sera fort agréable d'apprendre ce que Tournemine, cet homme très-savant et de grand talent, pense de mes méditations. Pour le reste…

Hanovre, le 7 septembre 1711.

P.-S. Le Journal de Paris s'est trompé en écrivant que j'ai quitté mon poste de Berlin. Il incombe à Mr. le Baron de Prinzen, Ministre d'Etat du Roi, d'avoir la charge de toutes les Académies et Écoles qui sont sous la dépendance royale. C'est pourquoi il prend soin aussi des affaires de la Société auprès du Roi. Mais ce qui concerne le progrès des études dans la Société est à ma charge.

## XXV

*Lettre du 5 fevrier 1712*

Votre traduction me plaît à merveille, et partout l'emporte sur l'original. J'ai relevé très-peu de choses, comme j'ai coutume de le faire lorsque je relis mes propres textes. Et puisque vous traduisez si fidèlement, avec tant d'élégance, et que parfois même vous éclairez le sens du texte, il est inutile que vous m'envoyiez la suite au fur et à mesure ; il vous suffira de m'expédier, quand vous en aurez le temps, une bonne partie en une seule fois. Une chose cependant : les caractères semblent parfois s'effacer un peu, je dis cela de peur qu'il ne soit besoin, peut-être, d'une nouvelle copie ; car ceux qu'on emploie à ce travail ne le font guère sans quelques fautes, qui parfois échappent à la relecture. Et jusque-là vraiment, la plus grande partie est si bien écrite qu'un nouvel exemplaire ne me semble pas nécessaire.

Voyez dans la lettre ci-jointe ce que j'ai répondu à Mr. Hartsœker. Il approuve sans l'approuver mon principe de la Raison suffisante ; il l'approuve en général, mais sans l'appliquer. Dans le langage de l'École, on dirait qu'il l'approuve en un acte désigné, mais non effectué[1]. Je dirais (si vous préférez) qu'il l'approuve plus qu'il ne l'applique. Aussi n'ai-je pu m'empêcher de lui montrer plus clairement et par des exemples semblables combien il s'en éloigne, c'est-à-dire combien il s'éloigne de la droite raison. Je trouve fort plaisant qu'il allègue, contre mon principe suivant lequel il n'y a pas de saut, cela même qui sert au mieux pour combattre les atomes. Et vous aviez admirablement pressenti que l'expérience qu'il apporte n'est pas vraie. Tous les corps durs connus de nous sont élastiques : c'est pourquoi ils cèdent, et brisent peu à peu et par degrés la force du corps opposé ; mais cela n'est pas toujours assez sensible, et cela lorsque les corps sont très durs, et se rétablissent avec une grande rapidité. Mais s'il y a des atomes, le passage* se fait dans l'instant, contrairement à l'ordre des choses. Il est vrai que l'on n'a pas avancé, jadis,

* *transitus*

cet argument contre les atomes ; mais les esprits avisés ne mépriseront pas son efficacité.

Il parle, parfois, de son Elément premier – une matière parfaitement fluide – comme si ce n'était pas un corps ; mais là peut-être tombera-t-il dans la logomachie. Car il se meut, il donne et reçoit des mouvements, il a une étendue, et ses parties enfin se séparent les unes des autres. Mais aussi longtemps qu'il ne reconnaîtra dans son fluide rien d'autre que l'étendue, la figure, et leur variation* dans le mouvement, il n'en pourra tirer la perception. Il dit cependant que nous ne pouvons savoir ce que contient un tel fluide ; mais tant que nous n'y mettons que ce que nous avons dit, nous le voyons très-bien. Et la modification ne peut ajouter des perfections au modifié, car elle ne peut que faire varier leurs limites. Que si, dans ce fluide, il met quelqu'attribut plus élevé, il reviendra aux nôtres, ou à des attributs voisins des nôtres. Mais il me semble qu'il n'a pas assez considéré ni pris en compte la distinction de la chose substantielle et des modifications, non plus que d'autres qui sont à saisir par l'entendement et non par l'imagination.

Votre ami, faisant dans les *Actes* de Leipzig le compte rendu du livre de Muys, a montré en même temps que celui-ci laisse absolument intacte la force de l'argument sur lequel j'appuie la nécessité d'une Entéléchie diversifiant la matière ; il en apporte quelques-uns qui sont en plein accord avec les vôtres.

Il serait aisé de convaincre Mr. Hartsœker de ces choses-là et d'autres de ce genre, s'il n'était hors de toute prise. Si les esprits ne sont qu'une sorte de concentration[2] et si j'ose dire une goutte du fluide, on ne voit pas mieux comment ils produisent la perception que s'il les eût composés, avec Epicure, d'atomes sphériques ; et jamais il ne rendra raison de la diversité. Mais après s'être une fois persuadé qu'il y a deux éléments premiers, une matière parfaitement dure, et une autre parfaitement fluide – ce qui, apparemment, charme son imagination – il a trouvé beau de tirer les esprits de l'un de ces deux corps, et les corps de l'autre ; mais comment on tire de là les esprits, il ne s'en est point inquiété. Ainsi font d'ordinaire ceux qui aiment leurs propres hypothèses. Je n'ai pu, dans ma dernière lettre, m'empêcher de lui objecter cet amour du père pour son rejeton, et comme il me semble se lasser de cette querelle, je n'ai pu qu'y mettre fin : cependant, rien ne s'oppose, je pense, à ce que l'on communique ces dernières lettres, celle d'Hartsœker et la mienne, au R.P. Tournemine.

Je lirai avec grand plaisir votre Dissertation sur la substance corporelle. Si la substance corporelle est quelque chose en dehors des monades,

* *variatio*

comme il est constant que la ligne est quelque chose en dehors des points, il faudra dire qu'elle consiste en une certaine union, ou plutôt en quelque chose de réel qui unifie * et que Dieu ajoute aux monades ; et que de l'union de la puissance passive des monades naît la matière première, c'est-à-dire l'exigence d'étendue et d'antitypie, ou de diffusion et de résistance ; que de l'union des entéléchies monadiques naît la forme substantielle, mais telle qu'elle puisse naître et mourir, et mourra quand cessera cette union[3], à moins que Dieu ne la conserve par miracle. Mais une telle forme, alors, ne sera pas une âme, qui est une substance simple et indivisible. Et cette forme, comme la matière, est en flux perpétuel, puisqu'en vérité l'on ne peut assigner aucun point dans la matière qui conserve le même lieu passé un moment, et qui ne s'éloigne autant qu'on veut de ses voisins. Mais l'âme reste la même à travers ses changements, car le même sujet demeure, ce qui n'est pas le cas dans la substance corporelle. Aussi faut-il dire l'un ou l'autre : ou les corps sont de simples phénomènes, et par conséquent l'étendue aussi ne sera qu'un phénomène, et seules les monades seront réelles ; mais l'union sera remplacée dans les phénomènes par l'opération de l'âme qui perçoit ; ou bien si la foi [4] nous pousse à admettre des substances corporelles, cette substance-là consiste en cette réalité unionale ** qui ajoute « quelque chose d'absolu » (et partant substantiel) quoique en flux à ce qui doit être uni. Et c'est dans le changement de cet absolu qu'il faudrait situer votre transsubstantiation[5], car les monades, au vrai, ne sont pas des composants de ce qui a été ajouté, mais des requisits, bien qu'ils ne soient pas requis par nécessité absolue et métaphysique, mais par simple exigence. Et ainsi, la substance du corps aura beau changer, les monades pourront être sauves, et les phénomènes sensibles seront fondés en elles. L'accident non modal me semble chose difficile à expliquer, et je ne l'entends pas ainsi de l'étendue. Bien que les monades ne soient pas des accidents, on peut dire qu'il arrive à la substance par union *** de les avoir (par nécessité physique), comme il arrive à un corps d'être touché par un corps, bien que le corps ne soit pas un accident. L'étendue du corps n'est, semble-t-il, rien d'autre que la continuation de la matière parties par parties, c'est-à-dire sa diffusion. Mais lorsqu'une action surnaturelle mettra fin à cet *extra partes*, finira aussi l'étendue qui échoit au corps lui-même ; il ne restera que l'étendue, les phénomènes, fondés dans les monades, avec tout ce qui en résulte, et qui seuls existeraient s'il n'était pas donné de substance par union. En l'absence de ce lien substantial[6] des monades, tous les corps, avec toutes leurs qualités, ne

* *uniens reale*

** *realitas unionalis*

*** *substantia unionalis*

seraient que des phénomènes bien fondés, comme un arc-en-ciel ou une image dans un miroir, comme par exemple les songes qui se poursuivent de manière parfaitement congruente à eux-mêmes ; et c'est en cela seulement que consisterait la réalité de ces phénomènes. Il en va des monades comme des points et des âmes : on n'a pas le droit de dire qu'elles sont des parties du corps, ni qu'elles se touchent, ni qu'elles composent les corps. Et la monade, comme l'âme, est comme un monde propre, qui n'a aucun rapport de dépendance, sauf à Dieu. Si donc le corps est une substance, il est une réalisation des phénomènes qui dépasse la congruence[7].

Que si vous refusez absolument que les Accidents Eucharistiques soient de simples phénomènes, on pourrait dire qu'ils sont fondés dans un Accidentel premier : je veux dire, non pas dans l'étendue, qui ne peut demeurer, mais dans les points de cette étendue qui correspondent aux monades, en l'absence de l'union qui constitue un continu à partir des points ; et ainsi, sans les Lignes et Figures continues, mais avec les qualités et autres accidents réels, par la conservation des points accidentels, et sans la continuité qui dépendait de la réalité unionale ou lien substantial. Et elle cessait d'être en même temps que sa diffusion parties par parties. Aussi peut-on considérer les points accidentels comme l'Accident premier qui soit la base de tous les autres, et qui soit d'une certaine manière non-modal, ce que l'on ne peut dire de l'étendue ou diffusion continuée de la matière[8].

Bien plus : en poussant plus loin, je m'aperçois que l'on peut sauver aussi l'étendue, et plus encore l'explication que vous donnez de votre doctrine, supposé qu'on ne veuille pas des phénomènes. Car, de même que l'on peut admettre des points accidentels, on pourra aussi – et peut-être le devra-t-on – admettre leur union. Nous obtenons ainsi une étendue accidentelle absolue, mais une telle étendue, formellement du moins, désignera la diffusion parties par parties ; mais ce qui sera diffusé ne sera point la matière ou la substance du corps prise formellement, mais seulement comme exigence. Quant au Formel même qui est diffusé, ce sera la localité, ou ce qui fait le situs, qu'il faudra considérer, lui, comme quelque chose d'absolu. Et donc désormais nous ne disputerons plus, je crois, pourvu que vous n'enveloppiez pas sans nécessité les monades dans ce changement surnaturel de la substance du corps, puisque, comme j'ai dit, elles n'y sont pas comprises. Selon vous encore, l'Âme du Christ ne change pas dans la Transsubstantiation, ni ne se met à la place de la substance du pain. Je dirais la même chose des autres monades du Corps Très Saint. Mais à dire vrai, je préférerais expliquer les accidents eucharistiques par les phénomènes ; car on n'aurait pas besoin des accidents non-modaux, que je comprends mal.

Ce que disent Ruiz et Martin* Perez (qui est des vôtres) à propos de Dieu choisissant le meilleur est assez subtil ; mais dans l'ensemble je ne trouve pas que leurs opinions s'éloignent beaucoup des miennes. Aussi vous remercié-je fort de me les avoir communiquées.

Je vous dois aussi bien des remerciements pour l'instruction pastorale de l'Evêque de Meaux, que j'ai parcourue ; je la trouve subtile et profonde. Je crains que beaucoup de choses que l'on réprouve chez Jansénius ne soient d'Augustin lui-même, qui soutient aussi cette étonnante exégèse, que Dieu ne veut pas sauver des individus pris parmi des genres, mais des genres comprenant des individus[9].

Je pense que nous pourrions garder le titre d'*Essais de Théodicée*, si bon vous semble ; car la Théodicée est comme une sorte de science, j'entends une doctrine de la justice de Dieu (c'est-à-dire tout ensemble de sa sagesse et de sa bonté).

Quelle est donc enfin cette décision de Rome sur les affaires chinoises, dont je vois que l'on parle beaucoup, et que les vôtres à Rome ont acceptée ? Si l'on confirme, sans les modérer, les décrets de Tournon et si la Curie Romaine n'enveloppe la chose de quelque artifice, je crains que la mission chinoise n'aille à sa fin, ce que je ne souhaite pas. Je ne sais si vous avez dit au R.P. Tournemine que je suis parvenu, dans la préparation des Annales, du début du règne de Charlemagne, au-delà des Carolingiens, jusqu'aux Rois ou Empereurs Saxons ; à cette occasion, j'ai dû écarter l'histoire de la Papesse. Que si le R.P. Daniel est lui aussi parvenu à ce point dans les Annales des Français qu'il a en chantier, nous nous rencontrerons, je crois, sur maintes questions ; et s'il en restait qui fussent incertaines, nous pourrions en parler. Il me semble ainsi avoir suffisamment établi la chronologie. Pour le reste…

Hanovre, le 5 février 1712.

P.-S. J'ai souhaité un jour que ceux de votre Société qui sont versés dans les Mathématiques réunissent en un ouvrage les observations de la variation magnétique sur la terre, en étudiant la suite des années, parce que c'est un sujet d'une grande importance pour les géographes et les navigateurs ; et cela ne pourrait être mieux fait par d'autres. Après l'Anglais Gilbert, qui a le premier posé les fondements de ce savoir, personne ne s'est mieux que les vôtres illustré dans les observations magnétiques : on a d'eux des ouvrages pertinents, de Cabei, Kircher, Léotaud, et d'autres. Que si les vôtres, sur toute la terre, partout où se trouvent des gens instruits de Mathématique, avaient observé à partir des

* Antonio (*N.d. T.*)

périodes annuelles de Kircher, soit en des lieux déterminés, soit au cours de leurs voyages, autant la déclinaison horizontale que l'inclinaison verticale magnétiques, et avaient rapporté leurs observations dans leurs lettres, nous aurions aujourd'hui un Thesaurus des observations, à partir desquelles nous pourrions peut-être déjà faire des conjectures et prévoir, du moins pour quelques années, quelle doit être la variation en divers lieux. Puis après avoir observé la variation en pleine mer et l'avoir ajoutée à l'élévation du pôle, nous pourrions trouver le lieu de la variation ; et enfin en découvrir les limites, les périodes et les lois, et peut-être même la raison de tant de mystères. Car rien n'empêche que ce que l'on a jusqu'alors négligé ne soit l'objet des soins et des réflexions de la postérité – comme nous plantons des arbres pour ceux qui viendront – ; évitons du moins que, dans bien des années, on ne se plaigne à bon droit de la négligence de notre temps comme nous-mêmes faisons aujourd'hui de celle du passé. C'est pourquoi j'ose presque vous prier de soumettre la chose au R.P. Tolomei (avec bien des salutations de ma part) et de lui demander son avis.

*Appendice à la Lettre du 5 février 1712* [10]

Si les corps sont des phénomènes dont nous jugeons d'après nos apparences, ils ne seront pas réels, puisqu'ils apparaissent autrement à chacun. C'est pourquoi la réalité des corps, de l'espace, du mouvement et du temps consiste, me semble-t-il, en ce qu'ils sont phénomènes de Dieu, ou objet de la science de vision. Et entre la façon dont apparaissent les corps à nous et à Dieu, il y a une différence du même ordre qu'entre la scénographie et l'ichnographie [11]. Car les scénographies sont diverses en fonction du situs du spectateur, mais l'ichnographie ou représentation géométrique est unique ; aussi bien, Dieu voit-il exactement les choses telles qu'elles sont suivant la vérité géométrique, bien qu'il sache aussi comment chaque chose apparaît à chacun ; et ainsi, il contient en lui éminemment toutes les autres apparences.

Bien plus, Dieu ne voit pas seulement les monades singulières et les modifications de chacune, mais aussi leurs relations, et c'est en cela que consiste la réalité des relations et des vérités. Parmi les premières, il y a la durée ou l'ordre des successifs, le situs ou l'ordre des coexistants, et le commerce* ou relation mutuelle, à condition bien sûr de concevoir la dépendance réciproque des monades comme idéale ; mais le situs

* *commercium*

immédiat est la présence. Après la présence et le commerce vient la connexion, lorsque les choses se meuvent mutuellement. Et c'est pour cela que les choses nous semblent faire une unité ; et l'on peut assurément énoncer du tout des vérités qui sont également valides aux yeux de Dieu. Mais outre ces relations réelles, on en peut concevoir une plus parfaite, qui d'une multiplicité de substances en produit une nouvelle. Et cela n'en sera pas un simple résultat, c'est-à-dire ne consistera pas dans les seules relations vraies ou réelles, mais ajoutera une substantialité nouvelle c'est-à-dire un lien substantial, qui ne sera pas seulement l'effet de l'entendement divin, mais aussi de la volonté. Ce qui s'ajoute aux monades ne se fait point par un mode quelconque, car alors des choses quelconques même dispersées seraient unies dans la nouvelle substance, et rien de déterminé ne naîtrait dans les corps contigus ; mais il suffit que cela unisse les monades qui sont sous la domination d'une seule, c'est-à-dire qui font un corps organique, ou une Machine de la nature. Et c'est en cela que consiste le lien métaphysique de l'âme et du corps[12], qui constituent un seul suppôt, ce dont on trouve une analogie dans l'union des natures dans le Christ. Et telles sont les choses qui font un être un par soi, ou suppôt unique.

Les choses sont des concrets ou* des abstraits. Les concrets sont les substances ou les substantiés. Toute substance est vivante. Les substances sont simples ou composées. Les substances simples ou Monades sont soit** douées soit privées de raison. Celles qui sont douées de raison sont appelées Esprits ; l'esprit est soit incréé, soit créé. L'esprit créé est soit angélique, soit humain, il est aussi appelé Âme. D'autre part, on peut concevoir les Monades soit séparées, comme est Dieu, et selon certains l'Ange ; soit incorporées, et ce sont les Âmes, parmi lesquelles nous connaissons l'âme raisonnable et celle qui est privée de raison. Les monades privées de raison sont soit sensitives soit seulement végétatives. Les substances composées sont celles qui constituent un être un par soi avec une âme et un corps organique, c'est-à-dire une Machine de la nature qui résulte des monades. Les substantiés sont des agrégats tantôt*** naturels tantôt artificiels, soit liés soit non liés. Plusieurs substances peuvent constituer un suppôt unique ; de même aussi plusieurs substantiés, ou bien des substances avec des substantiés, par exemple les âmes avec les corps organiques. Les choses abstraites sont absolues ou respectives, les absolues essentielles ou adjectives. Les essentielles sont soit primitives comme la force active et passive, soit dérivatives, c'est-à-

* *aut*

** *vel*

*** *sive*

dire des affections qui n'ajoutent que des relations aux précédentes. Les adjectives sont soit par elles-mêmes, c'est-à-dire naturelles (ce qu'exige la chose et qu'elle a, si rien ne l'empêche), soit ce qui est attribué par accident. Et telles sont les modifications, à savoir les qualités et les actions. Les respectives sont des relations. Certains êtres sont composés à partir des abstraits énoncés précedémment, ainsi à partir des abstraits essentiels, naturels, des modifications et des relations, il y aura ainsi des agrégats d'accidents.

Les termes ont plus d'extension que les choses, en effet l'on attribue plusieurs termes à la même chose, comme par exemple l'Homme est savant, prudent, riant.

Pourquoi *homme* est-il plus substance que *savant,* ou pourquoi *animal* plus substance que *raisonnable.* C'est qu'il enveloppe la chose, comme si je disais *Animal* c'est-à-dire *chose raisonnable.* Mais ces termes ne s'attribuent pas d'habitude à tout, et nous ne faisons pas de tout des substantifs, bien que nous puissions pour *Blanc* dire *le blanc* *, c'est-à-dire la chose blanche. Mais *le Blanc* est-il dans le prédicament de la substance ? Je ne pense pas, car tout ce qu'on peut attribuer au sujet blanc n'est pas modification de la blancheur, mais tout ce qu'on peut attribuer à l'homme est modification de l'humanité [13].

## NOTES DE LA LETTRE XXV

1. *In actu signato, in actu exercito* : cf. Lettre XIX, note 5.

2. Selon Blaise, le terme *collectio* désigne très exactement le contraire d'*extensio*, soit l'action de se rassembler ou de se resserrer en soi-même. D'où la goutte sphérique, qui concentre un volume maximal en une surface minimale. Sur cette querelle, voyez les extraits que donne des Bosses des textes d'Hartsœker (*Phil.*, II, p. 430-431) et la correspondance Leibniz-Hartsœker (*Phil.*, III).

3. L'usage de la notion de forme substantielle peut ici surprendre, d'autant que Leibniz dit cette forme susceptible de naissance et de mort ; aussi bien n'est-elle pas une âme ; et elle est en flux perpétuel. Chaque monade comporte entéléchie et matière première : si l'on distribue ces termes sur la substance composée de plusieurs monades, on dira que l'union des puissances passives primitives fait la matière première du composé, tandis que celle des « entéléchies monadiques » en est la forme substantielle ; mais une telle forme n'a d'existence que par celle du composé : si l'union des monades prend fin (ce qui est possible, puisque le lien est contingent, et non nécessaire) le composé est réduit aux éléments, et sa forme substantielle propre disparaît. On peut donc dire qu'elle naît et meurt, puisque naître et mourir, chez Leibniz, signifient simplement un degré de complexité plus ou moins grand. Mais Leibniz renoncera à cette thèse (cf. XXXI) sur une objection du jésuite.

4. Le mot latin *fides* désigne aussi bien la foi (religieuse) que la croyance ou la vraisemblance : « nous ajoutons foi aux merveilles qu'on nous raconte » (*Théodicée, Discours*, §1), « la foi qu'on doit à la parole » (*ibidem*, §36), « une espèce de foi que nous devons au

* *Albion*

témoignage des sens » (§41). Dans les deux cas, elle recouvre une « certitude morale », probable pour la première, infaillible pour la seconde. Or nos sens, précisément, nous poussent à croire que les corps sont de véritables êtres, donc des substances corporelles. Mais, aussi bien, la foi catholique porte à la même opinion. Blondel, dans sa thèse latine, choisit de lire « la foi » et y insiste (*op. cit.*, p. 195-197) ; A.Robinet écrit « notre opinion » ou « notre conviction » (*Architectonique disjonctive...*, p. 83 et 102). Des Bosses rappellera dans sa lettre du 20 mai 1712 que Malebranche donne l'existence des corps démontrée « mais supposant la foi ». (*Phil.*, II, 412). Autant maintenir l'ambiguïté du mot.

5. La transsubstantiation trouve désormais sa place au sein du Système : la lettre XIX en faisait peu de cas, la lettre XX en reste à « votre doctrine ». A partir de la lettre XXV, la transsubstantiation fonctionne comme le modèle le plus parfait pour la théorie du lien substantial, c'est-à-dire de la substance composée.

A confronter les trois tentatives d'explication de la transsubstantiation (XIX, XX, XXV), on note un écart intéressant : il ne s'agit plus de supprimer les monades du pain pour leur substituer celles du Corps, mais seulement « cet absolu qui réalise les phénomènes » ; ce sera la thèse définitive. Cet écart témoigne que la notion de substance composée est désormais claire : son essence n'est pas tant dans les monades que dans leur union, donc dans le lien substantial (cf. *supra*, I^re^ Partie, p. 33 *sqq.* et 53 *sqq.*). L'intérêt de la dernière explication est que les phénomènes du pain et du vin restent fondés dans les monades constituantes. Ils sont donc phénomènes bien fondés, accidents réels, comme le veut la doctrine catholique. Point n'est besoin d'imaginer un « accident non-modal » comme fait des Bosses (II, p. 433) : l'étendue, dit-il est un accident non modal ; accident puisqu'elle suppose quelque chose qui la fonde ; mais non point modal, parce que c'est elle qui donne l'étendue à ce qui la fonde ; or il serait absurde de dire que ce qui n'est pas de soi étendu (la substance) tient son étendue d'un simple mode. La solution leibnitienne procède tout autrement : la question de l'engendrement de l'étendue ne se pose pas en termes de substance et accidents ou modes ; car la substance simple est inséparable de sa matière première, laquelle est exigence d'étendue.

6. Première occurrence du *vinculum substantiale*. Sur la traduction par substantial plutôt que substantiel, cf. *supra*, I^re^ Partie, p. 41. Les adjectifs terminés par le suffixe -alis désignent très souvent un acte ; par exemple, dans la même Lettre, « unionalis ». Dans une lettre à Huygens (27 janvier 1691, *Math.*, I, p. 76) Leibniz écrit *exponentiales* et *différentiales*.

La notion de *vinculum* ou *vinculum modale* apparaît dans les controverses scolastiques de l'époque (par exemple, entre Suarez, Soto et Fonseca) – familières au P.des Bosses – sur le rapport de la forme à la matière, ou de la substance aux accidents ; l'ouvrage de Bœhm (*Le Vinculum substantiale chez Leibniz. Ses origines historiques*) se consacre à la recherche des sources. Blondel, dans sa thèse latine, souligne qu'il s'agit de problèmes expressément métaphysiques, sans rapport à la théologie ; et note que Herbart (*Allgemeine Metaphysik*, I, 77) précise que les *vincula* se rapportent, non à une discussion théologique, mais aux difficultés du continu. Or on voit, aux Lettres à des Bosses, comment la théologie enrichit le problème et sa solution, sans incompatibilité avec la métaphysique leibnitienne : le *vinculum* s'inscrit dans l'approfondissement continu de la théorie de la substance, et, bien qu'il soit *superadditum*, ne multiplie pas les êtres sans nécessité, puisqu'il n'est pas un nouvel être, mais l'opérateur qui ajoute un degré d'être à un agrégat de monades déjà existantes.

On sait que le *vinculum* fut l'objet de maintes polémiques, surtout dans son rapport à l'eucharistie. Maurice Blondel en fait état dans sa thèse latine (*De Vinculo substantiali et de Substantia composita apud Leibnitium*, Paris, 1893, traduction française par Claude Troisfontaines, *Le lien substantiel et la substance composée d'après Leibniz*, Louvain, 1972) et dans son ouvrage en français (*Une énigme historique : le « vinculum substantiale » d'après Leibniz et l'ébauche d'un réalisme supérieur*, Paris, 1930) : tous les commentateurs ont nié l'importance de la notion, que Leibniz n'aurait jamais prise au sérieux (Secrétan), qui n'est qu'une « simple condescendance sans portée » (Erdmann), un « échafaudage de secours » (Fischer), une « accommodation au dogme catholique » (Boutroux), enfin « un effort pour mettre sa philosophie d'accord avec le dogme de la Transsubstantiation ». (Russell) ; lors de la soutenance de Blondel, Victor Brochard – se fondant, sans doute, sur la réponse donnée à Pfaff aux *Acta Eruditorum* (cf. ci-dessous) – a déclaré que Leibniz avait lui-même écarté l'hypothèse, comme incompatible avec sa doctrine. Du concept lui-même, tous, Blondel inclus, ne voient pas la singularité : et persistent à penser en termes d'*être* ce qu'il faut avant tout poser comme *relation*. Il eut toutefois le mérite de montrer le premier que le *vinculum* est capital dans la doctrine leibnitienne de l'Être et de la substance, en ce qu'il fait passer de l'idéalisme au réalisme – Vittorio Mathieu (*Leibniz e Des Bosses (1706-1716)*, Turin, 1960), de son propre aveu, suivra, contre Bœhm, l'interprétation de Blondel (tout en préférant l'ouvrage de 1930 à la thèse latine, qui accorde selon lui trop d'importance au *vinculum ;* Mathieu quant à lui semble opposer – trop systématiquement- les monades au *vinculum* dans la question du fondement de l'étendue, faute – peut-être – de voir dans le *vinculum* une relation singulière mais compatible avec le Système.) Blondel malheureusement limite son étude à deux écrits (la « méditation secrète », ci-dessus, N°XXV, Appendice, et la dernière lettre, *infra*, N°XXXVII), et apporte peu de raisons qui montreraient la cohérence de l'hypothèse par rapport au Système ; d'autant que la version française de sa thèse remet en doute cette cohérence. Blondel pense sauver la thèse du *vinculum* en affirmant son indépendance par rapport au problème de la transsubstantiation – car c'est en grande partie à cause de cette coïncidence que les commentateurs l'avaient rejetée ; il soutient que la transsubstantiation n'est présente que comme « un exemple destiné à préciser un débat intrinsèquement métaphysique », « moins qu'une cause occasionnelle », un « adjuvant », une « quantité auxiliaire » ; bref : Blondel se contente de déplacer les qualificatifs, et dit de la transsubstantiation ce que les commentateurs disaient du lien lui-même. J'ai tenté de montrer, à l'inverse, que les deux problèmes sont inséparables, et que l'on ne comprend réellement ce qu'est le *vinculum* qu'en le rapportant au mystère eucharistique. La question à poser est la suivante : que signifie théoriquement cette coïncidence, que l'on pensait simplement de fait, entre le lien substantial et la transsubstantiation ? Qu'il fallût réfléchir sur « ceci est mon corps » pour comprendre ce qu'est le corps n'est pas totalement dénué de sens.

Le texte publié aux *Acta Eruditorum* du 1er août 1715 (donné en Appendice à la thèse latine de Blondel, cf. éd.Troisfontaines, p. 290 ; cf. Robinet, *Architectonique*..., p. 85), où Leibniz répond à une critique de Pfaff sur un endroit du *Discours* (§18) de la *Théodicée*, concernant la présence du Christ dans l'eucharistie, suffit-il à infirmer la pertinence de la notion ? En voici la traduction : « ...et, tout en niant l'*union* entre l'élément céleste et l'élément terrestre, ne nie pas leur *conjonction* dans l'acte de perception, en quoi consiste l'union sacramentelle selon nos Théologiens, mais rejette seulement ce lien ou troisième terme surajouté aux éléments, ce que les Philosophes entendent souvent par union, comme modification connectant les éléments à unir, soit l'union locale de l'inclusion ou de l'adhésion, soit l'union hypostatique comme celle de l'âme et du corps, du verbe et de l'humanité, soit une autre analogue à celles-ci, puisque ce serait multiplier les êtres sans nécessité et se jeter dans des embarras philosophiques, et peut-être étendre la conjonction au-delà de l'acte de la perception, alors que, sans rien ajouter d'autre aux éléments, il suffit de l'institution divine pour effectuer la conjonction, en sorte que nous participions véritablement aux éléments célestes tout en recevant l'élément terrestre ». La déclaration n'est pas si ambiguë que le dit Blondel, car les termes en sont extrêmement précis : ce que rejette Leibniz, c'est bien la notion d'un *vinculum* pensé comme troisième élément entre les deux éléments à unir, qu'il faudrait donc définir soit comme monade, soit comme modification : or son lien n'est ni l'un ni l'autre, puisqu'il est une relation substantialisante, qui n'a rien à voir avec l'union définie par « les Philosophes ». Que Leibniz rejette la doctrine scolastique du vinculum ne signifie ni n'implique qu'il récuse du même coup l'hypothèse nouvelle et originale qu'il expose à des Bosses.

7. *Somnia continuata perfecte congruentia sibi ipsis ;... realisatio phænomenorum ultra congruentiam procedens*. Le terme est de mathématique ; voyez *Initia Mathematica* (*Math*., VII, p. 29) :

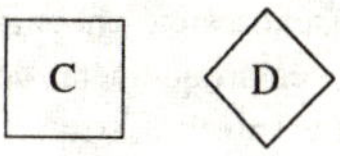


« Sont congruentes des choses qui, si elles sont différentes, ne peuvent être distinguées, qu'eu égard aux choses externes, comme les carrés C et D, ceci parce qu'ils sont en même temps en des lieux ou situs différents ; ou parce que l'un, C, est en or, et l'autre, D, en argent. Ainsi sont congruentes une livre d'or et une livre de plomb ; ainsi sont congruents hier et aujourd'hui. Un point quelconque est congruent à un autre, comme aussi un instant à un autre ».

Le terme *congruus*, ou *congruens*, supporterait d'être traduit par : convenable, convenant, correspondant, en accord, etc. Je garde le terme mathématique pour sa précision : des choses congruentes ne diffèrent que par une dénomination extrinsèque ou une référence extérieure ; tous les objets du même ordre sont dits congruents : tous les carrés, tous les points, toutes les quantités de mesure. La congruence définit des ordres où les choses ne sont discernables que sur des critères extérieurs à l'ordre choisi ; mais à l'intérieur de cet ordre, elles sont indiscernables. Si dans une suite de songes aucune distinction interne n'intervient, cette suite est une série bien réglée : on n'a aucun moyen de distinguer la veille d'avec le sommeil, et l'artisan de Pascal qui se rêve roi aura raison d'être aussi heureux qu'un roi qui se rêverait artisan. Mais, justement, Pascal remarque « que les songes sont tous différents et que l'un même se diversifie » (*Pensées*, Lafuma 803 et 131). Pour les Baroques, pour Descartes, pour Pascal, le songe est tragique : tromperie, ou abîme de notre vie. Pour Leibniz, le « songe réglé » (A Arnauld, 30 avril 1687), le « songe suivi et durable comme la vie d'un homme » (*Nouveaux Essais*, IV, II, §14), s'il était possible (mais il est contraire à la raison) désigne un niveau de rationalité propre aux phénomènes. D'où sa place dans la série des exemples : une suite de songes congruents serait comme un phénomène bien fondé, au même titre qu'un arc-en-ciel, une image dans un miroir ; l'unité de tous ces quasi-êtres est mentale, unité de raison simplement subjective, qui a sa source dans le sujet percevant et non dans la chose même ; leur identité est fonction d'un critère extérieur. Si l'on en reste à la connaissance propre au sensible, cette liaison suffit : les phénomènes ne sont pas des illusions. La congruence est précisément ce qui, au *De modo distinguendi phænomena realia ab imaginariis*, permet de distinguer les phénomènes reéls des illusions : « Un phénomène sera congruent s'il est composé de plusieurs dont on peut rendre raison les uns par les autres, ou par quelque hypothèse commune assez simple ; il sera, ensuite, congruent, s'il maintient l'usage d'autres phénomènes qui se sont fréquemment présentés à nous, usage qu'ont eu des phénomènes semblables : en sorte que les parties du phénomène aient ce situs, cet ordre, et ce comportement ». (trad. *Phil.*, VII, p. 320.)

La congruence, pour la perception, exige plusieurs opérations. L'analyse : on peut rendre raison d'une armée ou d'un tas de pierres en les décomposant en parties ; le rapport à une loi globale : la Dioptrique permet d'expliquer l'arc-en-ciel ; la liaison avec d'autres phénomènes : les images spéculaires ne sont pas des fantômes parce qu'elles se présentent toujours de manière semblable, dans la même configuration spatiale, avec le même ordre des parties et le même comportement par rapport à l'original. Or ces opérations, justement, sont impossibles lorsqu'il s'agit d'une chimère : les parties n'expliquent pas le tout; aucune loi globale n'en rend raison ; elle est sans rapport à d'autres objets du monde. Les objets pris pour exemples ont en commun l'extériorité du critère qui les distingue les uns des autres à l'intérieur d'une même série : ils sont à la fois multiples et semblables, parce que leur individualité vient d'un principe externe (lieu, temps, matière, perception d'un sujet), non d'une loi interne qui régulerait le rapport des parties au tout de manière spécifique. Les carrés C et D sont placés différemment, mais le rapport des parties au tout est le même ; une armée, un troupeau, un tas de pierres ou un arc-en-ciel sont composés d'éléments dissemblables, mais l'arrangement des parties est toujours le même, en ce qu'il forme un agrégat, non une cohésion véritable. D'où ce résultat : des choses congruentes sont des choses qui ont entre elles un rapport tel qu'on ne peut les distinguer qu'extrinsèquement ; réciproquement, des choses non-congruentes sont des choses qui n'ont pas de rapport entre elles et qui se distinguent intrinsèquement, ce qui est la définition de la monade : son rapport au multiple, la perception, esi un principe interne qui la rend discernable de toute autre. Pour les monades, multiple et semblable s'opposent ; si elles sont multiples, alors elles sont dissemblables : le multiple est le discernable. Si l'on veut que les corps soient des substances, ils doivent donc bien dépasser la congruence, ils doivent prendre un mode d'existence semblable à celui des monades, la substance composée imite la substance simple. Le lien substantial a pour fonction de faire passer les corps du côté de la non-congruence, et de les distinguer ainsi des phénomènes.

8. La doctrine catholique refuse que les accidents eucharistiques soient de simples apparences (cf. des Bosses, II, p. 396) car alors les sens seraient trompés ; or la foi et la connaissance sensible ne doivent pas se contredire. Voyez la *Somme Théologique*, III, Qu. LXXV, art. 5 et Qu, LXXVII, art. 1. La substance du pain est totalement changée en celle du Corps mais « les sens attestent que tous les accidents du pain et du vin demeurent après la consécration ». Comment les accidents peuvent-ils demeurer sans sujet ? Saint Thomas résout le problème par la hiérarchie des causes : la cause première peut plus que la seconde, et tout effet dépend plus de la première que de la seconde ; Dieu, cause première de la substance et aussi de l'accident, peut conserver l'existence de celui-ci sans celle-là. L'existence des accidents eucharistiques est donc directement dépendante de la cause première, et le miracle consiste à sauter une médiation dans l'enchaînement naturel : « Il faut donc dire que les accidents restent sans sujet dans l'adorable mystère, et la vertu divine peut accomplir cette merveille ». Les accidents sont-ils des apparences ? Il semble que des Bosses prenne le mot *phénomène* au sens le plus proche d'*apparence :* rien de réel ne fonderait alors les phénomènes que nous percevons après la consécration. D'où son hypothèse d'un Accidentel premier, cet accident non-modal que refuse Leibniz. Saint Thomas pose la nécessité de rattacher les accidents (figure, couleur, saveur, etc.) à un terme commun, afin qu'ils soient bien des accidents individuels et non des universaux : il trouve ce terme dans la « quantité dimensive » qui sert de sujet aux autres accidents. Il est évident que la solution leibnitienne résout ce problème, puisque les monades du pain continuent de fonder les phénomènes perçus.

9. Cf. *Théodicée* (art. 285). Voyez Jansénius, *Augustinus*, t. III, l. III : le Christ est mort « *non pro singulis generum, sed pro generibus singulorum* »., c'est-à-dire que le Christ est mort pour toutes sortes de personnes, et non pour telles en particulier.

10. Cette étude préparatoire (publiée pour la première fois par Gerhardt) à la réponse du 5 février constitue ce que Blondel (Thèse latine, *op. cit.*, p. 215) appelle « la méditation secrète » (dont il contestera l'importance dans son ouvrage français) où Leibniz expose librement les « failles de son idéalisme ». La question de l'idéalisme intéressa beaucoup les

commentateurs, Boutroux en particulier, qui voit dans la « doctrine ésotérique de l'harmonie préétablie » la vérité du leibnitianisme : la réalité ne se fonde que sur l'ensemble des représentations monadiques – Leibniz eût-il développé son idéalisme de manière conséquente, il eût conçu le sujet transcendantal... mais il reste pré-critique. La recherche leibnitienne, permanente et complexe, sur la notion de substance et la réalité des corps, et l'hypothèse finale de la substance composée ne confirment pas cette interprétation.

11. Voyez Michel Serres, *Le Système de Leibniz...* (p. 7 *sqq.* et 151 *sqq.*).

12. Leibniz semble une fois au moins identifier le lien substantial et l'union métaphysique de l'âme et du corps. Mais les Lettres elles-mêmes ne posent pas cette identité. Tout au plus peut-on dire que le lien permet de penser cette union : cf. *supra*, Ire Partie, p. 43-45.

13. Ce mot, malgré son ambiguïté, me semble préférable à la périphrase : « le fait d'être homme » ou « la qualité d'homme », expressions plus justes mais lourdes. Hominité serait recevable.

## XXVI

*Lettre du 26 mai 1712*

Si vous niez la substantialité de ce qui est surajouté aux monades pour produire leur union, on ne peut plus dire du corps qu'il est substance : car il sera un pur agrégat de monades, et je crains que vous ne reveniez aux purs phénomènes des corps. Car les monades par elles-mêmes n'ont pas même entre elles un situs, j'entends réel, qui s'étende au-delà de l'ordre des phénomènes. Chacune est comme une sorte de monde séparé, et ceux-ci conviennent entre eux par l'intermédiaire de leurs phénomènes, mais n'ont par eux-mêmes aucun autre commerce ni liaison.

Si vous appelez *accident* ce qui suppose une substance complète sans laquelle il ne puisse être naturellement, vous n'expliquez pas en quoi consiste ce qui est essentiel à l'accident, ni par quoi l'on doit, dans l'ordre surnaturel, le distinguer de la substance[1]. Les Péripatéticiens reconnaissent parfaitement qu'il y a quelque chose de substantiel outre les monades, mais par ailleurs, selon eux, il n'y aurait d'autres substances que les monades. Et celles-ci ne constituent pas une substance composée complète, car elles ne font pas un être un par soi, si ce n'est par la présence d'une sorte de lien substantial.

Il n'est pas possible de prouver à partir de l'Harmonie qu'il y a dans les corps quelque chose d'autre que les phénomènes. Car il est constant par ailleurs que l'harmonie des phénomènes ne naît pas dans les âmes par un influx des corps, mais qu'elle est préétablie. Et cela suffirait, s'il n'était donné que les âmes ou monades ; auquel cas aussi toute Etendue réelle s'évanouirait, et à plus forte raison le Mouvement, dont la réalité serait ramenée à de purs changements de phénomènes.

Je souhaiterais que l'on exposât le système entier de Jansénius en une somme, autrement il est difficile, en une question si complexe, de juger correctement de sa pensée. Il semble qu'on puisse tirer d'Augustin des choses totalement contraires lorsqu'on extrait ses propos de leur lieu propre : la même chose peut arriver à Jansénius. Mais il suffit de renouer le fil de ses méditations pour lever le doute. Et quiconque ne veut pas se laisser tromper par des extraits d'Augustin doit se plonger vraiment dans sa lecture, et pour ses différents livres connaître les circonstances, les buts, et l'ensemble ; je m'en suis aperçu autrefois, me semble-t-il, en étudiant avec soin quelques-uns de ses propos, et j'en suis devenu plus circonspect.

Hartsœker s'est promis de ne plus répondre sur la question des atomes : il veut se montrer ferme sur ce qu'il a avancé.

J'ai bien sûr beaucoup de Méditations Philosophiques, mais elles ne sont pas encore prêtes pour la publication. Celles qui, entre autres, touchent aux Lois du mouvement peuvent servir excellemment à l'élucidation des principes de la nature.

Je vous dois beaucoup, pour vous mettre avec tant de zèle à la traduction de mon petit livre. Puissiez-vous trouver en lui de quoi vous payer de votre peine.

Je vous remercie des communications qui concernent la Chine ; plus je m'y arrête, et plus je m'étonne qu'on fasse à Rome des choses qui me semblent faire croître le danger de la Mission. Et les avertissements des Portugais, qui ont intérêt à ne pas irriter le Monarque de la Chine, sont fondés. Cependant je crains que le Pape n'approuve que les Portugais s'attribuent un droit de patronage sur les Églises chinoises [2].

Je voudrais savoir si le R.P. Tournemine a inséré dans ses Actes Littéraires de Trévoux le compte rendu promis de ma *Théodicée*.

Monsieur Romerskirchen pourra m'envoyer quand il voudra les livres indiqués ici. J'ai inscrit le prix qu'il a lui-même fixé. Je verserai la somme que je lui dois pour ceux-ci et pour le précédent à la personne que vous me désignerez. Pour le reste...

Hanovre, le 26 mai 1712.

## NOTES DE LA LETTRE XXVI

1. L'inhérence ne suffit pas à définir le rapport de l'accident à la substance : cela est particulièrement clair dans la transsubstantiation, car si l'Accidentel premier sert de support à tous les autres, il n'en est pas pour autant une substance. Celle-ci est simple, active, et source ou cause de ses attributs ; l'accident doit être contenu en elle comme en un sujet ultime (cf. *Discours de Métaphysique*, art. VIII). En-dehors de sa simple existence – l'ordre naturel – il faut qu'il y ait un critère interne qui le distingue de la substance.

2. Les Portugais demandent au Pape un droit de *padroado* sur les Missions, c'est-à-dire le droit de nommer les Evêques. Les décisions de Rome qui mettent en danger la Mission concernent les rites chinois : le Pape refuse toute concession aux mœurs religieuses du pays. En 1707, les condamnations de 1693 et de 1704 furent renouvelées ; en 1715, les rites chinois seront de nouveau condamnés.

## XXVII

*Lettre du 16 juin 1712*

Vous m'inondez de bienfaits toujours nouveaux, dont les derniers ne sont pas de m'avoir procuré le compte rendu de Trévoux, que je souhaite vivement lire, et de l'avoir non seulement annoncé, mais illustré sa parution d'un discours admirable du très-éminent Tolomei ; je l'en remercie du fond du cœur dans la lettre que je vous transmets, dont je vous prie de bien vouloir vous charger, comme vous l'avez proposé.

Je dois encore à votre bienveillance le relevé des propositions de savants théologiens qui s'accordent avec les miennes. Car voilà qui sert grandement à les confirmer autant qu'à les comprendre. Si j'ai bonne mémoire, je ne connais du R.P. Sebastian Izquierdo que le livre intitulé *Pharus Scientiarum*, que j'ai vu dans ma jeunesse, mais dont j'ai à peu près oublié le propos. Certaines propositions d'Izquierdo, dans les passages que vous avez relevés, sont un peu différentes des miennes, mais sur le fond il me semble que nous sommes d'accord. Lorsqu'il dit par exemple que c'est par nécessité morale, mais non pas physique, que Dieu a créé le monde, j'ai préféré dire : moralement mais non métaphysiquement ; car dans mon petit livre j'ai expliqué comment la nécessité physique suit de la nécessité morale [1].

J'estime qu'il est utile à l'examen fondamental des choses d'expliquer tous les phénomènes par les seules perceptions des monades conspirant entre elles, abstraction faite de la substance corporelle. Et dans cette façon de présenter les choses, l'espace devient l'ordre des phénomènes coexistants, comme le temps celui des successifs ; et il n'y a pour les monades aucune proximité ni distance spatiales ou absolues, et dire qu'elles sont ramassées en un point ou disséminées dans l'espace, c'est fictions de notre esprit, car nous voudrions bien imaginer ce qui ne peut que se concevoir. Mais en considérant les choses à ma manière, la question de l'étendue ou de la composition du continu ne se pose pas, et toutes les difficultés concernant les points s'évanouissent. Et c'est ce que j'ai voulu dire quelque part dans ma *Théodicée*, que les difficultés de la composition du continu nous doivent avertir de la nécessité de prendre les choses tout autrement [2]. Il faut voir ensuite ce qu'il est nécessaire de surajouter, si nous ajoutons une Union substantielle, c'est-à-dire si nous posons qu'il y a une substance corporelle, et partant une matière ; et si, alors, il faut recourir au corps Mathématique [3]. Les monades ne seront pas à proprement parler en un lieu absolu, pour ce qu'elles ne sont pas, en vérité, des composants, mais seulement des requisits de la matière. Aussi ne sera-t-il pas nécessaire de poser des indivisibles locaux [4], qui jettent en de si grandes difficultés. Il suffit que la substance corporelle soit quelque chose qui réalise les phénomènes en dehors des Âmes ; mais en quoi je ne voudrais pas concevoir des parties en acte, sinon celles qui résultent d'une division actuelle, ni des indivisibles, sinon comme extrémités.

Je pense que les monades ont toujours une existence pleine, et que l'on ne peut les concevoir comme les parties sont dites en puissance dans le tout. Et je ne vois pas ce que la monade dominante enlève à l'existence des autres monades, puisqu'en vérité il n'y a entre elles aucun commerce, mais seulement un accord. L'unité de la substance corporelle dans le cheval ne naît pas d'une réfraction [5] des monades, mais de ce qu'un lien substantial a été surajouté, qui ne change absolument rien dans les monades elles-mêmes. Un ver [6] peut être une partie de mon corps, et sous ma monade dominante ; il peut à son tour comprendre dans son corps d'autres animalcules sous sa monade dominante. Or la domination et la subordination, pour les monades, consiste seulement en degrés de perfection.

Si l'on définit l'*accident* comme ce qui exige d'exister dans la substance, je crains que nous n'expliquions pas suffisamment sa raison formelle, d'où devrait apparaître la raison de cette exigence. Et il est vrai qu'une substance aussi exige souvent une autre substance ; il faudrait expliquer ce qu'il y a de propre à cette inhérence, qui définit d'ordinaire la nature de l'accident ; pour moi, je reviendrai à ceci, qu'il est la modification de quelque chose d'autre qui est absolu.

Il est vrai que ce qui se fait dans l'âme et ce qui se fait hors d'elle doivent s'accorder ; mais pour cela il suffit que les choses qui se font dans une seule âme se répondent entre elles d'une part, et d'autre part à celles qui se font dans toute autre ; et point n'est besoin de poser quelque chose en dehors de toutes les âmes ou monades ; et sous cette hypothèse, lorsque nous disons que Socrate est assis, cela ne signifie rien d'autre que ce par quoi nous saisissons et Socrate et le fait d'être assis nous apparaît, à nous et aux autres que cela atteint.

Puisque vous estimez que la doctrine de la Transsubstantiation est conciliable avec l'hypothèse, ou la fiction, de corps ramenés aux phénomènes, je vous demande de m'exposer votre sentiment à ce sujet. Pour le reste...

Hanovre, le 16 juin 1712.

## NOTES DE LA LETTRE XXVII

1. Traduisant la *Théodicée*, des Bosses envoie à Leibniz des extraits de théologiens proches des textes en question (dont Gerhardt ne donne pas copie). L'allusion à la *Théodicée* renvoie au Discours (§2), où la nécessité physique est dite fondée sur la nécessité morale. Voyez aussi le *De rerum originatione radicali* et la *Théodicée* (art. 121, 132, 176, 231-237 et 367).

2. Voyez *Théodicée*, Discours (§70). Si l'on imagine les points de vue des monades sur le modèle des points géométriques situés dans un espace donné, l'on ne comprend pas comment des points peuvent engendrer un continu. La géométrie appuie la thèse de la divisibilité à l'infini (v. lettre à Foucher, juin 1692, *Phil.*, I, p. 402), mais ne donne aucun modèle pour comprendre l'engendrement d'un continu : au contraire, elle le rend incompréhensible. « Prendre les choses tout autrement » signifie : cesser d'abord de concevoir l'espace comme une chose composée de points, mais le définir comme un rapport idéal (v[e] *Ecrit* à Clarke) ; puis penser la matière à partir de l'union des monades, non de l'étendue géométrique : le continu matériel est autre chose que le continu spatial, bien qu'il l'exige (Lettre à Dangicourt, 1716, Erdann, p. 746).

3. Le corps mathématique désigne l'aspect purement géométrique d'un corps : sa figure extérieure et les parties qui le composent. Par exemple, un carreau de marbre, ou notre propre corps considéré sans âme, le pur *cadaver* des Lettres à Arnauld. La figure n'offre qu'une unité apparente car « il n'y a point de figure arrêtée et précise dans les corps » ; quant aux parties, leur arrangement régulier n'est pas nécessairement la preuve d'une véritable unité : les sels, les minéraux et les métaux présentent des contextures régulières (*Nouveaux Essais*, III, VI, §24) ; enfin, les parties qui font notre corps matériel sont en flux perpétuel : adultes, nous ne retenons rien de la matière de notre corps d'enfant (*NE.*, II, XXVII). Le corps, donc, pris comme figure et quantité, ne constitue pas une substance corporelle.

4. Ces *indivisibilia localia* s'opposent à des *indivisibilia metaphysica*, et désignent des atomes, ou points de matière. Si les monades étaient de tels points, elles seraient étendues donc divisibles, on les dirait à bon droit composant des corps, à titre de parties. Mais elles sont inétendues, donc dépourvues de lieu absolu : elles ne font pas la matière mais la fondent.

5. La formule est péripatéticienne ; des Bosses cite (II, p. 446) Averroes et Zabarella qui pensent que les éléments demeurent dans le composé, mais réfractés : « *elementa manere in mixto, scilicet refracta* ». Ce modèle est inapplicable à la substance composée, puisque les monades ne sont pas à proprement parler les éléments d'un mixte.

6. On appelait *vers* les petits animalcules observés au microscope dans les semences des vivants. Voyez, pour l'influence des théories vermistes, Jacques Roger, *Les sciences de la vie dans la pensée française du* XVIIIe *siècle*, Paris, Armand Colin, 1963.

## XXVIII

*Lettre du 20 septembre 1712*

J'ai reçu de vous une partie de votre traduction, puis la lettre du Cardinal Tolomei. Outre cela le R.P. Orban m'a envoyé un portrait de cet homme remarquable. Les deux envois m'ont fait grand plaisir, et je souhaite que cet homme supérieur à bien des égards reçoive pour longtemps bonheur et prospérité. Je vous souhaite la même chose, vous qui, je le prévois, illustrerez brillamment votre Ordre et la République des Lettres. Orban m'a encore envoyé quelques nouvelles de la Chine ; j'y apprends que l'on cherche parmi les vôtres un homme versé en Mathématique appliquée [1], digne de remplacer Castner. J'ai vu quelqu'un de tel à Lintz il y a quelques années, mais je crains qu'il ne soit trop âgé pour pouvoir supporter les difficultés d'un si grand voyage. J'aimerais savoir de vous qui parmi les vôtres brille le plus en Mathématique.

J'ai vu jadis dans votre Bibliothèque de Paderborn (si j'ai bonne mémoire) un exemplaire ancien de Martianus Capella qui comporte des scolies. Voyez, je vous prie, s'il s'y trouve (car je peux me tromper), et indiquez-moi aussi les particularités du Recueil, avec l'auteur des scolies, si son nom y figure.

Votre traduction est belle, et l'ouvrage en est éclairé : mais j'userai pour ma part, en la circonstance, de la liberté que vous m'avez accordée, et, puisque vous avez d'autant plus fidèlement traduit en suivant plus étroitement l'original, je préfère quant à moi développer certaines choses plus clairement qu'elles ne sont dans le texte français ; cependant que parfois j'en exprime d'autres en un style plus coulant, comme j'aurais fait si j'avais écrit en Latin. Dès mon retour à Hanovre (je suis pour l'heure à Wolfenbutel) je vous la renverrai.

J'en arrive à votre lettre philosophique. Si l'on admet outre les monades des Substantiels, c'est-à-dire si l'on admet une certaine Union réelle, je conviens que l'Union qui fait d'un animal ou de tout corps organique de la nature une unité substantielle possédant une monade dominante, est fort différente de celle qui fait un simple agrégat comme dans un tas de pierres : celle-ci consiste en une simple union de présence ou union locale, celle-là en une union qui produit un substantié nouveau, que les Écoles appellent *un par soi,* tandis qu'elles nomment la précédente *un par accident.* Je n'ai dit nulle part que les monades, sans être en rien changées, constituent tantôt un cheval et tantôt non ; car puisque la monade exprime toujours en elle ses relations à toutes les autres choses, elle percevra des choses très différentes selon qu'elle est en un cheval ou en un chien. Il ne suffit pas à la nature de l'accident d'être dépendant de la substance, car la substance composée aussi dépend des simples ou monades ; mais il faut ajouter qu'il dépend de la substance comme d'un sujet, et même d'un sujet ultime ; car un accident peut être l'affection d'un autre accident, par exemple la grandeur de la chaleur ou de l'impetus [2], en sorte que l'impetus soit le sujet et la quantité en lui comme abstrait du prédicat, lorsqu'on dit de l'impetus qu'il devient grand ou de telle grandeur. Mais la chaleur ou l'impetus est dans le corps comme dans un sujet ; et le sujet ultime est toujours la substance. Tout accident est une sorte d'abstrait et seule la substance est un concret ; et quoique les accidents aussi puissent avoir des prédicats concrets, comme lorsqu'on dit de l'impetus qu'il est grand, ils ne sont pas eux-mêmes concrets, mais abstraits des prédicats des substances.

Bien plus : je dirais que la substance composée – c'est-à-dire cette chose qui fait le lien des monades – du fait qu'elle n'est pas une simple modification des monades ni quelque chose qui existe en elles comme en des sujets (car la même modification ne pourrait être en même temps en plusieurs sujets), dépend des monades non point logiquement (c'est-à-dire en sorte qu'elle ne puisse être séparée d'elles, même surnaturellement) mais seulement naturellement, en sorte qu'elle exige de les unir dans la substance composée, sauf si Dieu le veut autrement ; car Dieu peut l'appliquer à d'autres monades, pour les unir, en sorte qu'elle cesse d'unir les premières [3] ; il peut aussi la supprimer elle-même tout à fait, et lui en substituer une autre unissant d'autres monades, et cela soit de façon qu'elle cesse d'unir d'autres monades et soit transportée de monades en monades, soit de façon qu'elle retienne ses propres monades, qu'elle unit naturellement, et qu'elle en unisse alors aussi de nouvelles surnaturellement. Et c'est, semble-t-il, ce qu'il faut dire suivant les vôtres du changement de toute la substance d'un corps en celle d'un autre, lequel cependant retient sa nature première [4].

Venons-en maintenant aux accidents réels qui sont dans cette Chose unitive* comme dans un sujet. Et vous conviendrez, je pense, que certains ne sont rien que ses modifications, qui de ce fait disparaîtront en même temps qu'elle. Mais on demande s'il n'y en a pas certains qui soient plus que des modifications[5]. Or ceux-ci semble-t-il sont tout à fait superflus, et tout ce qui est en eux outre la modification concerne, il me semble, la chose substantielle elle-même. Et je ne vois pas comment distinguer l'abstrait du concret c'est-à-dire du sujet dans lequel il est, ni expliquer intelligiblement ce que c'est qu'« *être dans* » ou être inhérent à un sujet, sans considérer ce qui est inhérent comme un mode ou un état du sujet ; lequel est soit essentiel, et ne peut subir de changement à moins d'un changement de la nature de la substance, dont il ne diffère que par le jugement ; soit accidentel, et s'appelle modification, qui peut naître et mourir tandis que le sujet demeure. Que si vous connaissez une autre façon d'expliquer l'*inhérence*, je vous demande de me l'indiquer, car la question en dépendra. Et sinon il est à craindre que, disant que vous conservez les accidents réels, vous ne conserviez en vérité la substance, et qu'ainsi en vérité elle ne soit pas tout entière transformée. D'où, si j'ai bonne mémoire, certains Grecs niaient que les accidents réels fussent conservés, parce qu'ils craignaient de conserver du même coup la nature et la substance.

Il vous semble, dites-vous, qu'il peut y avoir un être intermédiaire entre la substance et la modification. Mais je pense, moi, que cet intermédiaire est justement le substantié un par soi, c'est-à-dire la substance composée ; car elle est un milieu entre la susbstance simple (qui au premier chef mérite le nom de substance) et la modification[a]. La substance simple est perpétuelle, mais le substantié peut naître et mourir, comme aussi changer ; l'accident est ce qui naît et finit lorsque la substance est changée, mais demeure. En outre, l'accident n'est capable d'aucune nouvelle modification, par lui-même en tout cas, mais seulement par accident, en tant qu'il est contenu dans une substance modifiée aussi par d'autres accidents. Par exemple : l'impetus ou la chaleur dans le corps *A* est tantôt présent dans le corps *B* et tantôt absent, selon la proximité ou l'éloignement du corps *A ;* mais le même impetus ne peut être supérieur et inférieur : c'est un nouveau degré qui s'est ajouté au précédent, plus petit, qui se conserve aussi ; et l'impetus total qui en suit est différent de l'impetus total précédent[6]. De la même façon, le même impetus ne peut se diriger tantôt vers tel choc et tantôt vers tel autre ; mais c'est un nouvel impetus avec une autre direction qui, ajouté au premier, produit une

* *res unitiva*

direction totale nouvelle, quoique les deux directions partielles demeurent. Et un impetus total composé à son tour à un autre produit un impetus total nouveau.

Cela posé, je pense que l'on pourrait expliquer votre Transsubstantiation comme suit. Gardant les monades (ce qui semble le mieux convenir à la raison et à l'ordre de l'univers), Dieu a attribué au lien substantial du Corps du Christ la fonction d'unifier substantiellement les monades du pain et du vin ; mais le précédent lien substantial a été détruit, et avec lui ses propres modifications ou accidents. Ainsi, il restera seulement les phénomènes des monades du pain et du vin, lesquels auraient dû être, même si Dieu n'avait ajouté aucun lien substantial à leurs monades. Mais quoique le pain ni le vin ne soient pas un substantié constituant *unum per se*, et de ce fait ne soient pas liés par un lien substantial, ils sont pourtant des agrégats de corps organiques, c'est-à-dire de substantiés constituant *unum per se*, dont il fallait supprimer les liens substantiaux pour les remplacer par celui du corps du Christ. Lorsqu'on dit *ceci est un corps*, si l'on admet les substances composées, on ne désigne pas les monades, ni par *ceci* ni par *corps* (combien peu ont réfléchi à cela ? ), mais le substantié, ou le composé, né des liens substantiaux.

J'en viens à l'établissement de votre explication de la Transsubstantiation sous l'hypothèse qu'il n'y aurait aucun lien substantial et que les substantiés seraient de simples phénomènes. Vous dites que les monades du pain et du vin sont détruites, et que d'autres leur sont substituées, mais qu'il reste dans toutes les âmes les perceptions du pain et du vin, exactement comme si leurs monades étaient conservées ; puis que les monades substituées à celles du pain sont les monades du corps du Christ. Mais vous-même demandez à bon droit pourquoi nous disons que d'autres monades ont été substituées aux premières, ou en quoi consiste cette substitution ; et je ne vois pas comment l'expliquer, pour cette raison qu'il n'y a dans la nature que les monades et leurs perceptions, à moins d'attribuer aux monades du corps du Christ des perceptions répondant à celles des monades détruites. Mais on serait ainsi obligé de dire que les accidents du pain et du vin sont dans le corps du Christ, ce qu'à bon droit on refuse. Et nous aurions tort d'attribuer le *ceci est* aux monades du corps du Christ, de cela seul qu'elles furent dans l'entendement divin causes idéales de ces perceptions en nous [7] : les causes idéales contiennent la raison causale des perceptions des autres par l'intermédiaire de leurs propres perceptions répondant aux premières [8]. Aussi les monades du corps du Christ ne sauraient-elles être la cause idéale de nos phénomènes, à moins qu'elles n'eussent en elles quelque chose de correspondant et qui fondât la causalité, c'est-à-dire : à moins que les perceptions de ces phénomènes ne fussent telles qu'elles étaient dans les monades du pain et du vin, comme causes idéales de nos perceptions, et ainsi on les nommerait à juste titre sujets des accidents apparents. C'est pourquoi je vois mal comment on pourrait suffisamment expliquer la chose à partir de simples monades et phénomènes ; il faut ajouter quelque chose qui les réalise. Mais si l'on admet la réalisation des phénomènes et les substances composées, je penserais qu'il n'est pas besoin de supprimer les monades, mais qu'il suffit de supprimer et de remplacer ce qui constitue formellement la substance composée, et que les monades ne produisent pas, pouvant être présentes ou absentes tandis que la substance composée demeure[9].

Vous demandez pourquoi, si l'on n'a pas besoin de l'étendue réelle, il est besoin d'une matière première, et pourquoi seule l'entéléchie ne constitue pas la monade ? Je répondrais que, si l'on pose seulement les monades avec leurs perceptions, la matière première ne serait que la puissance* passive des monades, et l'entéléchie leur puissance active ; mais que si vous ajoutez des substances composées, je dirais qu'en celles-ci-mêmes le principe de résistance doit se joindre au principe actif, ou force** motrice. Vous demandez ensuite pourquoi les monades sont une infinité en acte ? Je réponds qu'à cela leur possibilité suffirait, puisqu'il importe que les ouvrages de Dieu soient les plus riches possible ; mais l'ordre des choses l'exige, autrement les phénomènes ne répondraient pas à toutes les perceptions assignables. Et il est certain que dans nos perceptions, si distinctes soient-elles, il se trouve des perceptions confuses aussi petites qu'on voudra ; aussi des monades leur correspondront-elles comme aux plus grandes et plus distinctes. Vous demandez enfin pourquoi un fruit apparaît rond plutôt que carré s'il n'a pas d'étendue réelle. Je réponds que le fruit en lui-même, de ce qu'il est un être par agrégation, est seulement un phénomène. Pour le reste…

Wolfenbutel, le 20 septembre 1712.

P.-S. Je serai très-heureux de profiter de votre présence, lorsqu'au mois prochain vous ferez un voyage dans nos contrées.

a. *Note marginale :* On peut diviser le Concret en accidentel, comme le Chaud, l'Homme chaud ; et substantiel. Bien plus, je divise les substantiels en substances simples, comme Dieu, l'Ange, l'âme ; et substantiés ; et le substantié en *un par soi* ou substance composée, et *un par accident*, ou agrégat.

* *potentia*
** *virtus*

## NOTES DE LA LETTRE XXVIII

1. Il s'agit de la méthode générale des Mathématiques en tant qu'elle peut s'appliquer en divers domaines, astronomie, mécanique, accoustique, etc. L'Empereur Kang-hi, en effet, depuis le séjour du Père Ricci, élève de Clavius, à la Cour de Pékin, désirait s'entourer de Jésuites instruits de Mathématique, tant pour faire remonter sa montre chaque matin que pour prévoir les éclipses(cf. Fülöp-Miller, *Les Jésuites et le secret de leur puissance*, V, 1).

2. Conformément à la tradition, je ne traduis pas le mot *impetus* (Voyez Belaval, et Gueroult, *Dynamique*... chap. III). Le *conatus* est le mouvement embryonné, tendance ou effort, la force active primitive d'une monade ; l'*impetus* est le conatus pris avec la masse du corps, sa vitesse réelle. Le premier est virtuel, le second est actuel.

3. Cf. *supra*, I$^{re}$ Partie, p. 39 *sqq.* et 55 *sqq.*). La présence du lien substantial obéit à une nécessité simplement physique ou naturelle, mais non logique ni métaphysique. Si le lien était logiquement nécessaire, il serait au nombre des vérités éternelles, et Dieu même n'y pourrait rien changer. Mais il relève des vérités contingentes, puisqu'il n'a rapport qu'à l'existence de la substance composée en tant que telle. Nécessaire dans l'ordre de la nature (donc seulement hypothétiquement), il peut être modifié surnaturellement : or le surnaturel ne s'oppose pas au logique, il témoigne seulement d'un ordre différent supérieur. Soulignons ici un certain flottement dans l'expression : Leibniz dit quasi-indifféremment lien substantial ou substance composée ; signe que les deux choses sont parfaitement réciproques : qui pose l'un pose l'autre.

4. La transsubstantiation est possible en raison de la relation simplement naturelle qui joue entre le lien et les monades. Le lien des monades du Corps est transporté surnaturellement à celles du pain, tout en continuant d'unir naturellement celles du Corps. La relation eucharistique est double : naturelle, le corps du Christ n'est pas détruit ; surnaturelle, le pain devient le Corps.

5. Reprise de la discussion ouverte à la Lettre XXV, sur la recherche d'un Accidentel premier. Des Bosses persiste à poser le problème en termes de substance et accidents, tandis que Leibniz tente de lui montrer qu'il la faut poser en termes d'unité et multiplicité : il faut et il suffit que l'unité du Corps passe au pain. Sur la distinction du concret et de l'abstrait, du mode accidentel et du mode essentiel, voyez *infra*, N°XXIX et l'*Entretien de Philarète et d'Ariste* (*Phil.*, VI, p. 582 *sqq.* ; cf. GF. *Principes de la nature*..., p. 201 *sqq.*). Ainsi l'activité est un attribut essentiel de la substance, on ne les distingue que par le jugement. Mais la blancheur dans le lait ou la dureté dans le diamant sont des attributs accidentels, simples modifications des corps. La substance seule est un concret absolu, mais l'étendue est un abstrait : elle suppose un sujet qui s'étend.

6. Sur ces problèmes, voyez Gueroult, *Dynamique*... (chap. III).

7. « Neque to *Hoc est* illis corporis Christi monadibus recte tribueremus, ex hoc solo quod fuerint causae ideales in mente Dei harum in nobis perceptionum ». Ces perceptions désignent sans doute celles que nous avons des accidents du pain et du vin ; il faut donc supposer que le latin oppose *illae monades* à *hae perceptiones* comme ce qui est éloigné à ce qui est proche : ces monades du Corps, dont on parle mais que l'on ne perçoit pas, et ces phénomènes proches que l'on perçoit effectivement en voyant le pain et le vin.

8. Les monades n'agissent pas les unes sur les autres ; mais diffèrent par leurs points de vue et par leurs degrés de perfection : cette double différence fonde la possibilité de la causalité idéale. Une monade est cause idéale d'une modification dans une autre monade lorsqu'elle en contient les raisons a priori. La loi de l'harmonie a préétabli un réseau tel que toute monade renvoie à toute autre en passant par Dieu, de façon plus ou moins claire, ou

confuse. Sur ce réseau, la causalité (idéale) introduit un sens, une hiérarchie : les chemins deviennent parfois des vecteurs, segments orientés, non réversibles : telle monade donne la raison de ce qui arrive à telle autre. La causalité est la lecture de l'entr'expression suivant la raison suffisante, ou le principe de raison projeté sur un segment du réseau. Exemple : l'âme et le corps s'entr'expriment, mais une modification de l'âme, par exemple une volonté, peut être cause d'une modification du corps ; et inversement, dans le cas de la douleur. La causalité est dite idéale parce qu'elle n'est pas un influx d'un terme sur un autre, mais un rapport entre les raisons qui ont déterminé Dieu à établir ainsi les relations intermonadiques (*Théodicée, art.* 66). La notion de cause idéale donne une interprétation nouvelle à la thèse de l'union de l'âme et du corps, ainsi qu'au langage courant qui tient que l'âme dépend de son corps ; mais c'est parler avec Ptolémée et penser avec Copernic. La cause idéale permet de penser l'action et la passion : toute monade est active, par définition, mais on peut la dire passive en tant que ses perceptions deviennent confuses, c'est-à-dire trouvent leur raison ou cause idéale dans une autre monade, laquelle est dite active. Sur les occurrences de la notion, voyez *Théodicée* (art. 54 et 66) ; *Monadologie* (51). L'expression « causalité idéale » est assez peu usitée dans les textes.

9. Tout ce paragraphe reprend, pour en montrer l'impossibilité, la thèse que propose des Bosses dans sa lettre du 28 août 1712 (II, p. 452). En voici les grandes lignes :

– Puissance de Dieu : elle peut détruire des monades et en créer de nouvelles, et ceci sans changer les phénomènes, donc sans changer non plus nos perceptions de ces phénomènes.

– Entendement de Dieu : il faut donc dire que ces nouvelles monades sont les substrats des phénomènes qui étaient ceux des monades détruites. Mais le rapport des monades nouvelles aux phénomènes inchangés sera dit symbolique, et non plus propre ou naturel : car ce sont les monades détruites qui furent dans l'Entendement causes idéales des phénomènes.

– Lorsque l'on désigne une chose par *ceci*, l'on ne désigne pas nécessairement la substance même du corps, mais l'objet de la perception, à savoir tels phénomènes particuliers. Dans le cas naturel, sans destruction ni substitution, le *ceci* qui désigne les phénomènes désigne du même coup l'accord naturel des monades à leurs phénomènes ; mais dans le cas surnaturel, *ceci* désigne simplement les phénomènes, et ceux-ci symboliquement les monades nouvelles (la substance).

Des Bosses applique ce raisonnement à la transsubstantiation ;

– Dieu peut remplacer des monades détruites (celles du pain) par des monades déjà existantes (celles du Corps).

– Les monades du Corps commencent d'être sous les phénomènes du pain causes idéales de leurs phénomènes propres (le Corps du Christ), elles entretiennent désormais un rapport symbolique avec les phénomènes du pain.

– Si les monades du pain ne sont pas détruites, on ne comprend pas comment le Corps peut être désigné sous et par les phénomènes du pain. Car tant que demeurent les monades du pain, le *ceci* appliqué aux phénomènes dit le rapport naturel de ceux-ci aux monades, et donc la substance du pain. Donc : si l'on conserve les monades du pain, *ceci est mon corps* devient *le pain est le corps du Christ.* Sur cette formule, cf. saint Thomas, *Somme Théologique*, III, Qu. LXXV, art. 8.

L'argumentation de Leibniz contre cette thèse se fonde essentiellement sur la recherche de la raison suffisante. D'où le risque : penser un désaccord entre la puissance de Dieu et son entendement. Le rapport naturel des monades à leurs phénomènes obéit au principe de raison ; et par conséquent aussi notre perception de ces phénomènes. Le rapport est d'expression, donc constant et réglé. Mais lorsque le rapport des phénomènes aux monades est symbolique, celles-ci ne sont pas originellement causes idéales de ceux-là : le rapport symbolique est hors la raison suffisante. Il n'y a rien dans les monades du Corps qui rende raison des apparences du pain, celles-ci seraient alors non-fondées ; la puissance de Dieu irait à l'encontre de son entendement. Si l'on veut, donc, que les phénomènes restent invariants lorsque les monades changent, il faut établir entre eux et les nouvelles monades une relation analogue à la relation naturelle, c'est-à-dire « attribuer aux monades du corps du Christ des perceptions répondant à celles des monades détruites », ou penser les monades du Corps comme « causes idéales de nos phénomènes », il faudrait donc « que les perceptions que nous avons des phénomènes fussent telles qu'elles étaient dans les monades du pain et du vin ». La dernière formulation est claire et précise, aussi Leibniz s'en tient-il là ; l'on saisit alors l'impossibilité de la thèse du jésuite : car elle revient à nier le principe des indiscernables. Il n'y a dans la nature, pour fonder les phénomènes, que les monades et leurs perceptions : si à des phénomènes invariants on veut faire correspondre tantôt une monade *A* et tantôt une monade *B*, il faut que les monades *A* et *B* aient les mêmes perceptions ; or la perception est justement le principe interne qui distingue les monades ; deux monades seraient donc indiscernables, ce qui est métaphysiquement impossible. Dans le cas précis de l'eucharistie, il faudrait dire que les monades du corps du Christ sont sujet des accidents du pain et du vin, comme si une monade *A* pouvait être le sujet de la série des attributs d'une monade *B*. Donc, si l'on veut que les accidents du pain et du vin demeurent et soient fondés, sans que la substance du Corps soit sujet des accidents apparents (ce que refuse aussi la doctrine catholique), il faut conserver les monades du pain et du vin. L'hypothèse du P. des Bosses est donc insoutenable.

## XXIX

*Étude de la Lettre du P. des Bosses du 12 Décembre 1712*

Les *connaissables* sont incomplexes ou complexes.

Les *incomplexes* sont catégorématiques, c'est-à-dire Termes; ou syncatégorèmes; ou forgés des précédents.

Les *Termes* sont les significations des mots dans le cas droit[1].

Les *syncatégorèmes* sont les significations des particules.

*Ce qui est forgé des précédents* sont les inflexions des termes, je veux dire lorsqu'on fait du terme et de la particule un composé oblique, par exemple quand je dis *d'homme,* qui est le même que τοῦ homme, où τοῦ est la particule et *homme* le terme.

Les termes sont impossibles ou possibles.

Les termes possibles sont des Êtres réels, les impossibles sont des Êtres de raison.

D'autre part, les Termes sont autre chose que les Êtres, par exemple le Triangle et le Trilatère sont le même Être, mais les termes sont distincts, et ils diffèrent formellement, mais non matériellement. Ainsi les termes redoublés : l'homme en tant que capable de science n'est pas autre chose que l'homme, mais le terme est autre.

Les Termes sont donc purement réels, ou connotionnels. Les Termes réels sont les choses elles-mêmes, lorsqu'on n'exprime rien d'autre que la chose même; les termes connotionnels[a] sont les choses plus quelque chose qui s'ajoute, par exemple *Homme* est un terme purement réel, mais *Homme raisonnable* est un terme connotionnel essentiel, et il y a là quelque chose de superflu, parce que l'une des parties suit de l'autre. *Homme savant* est un terme connotionnel accidentel : car le même est tantôt savant et tantôt non, et la même chose demeure, modifiée par les accidents. Que si nous concevions que le même Être puisse être tantôt un homme et tantôt non[2], *homme* aussi serait un terme connotionnel accidentel. Ainsi *carré* n'est pas un terme réel, car quelque chose, de non-carré, peut devenir carré, et il y a des carrés de diverses natures, comme en or, en argent, etc. Ainsi *savant* est un terme connotionnel, car il n'est pas donné de genre déterminé d'être qui ne soit rien sinon savant, ou bien modifications de savant.

Les Termes sont Concrets ou Abstraits.

Les Concrets purement réels sont les substances.

Les Concrets, connotionnels sont essentiels ou bien accidentels, comme j'ai déjà dit.

Les termes Abstraits sont de même ou bien des Êtres, ou bien des prédicats. Ainsi la Force est un Être, mais non la rationalité[3].

Les Abstraits qui sont des Êtres sont des absolus, ou bien des relations. Les relations ne sont capables d'aucun changement qui leur soit propre, mais résultent des absolus. Voyons s'il est préférable de retirer les Relations du nombre des êtres[4].

Les Absolus sont les Formes qui sont des Êtres durables, et les choses passagères* (c'est-à-dire les Actions ou les Passions) ou accidents successifs.

Or certaines Formes sont Essentielles ou constitutives, et certaines, accidentelles.

Mais peut-être est-il possible de se passer des formes essentielles, puisqu'elles sont de simples notions.

Les Prédicats Abstraits qui ne sont pas des Êtres sont soit essentiels (j'entends les attributs ou affections ; attributs, primitifs ; affections, dérivatives), soit accidentels, comme sont les relations accidentelles.

Il y a aussi les abstraits composés, par exemple l'animali-rationalité[5] c'est-à-dire l'animalité-rationalité, c'est-à-dire l'humanité.

Ils se conjuguent parfois obliquement, et l'Un abstrait est l'accident de l'autre, comme lorsqu'on dit par exemple *doctrine salvatrice,* où *être salvatrice* est un accident de la doctrine.

S'il y a assurément des accidents d'accidents, il n'y a point de substances de substances : un accident peut être sous un autre, mais non une substance sous une substance.

Lorsque les abstraits ne sont pas des Êtres, ils se ramènent à des vérités, par exemple la Rationalité de l'homme n'est rien d'autre que la vérité de cette énonciation : « l'homme est raisonnable ». D'où l'on voit clairement que les incomplexes sont souvent fondés dans les complexes, qui pourtant sont par eux-mêmes de nature postérieure aux incomplexes, dont ils font la liaison.

Et en vérité toute proposition, c'est-à-dire tout ce qui est complexe, peut à son tour se réduire à l'incomplexe par le *est primi Adjecti*, comme

* *transitiones*

on dit[6]. Comme si à la place de la proposition : « l'homme est raisonnable », je disais : « τὸ, que l'Homme est raisonnable, est ». « Que la rose est odorante, est ». Et cela est vrai, quoique peut-être il n'existe point de rose, comme en hiver.

Les complexes ou propositions sont absolues ou hypothétiques, ou forgées de celles-ci[b].

Absolues : comme « l'homme est béatifiable » ; hypothétiques : « si l'homme est béatifiable, son âme est immortelle » ; car il n'est point de vraie béatitude en cette vie.

Derechef, toutes les propositions sont de raison ou de fait ; de raison, comme « l'homme est béatifiable » ; de fait : « tout homme mérite d'être damné », ce qui bien sûr arrive par le fait du péché.

Toutes les propositions universelles peuvent se ramener à des hypothétiques ; ainsi « tout homme est béatifiable » est la même chose que : « si quelqu'un est un homme, alors il est béatifiable ». Les hypothétiques à leur tour peuvent se ramener à des absolues, comme nous avons fait des complexes aux incomplexes ; par exemple « si l'homme est béatifiable alors son âme est immortelle », cette proposition peut se ramener à celle-ci : « l'homme est béatifiable est que l'âme de l'homme est immortelle ». Ainsi tous les syllogismes hypothétiques se ramènent aux lois des Catégoriques.

A partir des Termes et des Enonciations, il convient d'appliquer tout cela aux choses et aux vérités.

De l'hypothèse que rien n'existe que les monades, et qu'elles sont modifiées de façon variée et concordante, il suit que tous les autres êtres que nous concevons ne sont que des phénomènes bien fondés.

Ainsi tous les corps ne seront pas plus des substances que l'arc-en-ciel, et toutes les qualités corporelles ne seront pas plus réelles que les couleurs irisées. Et le toucher non plus que la vue ne nous prouve que les corps sont des substances.

L'espace n'est pas plus une substance que le temps.

Il s'en faut de beaucoup que l'*Etendue* soit quelque chose de primitif, comme le conçoivent certains, en particulier les Cartésiens : elle n'est plutôt rien d'autre que la multiplicité des comperceptions coordonnées, c'est-à-dire des phénomènes, en tant qu'ils ont un ordre commun de coexistence. Je perçois ensemble *A*, *B* et *C*, et la comperception de *A et B* est différente de celle de *A et C*, ou de *B* et *C*, même si l'on ne considère pas ce qui en eux est divers, c'est-à-dire en quoi diffèrent intrinsèquement *A*, *B* et *C*. Et c'est en remarquant cela que je dis percevoir l'espace et l'étendue. Mais je considère *A*, *B* et *C* comme des points, soit comme des choses où l'on ne peut observer que le situs, soit parce qu'ils sont perçus ensemble, avec cette différence que donne la comperception.

Ce qui a un situs est dit *se mouvoir* lorsqu'il a en lui la cause du changement de situs, c'est-à-dire lorsque l'on trouve en lui la raison de son changement par rapport à un autre situs. Que s'il en donne lui-même la raison suffisante, il est seul à se mouvoir, les autres restant au repos ; mais dans le cas contraire, plusieurs choses se meuvent ensemble.

a. *Note marginale :* ou, pour *connotionnels*, nous dirons *connotants*.

b. *Note marginale :* De même que tout terme dit la possibilité, toute proposition dit la vérité. Et cependant, comme on peut diviser le terme en possible et impossible, la proposition peut l'être en vraie et fausse. Alors le terme ou la proposition disent faussement ce qu'ils disent. D'où il ressort comment l'on peut concevoir tout terme incomplexe comme enveloppant quelque chose de complexe, en tant qu'il affirme la possibilité.

## Notes de la lettre XXIX

1. Le terme est de grammaire : *rectus* s'oppose à *obliquus*, soit le cas droit, le nominatif, aux autres cas de la déclinaison.

2. Mot à mot : un non-homme.

3. Je transcris rationalité, pour faire court et par commodité, bien qu'il soit plus exact de dire : « le fait d'être doué de raison ».

4. La question se pose particulièrement à propos du lien, lequel est à la fois être et relation : cf. *supra*, p. 40 *sqq.*

5. Je transcris, comme ci-dessus.

6. Terme scolastique non traduit chez Leibniz : cf. *Generales Inquisitiones*, trad. J. B. Rauzy, PUF, 1998, p. 284-285. Chez Quintilien, l'adjectus désigne une liaison par répétition d'un mot.

## XXX

*Lettre du 24 janvier 1713*

La question est de savoir comment expliquer votre pensée « περὶ τοῦ μετουσιασμοῦ »[1], d'abord sous l'hypothèse de simples monades, puis sous celle des substances composées. Sous la première, on cherche en quoi consiste la substance du corps composé : dans les monades, ou bien dans les seuls phénomènes. C'est, par exemple, demander si l'âme d'un ver existant dans le corps d'un homme est une partie substantielle du corps humain, ou bien un simple requisit qui ne relève certes pas de la nécessité métaphysique, mais qui serait seulement requis dans le cours de la nature, ce que pour ma part je préférerais. Que si vous optez pour le premier terme, il faut absolument dire que les monades du pain et du vin sont supprimées, et remplacées par celles du corps du Christ. Mais si les monades ne font pas substantiellement partie des corps, et si les composés sont de simples phénomènes, il faudra dire que la substance des corps consiste en phénomènes véritables que Dieu, lui, perçoit en eux par science de vision, de même que les Anges et les Bienheureux, qui ont le pouvoir de voir les choses en vérité ; aussi doit-on dire que Dieu et les Bienheureux perçoivent le corps du Christ là où nous apparaissent le pain et le vin.

Que si nous suivons l'hypothèse courante de substances corporelles ou composées, je dirais (ce que j'ai déjà expliqué dans ma lettre précédente) que le lien substantial, c'est-à-dire ce substantiel qui s'ajoute aux Monades pour constituer formellement la substance composée et réaliser les phénomènes, peut être changé tandis que les monades restent sauves, puisque, comme j'ai dit, l'âme du petit ver ne fait pas partie de la substance dans laquelle il se trouve ; et il ne faut pas multiplier les miracles au-delà de toute nécessité. Le lien substantial surajouté aux monades est à mon sens quelque chose d'absolu qui du moins dans l'ordre naturel[2] réponde exactement aux affections des monades, je veux dire aux perceptions et appétitions, en sorte que l'on peut lire dans la monade dans quel corps son corps se trouve. Mais une action surnaturelle peut rendre le lien substantial indépendant des monades, et le changer, tandis que lesdites monades demeurent, pour l'accommoder à d'autres. Ainsi les monades du pain et du vin seraient privées de tout lien substantial, et la question ramenée à l'état où elle est sous l'hypothèse-même de simples monades[3]. Cependant les accidents du pain et du vin, c'est-à-dire les phénomènes, demeureront, mais non point dans le corps du Christ comme dans un sujet ; et cela s'accorde aussi avec la doctrine des Théologiens, en sorte que l'on ne dise pas honorer la blancheur et la rondeur, question que je relève au paragraphe 16 de votre dernière lettre, où je ne vois pas non plus comment on peut unir la blancheur à l'Ange sans que celui-ci ne devienne blanc ou que le blanc lui soit uni[4]. Bien plus, au N°5 de votre lettre et ailleurs, vous semblez comprendre les liens substantiaux autrement que moi, comme si, de ce que je les tiens pour des êtres absolus, je pensais qu'ils sont nés dès le début de la création[5]. Mais à mon sens, si l'on admet des substances corporelles, c'est-à-dire des liens substantiaux, il faut reconnaître que ceux-ci sont soumis à la génération et à la corruption. Et je ne connais aucune modification des monades, ni substantielle ni accidentelle, qui puisse constituer une substance composée, comme vous semblez l'entendre au N°6 de votre lettre ; et je ne reconnais rien d'autre dans les monades que les perceptions et appétitions. Je ne voudrais pas nommer *Accident absolu* le lien qui fait la substance composée, parce que pour moi tout ce qui est absolu est substantiel. Que si vous voulez en faire un accident, il y aura litige sur le nom, et il sera incongru d'énoncer que la substance composée est constituée par des accidentels ; lorsque Smiglecki suivant Aristote dit qu'il n'y a pas d'accident sans sujet, il montre qu'il n'accorde pas qu'il soit un être absolu. Je ne voudrais pas non plus distinguer l'Être qui réalise les phénomènes du lien substantial, comme vous semblez le faire au N°7. Car ces deux choses en vérité n'en font qu'une pour moi, et il faut dire qu'elles peuvent naître et mourir. Donc, l'existence des substances composées étant posée, il me semble incomparablement plus facile et plus convenable de détruire l'Être réalisant les phénomènes en conservant les monades, plutôt que l'inverse, comme vous semblez le préférer au N°8.

Les modifications d'une monade sont causes idéales de celles d'une autre (voyez le N°17) en tant qu'apparaissent dans l'une les raisons qui ont poussé Dieu au commencement des choses à établir des modifications dans l'autre.

L'infinitude du continu physique, sous l'hypothèse de simples monades, ne dépendrait pas tant de la raison du meilleur que du principe de raison suffisante, parce qu'il n'y a aucune raison de limiter, finir, ou s'arrêter quelque part. Mais le continu mathématique consiste dans la seule possibilité, comme les nombres; et partant l'infinitude est en lui nécessaire, de par sa seule notion.

Vous serez étonné, Très-Révérend Père, que je date cette lettre de Vienne en Autriche. Je me suis décidé à aller jusque-là, au moment où je me trouvais à Carlsbad, appelé auprès auprès du Grand Roi de Russie. J'avais en effet déjà parcouru la moitié du chemin. Je resterai là jusqu'à ce que l'hiver s'apaise, puis, si Dieu le veut, j'espère rentrer chez moi. Je note par ailleurs que le petit recueil m'est également arrivé de votre part, mais il devra attendre mon retour, à moins que vous ne désiriez qu'il vous soit renvoyé. Pour le reste, adieu.

Vienne en Autriche, le 24 janvier 1713.

## NOTES DE LA LETTRE XXX

1. Περὶ τοῦ μετουσιασμοὺ : le mot désigne la transsubstantiation chez les Pères grecs (cf. *supra* p. 48). Des Bosses refuse l'idée que toute la substance du pain puisse être détruite quand demeurent ses monades : car, dit-il, le lien substantial est aussi peu la substance du pain que le lien qui unit l'âme au corps de l'homme n'est la substance de l'homme (*Phil.*, II, p. 463). Ce raisonnement est faux puisqu'il n'y a aucun lien réel qui unisse l'âme au corps, mais un rapport d'expression (pour les phénomènes) et une union métaphysique (qui fait de l'âme le substrat). Le rapport de l'âme au corps est nécessaire, établi de toute éternité ; mais le lien substantial est contingent. La relation du lien aux monades est synthétique, non analytique : il ne fait pas partie des prédicats des monades. Ces remarques permettent de répondre à une objection possible (cf. XXVIII, note 9) : le transport d'un lien substantial à d'autres monades que celles qui lui sont co-naturelles n'est-il pas contraire à la raison suffisante ? non, car le lien étant au nombre des vérités de fait, non de raison, la Puissance peut agir sur lui sans contredire les lois de l'Entendement.

2. La correspondance du lien aux monades n'est pas nécessaire mais simplement naturelle.

3. Provisoirement; et avec cette différence que la substantialité des corps qui composent le pain et le vin a été supprimée en même temps que le lien.

4. Voyez la lettre du jésuite (*Phil.*, II, p. 468) : les Scolastiques posent que les accidents du pain et du vin sont dans le corps du Christ comme dans un sujet, mais puisqu'ils ne sont pas en lui *connaturaliter*, l'on ne peut dire du corps du Christ qu'il est sujet de la blancheur, de la saveur, etc. ; cf. saint Thomas, *Somme théologique*, III, Qu. LXXV-LXXVII.

5. Il semble que des Bosses veuille rapporter les changements propres au composé au principe substantiel lui-même (mais celui-ci doit être antérieur à ces changements) : ce qui impliquerait que le lien soit créé en même temps que les monades, dès le début de la création. Le paradoxe du lien substantial est dans le fait qu'il est un absolu, non une modification ; mais il ne fait pas partie intégrante d'une série de possibles comme les substances (ni non plus de toutes les séries, comme les vérités éternelles); ceci parce qu'il n'est pas défini comme serait un être particulier ayant des qualités singulières.

# XXXI

*Lettre du 23 août 1713*

Je suis heureux de votre bonne santé, comme aussi de votre bon souvenir. Votre lettre m'est parvenue grâce au R.P. Consbruck en même temps que celle d'Orban. Je me prépare à partir pour Hanovre, mais au travers de je ne sais quelles complications, car on se méfie de Vienne par crainte de la contagion. Jusque là je n'ai vu pour ma part aucun mourant ni moribond, et c'est sur le peuple que fond l'épidémie, où elle se nourrit de la misère et de la peur. L'Empereur, à moins que le mal ne s'accroisse, refuse de partir, quels que soient les conseils de ceux qui craignent pour ce grand Prince. Ainsi en use ce Monarque éminent ; il a plus d'une fois discuté avec moi de l'institution d'une société des sciences qui aurait son siège à Vienne, mais ne manquerait pas d'amis à l'extérieur ; toutefois l'on ne peut en décider maintenant, faute de temps, mais j'espère que cela se fera.

Je ne trouve pas pour l'heure ce que je vous ai écrit sur les liens substantiaux. Si nous admettons des substances corporelles, c'est-à-dire quelque chose de substantiel, outre les monades, en sorte que les corps ne soient pas de simples phénomènes, il faut que les liens substantiaux ne soient pas de simples modes des monades. En outre, si le lien substantial est un accident ou un mode, il ne pourra être simultanément en plusieurs sujets, et partant, on n'obtiendra pas, en vérité, le lien substantial de plusieurs monades, mais dans chaque monade une modalité propre en relation à une autre monade ; et ainsi de nouveau les corps seront de simples phénomènes. Et comme les monades ne sont rien d'autre que les représentations des phénomènes avec le passage à de nouveaux phénomènes [1], il appert qu'il y a en elles la perception en raison de la représentation, et l'appétition en raison du passage ; et il n'est point donné de principes d'où l'on puisse demander quelque chose d'autre.

Cependant, Très-Révérend Père, votre objection, tirée de ce que j'avais déclaré les liens substantiaux soumis à la génération et à la corruption, m'a semblé digne de considération. Car cela semble être le propre des choses modales, d'après mes propres principes, et ne point convenir aux absolus. Et ayant bien pesé les choses, je veux bien changer d'avis, et poser qu'il n'y a rien d'absurde à dire le lien substantial lui aussi, c'est-à-dire la substance-même du composé, ingénérable et incorruptible ; car en vérité je pense qu'il ne faut admettre de substance corporelle que là où il y a un corps organique avec une monade dominante, c'est-à-dire un être vivant, savoir, un animal ou l'analogue d'un animal ; et que toutes les autres choses sont de purs agrégats, c'est-à-dire des *unum per accidens* et non *per se*. Puis donc que, comme vous savez, je nie la mort de l'âme, mais aussi celle de l'animal, je dirai que le lien substantial, c'est-à-dire la substance du corps animé, ne naît ni ne meurt naturellement ; mais, comme il est quelque chose d'absolu, il ne fait que varier suivant les changements de l'animal[2]. D'où ceci : bien que la substance corporelle ou plutôt le lien substantial des monades exige celles-ci naturellement, c'est-à-dire physiquement, il ne les requiert pas métaphysiquement, puisqu'il n'est pas en elles comme en un sujet ; et partant, laissant sauves les monades, on peut ôter ou changer le lien, et l'accommoder à des monades qui ne sont pas naturellement les siennes, en sorte qu'il devienne le leur. Et aucune monade, sauf la dominante, n'est fixée même naturellement au lien substantial, alors que les autres monades sont en flux perpétuel. Je ne dirais pas que la substance est la simultanéité de ses parties, car autrement elle serait un agrégat. Les parties qui ont un lien, même si elles lui sont connaturelles, ne lui sont cependant pas essentielles ; aussi est-ce naturellement et selon l'ordre qu'elles disparaissent peu à peu tandis que le lien absolu reste sauf ; mais c'est par miracle qu'elles peuvent être brusquement et par saut séparées de lui, et que le lien lui-même peut être ôté.

Même si le pain et le vin ne sont pas des vivants, ils sont comme tous les corps des agrégats de vivants, et les liens substantiaux des singuliers les composant composent leur substance. Mais le corps du Christ a un lien substantial total, puisqu'il est un corps vivant ; enfin s'il y a quelque chose qui constitue la substance corporelle, c'est là que vous pouvez chercher la possibilité de la transsubstantiation ; mais s'il n'y a rien de tel et si les corps sont de simples phénomènes, on devra chercher la substance du corps dans les seuls phénomènes. Mais non point dans les nôtres, qui gardent les apparences premières, mais en ceux qui se présentent à l'esprit divin et à ceux auxquels Dieu les révèle[3].

Je n'ai pas encore pu savoir si un compte rendu de la *Théodicée* a été inséré dans les *Mémoires* de la Bibliothèque de Trévoux. Si vous en entendez parler, je vous prie de m'en instruire. Nous n'avons ici ni les *Mémoires de Trévoux* ni le *Journal* de Paris. Mais j'espère qu'un jour, grâce aux efforts de l'Empereur, les Muses viennoises relèveront la tête.

J'ai remarqué la parution d'écrits pleins de talents du R.P. Saccheri, Mathématicien du Tessin, et qui est de votre Ordre. Mais il soutient certaines propositions de mathématiques que je ne puis entièrement approuver.

J'espère que la Bibliothèque de votre Société, d'Alegambe et Sotvel, progressera, grâce à Buonanni, jusqu'à nos jours. Car je voudrais bien avoir connaissance de ceux qui se distinguent dans votre Ordre.

Veuillez envoyer la lettre ci-jointe au P. Orban.

Quant à moi, je m'apprête au retour. Pour le reste, etc.

Vienne, le 23 août 1713.

## NOTES DE LA LETTRE XXXI

1. Cf. *Monadologie* (art. 15) : « changement ou passage d'une perception à une autre ».

2. Voyez la lettre du P. des Bosses (II, p. 479). L'objection tient dans la définition même de l'absolu : « Si quelque chose en général est absolu il est ingénérable et incorruptible, et ainsi l'on doit poser qu'il a existé dès le début de la création ou que Dieu doit le créer tout au long du temps ». Le jésuite rappelle les articles 88 et 89 de la *Théodicée* sur le problème scolastique de la génération des formes. Le lien substantial, en tant qu'il est le propre des vivants, acquiert les caractères de ceux-ci, savoir, l'ingénérabilité et l'incorruptibilité : ni naissance ni mort prises à la rigueur.

3. Cf. la lettre précédente. En général : tous les corps gardent, pour le sujet percevant, leurs apparences premières, donc si les corps sont de simples phénomènes, seul Dieu peut percevoir ce qui en réalité demeure et agit en eux. Dans le cas de l'eucharistie : si la substance des corps se réduit aux phénomènes, seuls Dieu, les anges, les bienheureux et les croyants peuvent savoir que sous les espèces (ou apparences) du pain et du vin se trouve en réalité le corps du Christ.

## XXXII

*Lettre du 21 avril 1714*

Cela vaut la peine de rechercher ce que l'on peut concevoir pour accorder la réalité aux phénomènes en-dehors de ce qui perçoit : c'est-à-dire ce qui constitue la substance composée. Autant que j'en puisse juger, cela devra consister dans les puissances* active et passive primitives du composé, et sera ce qui s'appelle matière première et forme substantielle. Et il faudra que les accidents du composé soient ses modifications; lesquelles bien sûr sont passagères, tandis que la substance composée durera autant que la monade dominante. Or il n'y a de substance composée, c'est-à-dire qui constitue véritablement *unum per se,* que là où il y a une monade dominante avec un corps vivant organique.

Vous dites que ce lien substantial survient au composé déjà constitué par les liens modaux : je déclare qu'à les couper de la substance composée, les monades ne constituent qu'un *unum per accidens*, lequel sera, si je ne me trompe, un simple phénomène. Car, puisqu'aucune modification ne peut subsister par soi mais demande essentiellement un sujet substantiel, ce que ces liens ont de réel, ils l'auront dans la modification de n'importe quelle monade, et par l'harmonie ou l'accord des monades entre elles. Car vous n'admettrez pas, je pense, un accident qui soit simultanément en deux sujets. C'est ainsi que je juge des Relations : la paternité en David et la filiation en Salomon sont deux choses différentes, mais la relation commune des deux est chose simplement mentale, qui a son fondement dans les modifications des singuliers.

Je voudrais bien savoir, sitôt que possible, en quoi consistent les remarques des *Mémoires de Trévoux* sur ce qui pourrait paraître erroné ou obscur dans ma *Théodicée*[1]. Peut-être pourrais-je ôter cette apparence d'erreur en expliquant ma pensée dans une lettre que l'on ajouterait à la dernière édition s'il n'est pas trop tard. Même si l'édition est achevée, on pourrait ajouter cet éclaircissement, puisque les exemplaires n'ont pas

* *potentia*

encore été distribués. Si donc vous pouviez me communiquer au plus vite les journaux qui ont reproduit les remarques des *Mémoires de Trévoux*, je pourrais peut-être satisfaire tant vos Auteurs de Trévoux que les Lecteurs et moi-même. Veuillez saluer pour moi très-obligeamment le R.P. Tournemine. Pour le reste, adieu.

Vienne, le 21 avril 1714.

P.-S. Je vois avec joie que les rumeurs qui ont été répandues de Hollande sur la chute du Monarque de la Chine et les persécutions des Missionnaires étaient fausses, et je serai heureux d'apprendre quel est là-bas l'état des choses.

P.-S. 2. Au mois de mai avec la grâce de Dieu je quitterai ce pays. Mais si le R.P. Tournemine envoie quelque chose ou si les remarques de Trévoux vous parviennent, je vous prie de bien vouloir les envoyer à Hanovre par le courrier ordinaire ; de là ce pourra m'être retourné en chemin. Je vous prie de m'écrire en même temps votre avis sur les remarques de Trévoux, et de me suggérer ce que je devrais faire pour m'en défendre.

### NOTE DE LA LETTRE XXXII

1. Compte rendu paru aux *Mémoires de Trévoux* de juillet 1713 (article CI, p. 1178-1199) : la *Préface* de Leibniz est jugée « curieuse », et les éditeurs de Trévoux se disent « chagrins » de ce que Leibniz approuve la réponse de Luther à Erasme (le comble de l'amour est d'aimer Dieu qui semble si peu aimable et si prompt à damner : *Discours*, art. 45). Pour le reste, le compte rendu est fort élogieux.

## XXXIII

*Lettre du 15 mars 1715*

Je viens d'éprouver la dureté de cet hiver pour ceux qui souffrent de la goutte, et n'en suis pas encore remis ; aussi ai-je à peine satisfait aux travaux nécessaires, qui ne souffrent aucun délai ; mais parce qu'il reste toujours quelque espoir au fond de nous, je ne désespère pas de recouvrer la santé.

Je crains que celui qui a écrit de l'action de Dieu sur les créatures afin de remplacer la prédétermination physique n'apporte plus d'obscurité que de clarté [1]. Il est manifeste, à mon sens, que les actes ne sont pas des choses absolues, mais des modifications de l'entéléchie, c'est-à-dire du conatus primitif, et il faut dire cela non seulement de la volonté mais aussi de la faculté d'agir.

Nous avons raison de soutenir que les corps sont des choses, car même les phénomènes sont réels. Mais si l'on veut soutenir que les corps sont des substances, on aura besoin, je crois, d'un nouveau principe d'union réelle.

L'auteur irlandais qui polémique contre la réalité des corps [2] ne me semble apporter aucune raison idoine ni expliquer suffisamment sa pensée. Je le soupçonne d'être de ce genre d'hommes qui veulent se faire connaître par leurs paradoxes.

Il m'est venu récemment un doute sur l'Aimant, que je voudrais éclaircir par une expérience. Mais personne ne peut réussir cela mieux que Mr. Hartsœker, qui a une grande pratique de l'aimant ainsi que le matériel néessaire aux expériences magnétiques.

Mais je préférerais que ce soit vous plutôt que moi qui demandiez l'objet de ma recherche, et je ne doute pas qu'il ne vous l'accorde volontiers si la chose est aisée. Quant à moi je me propose de rester à l'arrière-plan. Car cela vaut la peine de rechercher si l'attraction magnétique dépend en quelque chose de la verticalité, ou si l'aimant a simplement plus d'attraction dans sa situation[3] naturelle (où il se trouve de lui-même) que dans une situation violente ?

Le pôle magnétique *A* attire l'aiguille *CB* située verticalement, et, au moyen de la force d'attraction du bras *CD* (même s'il n'est pas en

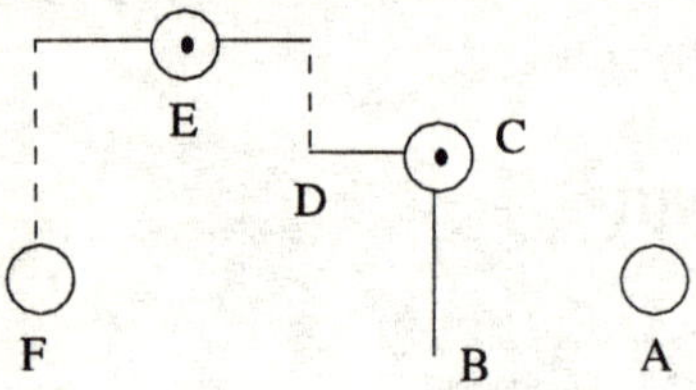


fer) perpendiculaire à l'aiguille et fixé à elle, et avec elle mobile autour de *C* mais attaché en *D* par un fil au bras de la balance *E*, il attire *D* vers le bas et entraîne vers le haut le petit poids opposé *F* : l'on demande si l'aimant peut soutenir ou élever un poids plus grand lorsque le pôle est dans sa situation naturelle (dans laquelle il se trouve de lui-méme) que lorsqu'il est dans la situation opposée violente. Mais Mr. Hartsœker inventera aisément une action plus propre à l'expérimentation que la mienne. Il lui suffira de saisir à partir de cette figure le nerf de la question. Je pose en outre que dans chacune des deux expériences l'aiguille est encore intacte, ou non touchée, qu'elle soit entraînée par *A* placé en situation violente ou naturelle. Pour le reste, adieu.

Hanovre, le 15 mars 1715.

## NOTES DE LA LETTRE XXXIII

1. Des Bosses signale un livre en deux volumes paru en France en 1714, intitulé *De l'action de Dieu sur les créatures* (paru en réalité en 1713), qui pose que « les actions de notre volonté sont des choses, et non de simples modes ». On trouve, dit-il, un compte rendu de ce livre dans un nouveau journal hollandais, le *Journal Littéraire* (*Phil.*, II, p. 485 et 491). Il s'agit du livre de Boursier : *De l'Action de Dieu sur les créatures : Traité dans lequel on prouve la prémotion physique par le raisonnement. Et où l'on examine plusieurs questions qui ont rapport à la nature des esprits et à la grâce* (1713, 6 vol. in 12). Malebranche y répond en 1715 par les *Réflexions sur la prémotion physique* (*Œuvres, éd.* Robinet, Vrin, t. XVI).

2. Des Bosses parle d'un *Anglus philosophus* dans sa lettre du 20 septembre1714 (II, p. 487) qui veut réduire les corps aux seuls phénomènes. Leibniz précise : *in Hybernia.* C'est évidemment Berkeley, dont Leibniz connaît le *Treatise* : cf. A. Robinet, « Leibniz : lecture du *Treatise* de Berkeley », *Les Etudes Philosophiques*, 2, 1983.

3. Je traduis *situs* par *situation*, conformément à la réponse en français de Hartsœker, « scavoir si un aiman a plus de vertu dans une situation que dans une autre ». Gerhardt donne deux extraits des réponses de Hartsœker transmise par des Bosses (*Phil.*, II, p. 494 et 513), et une lettre, en français, de Leibniz au même (II, p. 497).

## XXXIV

*Lettre du 29 avril 1715*

Ce que Mr. Hartsœker a répondu n'est pas à négliger[1], mais cela ne décide pas encore de la question ; aussi ne serait-il peut-être pas inutile de reprendre la même chose à partir de la réponse ci-jointe. Je suis en tout cas tout à fait d'accord avec vous qu'il serait peut-être possible, avec un instrument plus fin, de rendre sensible si, dans l'opération de l'aimant, l'inversion de la situation change quelque chose, bien qu'on ne le sente pas dans la limaille de fer.

Vos objections toujours fines me sont précieuses. Vous demandez, s'il est donné une Union Réelle qui réalise ou plutôt substantialise les phénomènes, ce qui produit les changements dans le corps lui-même ? Je réponds ceci : puisque le corps, si on le tient pour une substance, ne peut être rien d'autre que ce qui résulte de l'union réelle des monades, les modifications qu'il aura résulteront aussi de là, répondant aux changements des monades, et il se produira seulement ce que l'on enseigne communément. Les monades influent sur ce réalisant*[2], mais lui ne changera rien à leurs lois, puisque toutes ses modifications lui viennent d'elles, comme un Echo[3], naturellement mais non formellement ou essentiellement, car Dieu pourrait lui attribuer des modifications que les monades ne lui donnent pas, ou bien lui ôter celles qu'elles lui donnent. Tout ce que l'on peut avancer là-contre vaudra aussi contre la doctrine courante de la substance corporelle, c'est-à-dire contre tout ce que l'on peut surajouter de substantiel aux monades. S'il y a vraiment dans le corps quelque chose de substantiel outre les monades, il doit contenir ses propres modifications, et il les tiendra d'une dépendance naturelle des monades qu'il unit, mais surnaturellement de Dieu qui peut le séparer d'elles. Donc, lorsque vous dites qu'il doit tenir ses propres modifications ou bien de Dieu par un miracle perpétuel, ou bien des monades, je déclare qu'il les tient naturellement et le plus souvent des monades, mais rarement

* *hoc realisans*

et miraculeusement de Dieu, qui peut faire qu'il corresponde à des monades qui n'étaient pas auparavant les siennes. S'il peut y avoir un lien Réel, il faut que les éléments qu'il unit puissent influer sur lui, autrement on n'aurait aucune raison de dire qu'il est leur lien. D'autre part, point n'est besoin de le supposer ailleurs que dans les corps qui ont une *monade dominante*, c'est-à-dire qui sont *unum per se,* comme les corps organiques, et ce lien sera toujours lié à cette monade.

L'autre objection est la suivante : si toutes les monades tirent leurs perceptions de leur propre fonds, si j'ose dire, et sans aucun influx physique de l'une dans l'autre ; si d'autre part les perceptions de chaque monade répondent exactement à toutes les autres monades déjà créées par Dieu, ou plutôt à leurs perceptions, alors Dieu n'a pu créer aucune des monades qui existent maintenant sans créer aussi toutes les autres, etc. La réponse est aisée, et déjà donnée. Il l'a pu absolument, mais non hypothétiquement, parce qu'il a décidé d'agir en toutes choses suivant la plus grande sagesse, et « ἁρμονικώτατους »[4]. Mais cela n'eût aucunement trompé les créatures raisonnables, même si les choses en-dehors d'elles ne répondaient pas toutes à leurs[5] phénomènes, voire même si aucune n'y répondait, tout comme si un esprit était seul ; puisque toutes choses arriveraient tout à fait comme si toutes les autres existaient, et cet esprit obéissant à la raison ne jugerait point qu'on lui a porté préjudice. Car c'est cela ne pas être trompé. Or il n'est pas plus nécessaire que ce jugement probable qu'il porterait sur l'existence d'autres créatures soit vrai, qu'il ne l'est que la terre soit immobile parce que la totalité du genre humain, à l'exception de quelques-uns, en a autrefois conséquemment jugé ainsi. Ce n'est donc pas par nécessité, mais en raison de la sagesse divine, que les jugements que nous formons à partir de la plus grande vraisemblance se trouvent, après un examen complet, vrais.

Tout ce que fait l'Archevêque de Cambrai révèle un esprit d'une rare grandeur. Mais j'aurais souhaité qu'il ne tentât point de défendre l'infaillibilité de fait contre l'opinion de Bellarmin et d'autres grands esprits. J'ai voulu moi-même autrefois pénétrer le sens profond de l'œuvre de Jansénius, mais tant d'autres choses, à faire et à méditer, m'en ont empêché. Pour le reste, adieu.

Hanovre, le 29 avril 1715.

P.-S. J'ai reçu récemment de Hollande, je ne sais de qui, un exemplaire de ma *Théodicée* paru en France, dans le format dit *in-12.* Je soupçonne le R.P. Tournemine d'être l'auteur de ce présent, ce dont je me dois de le remercier. Je vous prie, à l'occasion, de le faire en mon nom.

## NOTES DE LA LETTRE XXXIV

1. Voyez *Phil.*, II, p. 494 : la réponse est que l'aimant « a toujours sensiblement la même vertu quelque situation qu'on lui donne, et qu'il ne paraît pas en avoir plus quand son pôle boréal regarde le pôle austral magnétique de la terre, que lorsque ce pôle regarde le pôle boréal magnétique de la terre ou quelque autre pôle ».

2. Je conserve cette expression inélégante pour traduire le caractère actif du lien, qui n'est autre chose que cette fonction de réaliser.

3. Première occurrence de la métaphore de l'écho ; cf. *supra*, Ire Partie, p. 33-37. *Naturellement*, c'est-à-dire dans le cours ordinaire de la nature, physiquement, dans l'existence. *Formellement* ou *essentiellement*, c'est-à-dire dans l'être même de la chose, dans sa réalité, découlant de sa définition telle qu'elle est dans l'entendement divin.

4. « Le plus harmoniquement possible ».

5. Leurs phénomènes : *earum* renvoie nécessairement à *creaturae rationales*. Il s'agit des phénomènes qui appartiennent aux créatures raisonnables, fondés dans la série de leurs prédicats. A tout état interne d'une monade correspondent les états internes des autres monades, ce qui fonde l'harmonie dans les phénomènes. Mais puisque cela se fait sans influx, l'harmonie étant inscrite dans la monade, celle-ci pourrait être seule au monde sans que rien ne soit changé dans ses perceptions (cf. *Discours de Métaphysique*, art. XIV, *in fine*).

## XXV

*Lettre du 19 août 1715*

Vos questions sont pleines de finesse, et c'est avec plaisir que j'y réponds, car elles m'instruisent autant qu'elles éclairent le sujet. Je commencerai par la fin. C'est avec la plus grande vraisemblance que nous jugeons que nous ne sommes pas seuls à exister, non seulement au nom du principe de la sagesse divine, mais aussi de ce principe commun que je répète partout, que rien ne se fait sans raison ; or on ne voit pas la raison pour laquelle nous seuls aurions la préférence sur tant d'autres possibles. Mais c'est une autre question, de savoir si les corps sont des substances. Car à supposer que les corps ne soient pas des substances, tous les hommes seront néanmoins enclins à les juger tels, ainsi qu'ils le sont pour juger que la Terre est en repos, quoique pourtant elle tourne.

Je ne me souviens pas d'avoir reçu de vous les propositions que le Général des Jésuites Tamburini a condamnées ; celles que vous me communiquez pour l'heure s'opposent, me semble-t-il, à Descartes ; et je ne suis pas sans les approuver. Vous me donnez la cinquième, mais vous avez oublié la quatrième. Je vous serai reconnaissant de me les indiquer toutes. Honoré Fabry a recensé les propositions condamnées dans une lettre qu'il a fait paraître au temps où il avait quelque réputation.

Je ne crois pas que l'on puisse penser un système où les monades agissent les unes sur les autres, parce qu'il n'est pas possible d'en expliquer le mode. J'ajouterai même que l'influx est superflu, car pourquoi une monade donnerait-elle à une autre ce que celle-ci a déjà ? Bien plus, il est dans la nature de la substance que le présent soit gros de l'avenir, et que l'on puisse saisir toutes choses à partir d'une seule, à moins que Dieu n'intervienne par miracle.

Je reconnais comme vous que l'architecte qui dispose adroitement les pierres montre un plus grand art que celui qui a trouvé par ailleurs des pierres si habilement faites qu'elles se mettent en ordre d'elles-mêmes, si l'on prend seulement la peine de les rassembler. Mais vous reconnaîtrez, je pense, infiniment plus expert l'Architecte capable de fabriquer ces pierres si habilement faites [1].

Vous ajoutez, comme en sus, cette remarque : on pose gratuitement des monades qui tirent leurs modifications de leur propre fonds, comme une chaleur qui agit sans mécanisme. Ce n'est pas accessoire, mais primordial ; si vous l'entendez ainsi, il nous faut revenir tout au début, comme si je n'avais rien écrit. Les monades tirent tout de leur propre fonds, non point comme la chaleur chez les Scolastiques produit ses effets de façon cachée, mais par une sorte de mécanisme supérieur, si j'ose dire, qui est le fondement et le centre du mécanisme corporel ; en sorte que l'on puisse expliquer le mode suivant lequel une chose suit d'une autre [2].

J'ai, à juste titre, posé cela comme primordial ; car s'il n'y a aucune monade telle que je les conçois, c'est en vain que nous discutons de leur lien. J'en viens à la question de savoir si ce lien, à supposer qu'il soit donné, est quelque chose de substantiel [3]. C'est ce qu'il me semble : autrement il est inutile. Comment, en effet, produira-t-il autrement la substance composée, qui n'est donnée que grâce à lui ? Mais vous objectez, premièrement, qu'il n'est pas principe d'action, du fait qu'il est comme un Echo. Je réponds qu'un corps renvoyant un écho est principe d'action. Ce lien sera le principe d'action de la substance composée ; et quiconque admet celle-ci (ce que fait, si je ne me trompe, toute l'École) admettra aussi ce lien. L'École ne va-t-elle pas jusqu'à reconnaître les principes substantiels du composé constituant *unum per se,* grâce auxquels les parties se trouvent unies ? Pourquoi donc les refuserions-nous ?

Vous dites ne pas voir pourquoi il n'est pas possible que quelque chose soit Réel sans être *substantiel*. C'est peut-être là une question de nom. *Substantiel* se dit de tout ce qui n'est pas une modification ; or une modification est essentiellement liée à ce dont elle est la modification. Donc une modification ne peut être sans sujet, par exemple la position assise sans sujet assis ; mais on peut aussi définir autrement le *substantiel*, comme ce qui serait la *source des modifications* [4]. Cela posé, on peut se demander s'il est donné une chose qui ne soit ni modification ni source des modifications, tels les accidents que conçoivent les Scolastiques, et qu'ils disent être dans le sujet naturellement mais non essentiellement, parce qu'ils pourraient être sans sujet par la puissance absolue de Dieu. Mais je ne vois encore pas comment expliquer cela, si cela est différent de mon lien substantial, qui en vérité est dans le sujet, non comme un accident mais comme la forme substantielle de l'École, c'est-à-dire comme la source des modifications, sur le mode de l'écho toutefois. C'est pourquoi je ne sais s'il est donné un accident prédicamental réellement distinct du sujet, qui ne soit pas un accident prédicable [5] ; ni non plus un accident prédicable qui ne soit pas une modification; de même que j'ai déjà mis en doute l'existence d'un accident prédicamental, distinct du sujet, qui ne soit pas une modification. A moins que l'on ne veuille faire du substantiel propre au composé un tel accident, pour ce qu'il n'est pas source primitive mais écho. Mais alors, je ne sais si nous pouvons maintenir la substance du composé, sauf à vouloir qu'elle résulte des accidents. Et je ne vois pas comment vous pouvez dès lors expliquer la « μετουσίωσις »[6]. Et partant, je préférerais dire qu'il reste, non point des substances, mais des apparences, et que celles-ci ne sont point illusoires, comme l'est un songe, ou une épée dirigée vers nous dans un miroir concave, ou comme le Docteur Faust avalant une charrette de foin, mais qu'elles sont de véritables phénomènes, au sens où l'arc-en-ciel ou la parélie sont des apparences; ou mieux, comme les couleurs suivant les Cartésiens, et suivant la vérité, le sont. Et l'on peut dire que les Êtres composés qui ne sont pas *unum per se,* c'est-à-dire qui ne sont pas tenus ensemble par un lien substantial, ou (comme dit le Jurisconsulte Alfenus dans ses recueils à la manière stoïcienne) par un esprit* unique, sont des semi-êtres; que les agrégats de substances simples, comme une armée ou un tas de pierres, sont des semi-substances; que les couleurs, les odeurs et les saveurs sont des semi-accidents. Toutes ces choses, s'il n'y avait que les monades sans liens substantiaux, seraient de simples phénomènes, quoique véritables.

Bien plus : il est assurément naturel à la substance composée d'*avoir des monades* ou telles monades; et cela ne lui est pas essentiel mais accidentel. Car il se peut faire que, par la puissance absolue de Dieu, l'écho cesse d'être, et que les monades se séparent de lui. C'est pourquoi, si suivant vos hypothèses Dieu supprime les liens substantiaux des corps organiques, c'est-à-dire des *unum per se* inclus dans le pain et le vin, mais en laissant saufs monades et phénomènes, les accidents du pain et du vin demeureront, mais en tant que simples phénomènes, non par une sorte d'illusion, mais comme il en serait partout s'il n'y avait aucun lien substantial dans la nature. Car eu égard aux monades du pain et du vin il en sera comme s'il n'y eût jamais eu de lien substantial en elles. Mais les liens substantiaux des monades du corps du Christ auront sur ceux des monades de notre corps l'influx [7] qu'auraient eu autrement sur eux les liens substantiaux des monades du pain et du vin, et c'est ainsi que nous recevrons* la substance du Corps et du Sang du Christ. Car les liens substantiaux des monades du pain et du vin auront été supprimés, et après la disparition de leurs phénomènes – c'est-à-dire après la destruction des

* *spiritus*
* *a nobis percipietur*

apparences – ils devront être restitués, non pas certes ceux qui avaient été, mais ceux qui eussent été là s'il n'y avait eu aucune destruction [8].

Je crains que Mr. Hartsœker n'ai soupçonné qu'il s'agissait de moi lorsque vous lui avez parlé d'un ami. Je vous prie de lui communiquer un jour ou l'autre ce qui suit en votre nom : « L'expérience que vous m'avés communiquée, Monsieur, est considérable et aisée ; peut-être pourrait-on la pousser davantage, en mettant sur le carton une aiguille comme auparavant sur son pivot, mais non aimantée, et qui ne soit encor approchée d'aucun aimant, pour voir si l'aimant quand il est dans sa situation naturelle, attire plus aisément une telle aiguille, que lorsqu'il est dans une situation opposée. Car alors il ne s'agit que de la seule attraction de l'aiguille, sans que sa direction y entre, puisqu'elle n'en a pas encore » [9].

Mes annales progressent assez vite. On peut publier séparément les *Flores sparsi in tumulum Papissae*.

J'ai reçu en voyage votre remarquable traduction de la *Théodicée* ; je l'ai déjà envoyée à Hildesheim, pour qu'elle vous parvienne en tant voulu. Pour le reste, adieu.

Hanovre, le 19 août 1715.

## NOTES DE LA LETTRE XXXV

1. Dieu est cet architecte qui a établi à l'avance chaque monade en sorte qu'elle soit d'elle-même accordée à toutes les autres : il unit la combinatoire et le principe du meilleur, ce que ne savent pas faire les deux autres architectes imaginés ici. L'exemple rappelle une métaphore fréquente chez les Pères de l'Église : chaque chrétien est une pierre vivante qui doit trouver sa place dans l'Église du Christ.

2. Il semble qu'en 1715 des Bosses n'ait toujours pas réellement saisi les implications de la notion de monade : on comprend dès lors qu'il soutienne que les corps sont de simples phénomènes ; d'où sa thèse sur la transsubstantiation. Car si les monades ne sont pas sources internes de leurs actions, elles ont des portes et des fenêtres – l'idée d'un lien est alors superflue, si un influx est concevable entre les monades qui font la substance composée.

3. J'ai choisi de réserver l'adjectif *substantial* pour l'expression entière *lien substantial*. Mais on peut demander s'il est lui-même substantiel : car il n'y a de substances que les monades, or il n'est pas une monade. Voyez quelques lignes plus loin.

4. Cf. *supra*, I<sup>re</sup> Partie, p. 39-41.

5. Il faudrait pouvoir distinguer rigoureusement *prédicable* et *prédicamental* (mais la lettre à laquelle répond Leibniz ne mentionne pas ce terme : cf. II, p. 500). Les prédicables désignent les attributs que l'on peut dire d'un sujet ; le prédicamental serait quelque chose comme cet accidentel premier ou cet accident non-modal qu'imaginait des Bosses : un terme qu'on dit du sujet mais qui n'est pas une modification.

6. Cf. XXX, note 1.

7. L'usage du mot *influx* peut surprendre ; mais il s'agit de l'effet produit dans nos perceptions, donc de l'apparaître phénoménal : il est permis de parler avec Ptolémée etc.

8. Leibniz décompose idéalement la transsubstantiation en deux opérations : 1) les liens substantiaux des corps qui font le pain sont détruits, donc avec eux la liaison des phénomènes perçus : on peut dire alors que le pain en tant que corps est détruit avec les accidents propres au composé ; 2) or nous continuons de percevoir le pain, ce qui veut dire que ses monades demeurent ; mais comme la consécration a eu lieu, elles sont liées (puisque le même continu physique nous apparaît) par le lien substantial du corps du Christ. Restent donc : les phénomènes du pain, les monades du pain qui les fondent, et le lien substantial du corps du Christ (donc sa substance composée) qui fonde le continu physique. Cf. *supra*, Lettre XXXI, note 3.

9. En français dans le texte.

*Appendice à la Lettre du 19 Août 1715*

La créature permanente absolue, qui n'est ni action-passion, ni relation, est

<table>
<tr><th>UN PAR SOI, ETRE PLEIN</th><th>UN PAR AGREGATION SEMI-ETRE, PHENOMENE</th></tr>
<tr><td>SUBSTANCE<br>*simple* : Monade, comme les Esprits, les Âmes, qui ne sont exposées à aucun influx de la part des autres créatures.<br>*composée* : comme un Animal ou un autre organisme ; qui toujours demeure et reste fixée à une monade dominante, mais pâtit de l'influx des autres substances composées. Elle consiste en puissances active et passive primitives, ou matière première c'est-à-dire principe de résistance, et forme substantielle, c.à.d. principe d'action ; car il faut savoir qu'en vérité aucune force nouvelle n'est donnée aux corps, mais que celle qui existe en eux reçoit seulement une modification ou détermination. Et lorsqu'un corps en rencontre un autre, il le pousse en déterminant la force élastique qui existe en lui et qui est née du mouvement interne, comme on voit lorsque deux vessies également gonflées se rencontrent avec des vitesses égales : la rencontre les ramène au repos, puis la force élastique qui est en elles recommence le mouvement. La même chose a lieu dans toutes les rencontres, car la nature ne fait jamais de saut, c.à.d. qu'aucun corps ne passe sur-le-champ du repos au mouvement, ni d'un mouvement plus grand à un moindre, ou l'inverse ; mais passe par des degrés intermédiaires, et cela se fait par la force élastique ou le mouvement mis en eux par le fluide qui les pénètre.</td><td>SEMI-SUBSTANCE, *amas de substantiés* comme le chœur des anges, une armée d'hommes, un troupeau d'animaux, un étang, une maison, une pierre, un cadavre, et ainsi ces choses sont :<br>–privées de cohésion, troupeau, tas<br>-pourvues de cohésion, étang, maison<br>et les deux sont :<br>– naturelles, tas de sable, pierre, tronc d'arbre ;<br>– artificielles, armée, maison.</td></tr>
<tr><td>MODIFICATION<br>*de la Monade*, qui naît du propre fonds de celle-ci et ne consiste qu'en perception et appétit.<br>*de la substance composée*, qui naît de leur influx mutuel, et consiste dans les puissances actives et passives dérivatives, lorsque les corps se rencontrent suivant les lois du mouvement, à savoir dans les forces et résistances par grandeurs et figures.</td><td>SEMI-ACCIDENT, apparence, amas de modifications des substances<br>–*premier*, ou unique à savoir la puissance dérivative ;<br>– passive, résistance par la grandeur et la figure, en un mot par une texture déterminée ;<br>– active, impetus ;<br>– *second* ou physique dont la raison dépend d'un mécanisme caché, comme l'accident sensible, couleur, odeur, saveur, aussi la sympathie, l'antipathie, etc. Une telle qualité est de nouveau<br>– passive, comme la fermeté, liquidité, rigidité, malléabilité, perceptibles<br>– *dans un acte immédiat*, comme la chaleur, la pesanteur, la dureté<br>– *par l'effet*, comme la force magnétique, électrique, la volatilité<br>–active, comme la chaleur, le froid, la pesanteur, la force élastique.</td></tr>
</table>

## XXXVI

*Lettre du 13 janvier 1716*

P.-S.[1] J'ai voulu rédiger à part les problèmes touchant la philosophie ; et d'abord, j'affirme avoir considéré la question à nouveaux frais, abandonnant mes préjugés autant qu'il est possible ; examinons-donc votre écrit.

Lorsque je dis que la matière est indifférente[2], j'entends ce qu'il y a en elle de purement passif. Ce que vous objectez sur l'indifférence du temps n'est pas sans finesse : quelle raison, en effet, donner au commencement du monde à ce moment-là ? J'avoue qu'il n'y en a aucune, mais je réponds de plus qu'il n'est pas réellement différent d'imaginer la création du monde maintenant ou mille ans auparavant, puisque le temps n'est que l'ordre des choses, et non point un absolu. Et je tiens la même chose de l'espace. Ils sont semblables, en ce que l'on ne peut déterminer en eux aucune différence, fût-on omniscient.

Je ne me rappelle pas bien l'argument que j'ai avancé dans la Lettre parue au Journal Français de l'an de grâce 1691[3], pour établir une distinction entre l'étendue et la matière ; quoi qu'il en soit, je conçois l'étendue comme l'ordre de la coexistence parties par parties, qui se déploie dans les distances, c'est-à-dire par la longueur du chemin le plus court d'une chose à une autre. Vous demandez ensuite si l'étendue est un mode du corps ou un absolu ? Et votre préférence va au second. Car le corps consiste dans l'inertie naturelle, et formellement il est inétendu. Donc, de même que la force * active[4] n'est pas une modification d'une chose passive, de même l'étendue ne sera pas la modification d'une chose par soi inétendue. Sans doute reconnaissez-vous vous-même que cet argument tiré du semblable n'a de valeur que vraisemblable. Voyons s'il reste suffisant. On peut d'abord opposer à la comparaison que la force active est une nouvelle perfection, tandis que l'étendue ou la position parties par parties est plutôt une imperfection, puisqu'elle rend la chose sujette à la

* *virtus*

destruction naturelle. Ensuite, la matière, ou ce qui est passif, n'exige point la force active en sorte que la matière serait naturellement portée à celle-ci à moins qu'un miracle ne l'en empêche. Mais la matière, en revanche, est ainsi faite qu'elle comprendra naturellement l'étendue, sauf si la toute-puissance divine l'en empêche. Ce qui, semble-t-il, confirme aussi qu'elle est une modification : car la substance n'exige rien d'autre que ses propres modifications. Enfin si l'étendue n'est que l'ordre suivant lequel les parties sont les unes à côté des autres, il est certain qu'elle n'est qu'une modification de la matière. L'idée que l'étendue est un absolu vient de ce que nous concevons l'espace sur le mode de la substance, alors qu'il n'est pas plus substance que le temps[5]. Aussi les Scolastiques autrefois avaient-ils raison de dire que l'espace sans les choses est imaginaire, comme le nombre sans la chose nombrée. Ceux qui en jugent autrement se lancent dans de surprenantes difficultés. Que l'étendue demeure en l'absence des monades est aussi faux, à mon sens, que les nombres en l'absence des choses.

Je ne vois pas comment l'on peut concevoir que ce qui réalise les phénomènes est en-dehors de la substance. Car ce qui réalise doit faire que la substance composée contienne quelque chose de substantiel outre les monades, autrement il n'y aura aucune substance composée, c'est-à-dire que les composés seront de simples phénomènes. Et, derechef, je me trouve en accord avec les Scolastiques : ce qu'ils appellent matière première et forme substantielle sont, sans aucun doute, les puissances passive et active primitives du composé, et la chose complète qui en résulte est véritablement ce lien substantial dont j'ai besoin[6].

J'ai dit que le lien substantial est le principe d'action du composé ; vous m'objectez, premièrement, que la substance composée est située dans les monades modifiées substantiellement. Mais je ne saurais en convenir ; et que signifie modifier substantiellement les monades ? Je pense, moi, que rien ne peut être substantiellement modifié. Et puisqu'assurément la véritable marque de la substance est l'action, si la substance composée en tant que composée n'agit pas, elle ne sera pas une substance composée mais un simple phénomène, ne comprenant rien d'autre que les monades et les modifications des monades singulières, qui n'ont entre elles aucune liaison réelle ni physique (que j'ai déjà exclue) ni métaphysique, que donne l'union. Vous objectez, deuxièmement, que le lien substantial est le principe de la résistance ; il en est ainsi, pour le composé assurément, car elle est, elle, comme j'ai dit, la puissance passive même du composé. Mais ainsi, direz-vous, l'étendue sera le principe de la résistance. Or je refuse cette conséquence, car l'étendue est fort différente de la puissance passive, en ce qu'elle ne fait qu'exprimer le situs de ce qui a déjà une puissance passive. Je puis donc vous dire franchement que l'on ne peut rien garder de vos objections. Et d'un autre côté, je ne vois pas comment naît formellement une nouvelle substance, sinon par de nouveaux attributs substantiels. Et partant ma doctrine de la substance composée me semble être celle même de l'école péripatéticienne, aux monades près. Mais je les introduis sans porter préjudice à cette doctrine. Vous aurez peine à trouver une autre différence, même en vous y attachant.

## Notes de la lettre XXXVI

1. Je ne donne que le post-scriptum de cette lettre, le reste étant purement circonstanciel.

2. La matière première est indifférente en ce qu'elle ne produit par elle-même aucune différence entre les êtres ; le principe de la différence est à chercher dans l'entéléchie. Il en va de même pour le temps et l'espace : ce sont les choses qui introduisent la différence.

3. Le *Journal des Savants* du 18 Juin 1691 a publié une *Lettre sur la question, si l'essence des corps consiste dans l'étendue.* Le *Journal* du 5 janvier 1693 publie une seconde lettre pour soutenir ce qui est dit dans la première (*Phil.*, IV, p. 464-467, cf. GF. Leibniz, *Système nouveau…*, p. 33 *sqq.*). L'argument est le suivant : si l'essence du corps consiste dans l'étendue, celle-ci seule doit rendre raison de toutes les propriétés des corps ; or elle ne rend pas raison de l'inertie. Voyez aussi *De ipsa Natura* et les *Animadversiones* sur les *Principes* de Descartes (sur II, art. 40 à 44).

4. *Virtus* et non *vis :* il s'agit en effet de la force active.

5. Voyez la correspondance avec Clarke.

6. Le lien substantial et la substance composée sont réciproques, on peut les tenir pour identiques : cf. XXVIII, note 3.

## XXXVII

*Lettre du 29 mai 1716*

Il arrive parfois en Géométrie que de la supposition-même qu'il y a quelque différence, il s'ensuit qu'il n'y en a point – mode de raisonnement trouvé jadis chez Euclide, et que Cardan, Clavius et d'autres ont travaillé ; de la même façon, que l'on se figure que le monde a été créé plus tôt, et l'on découvrira que cela ne s'est pas fait plus tôt, parce qu'il n'est donné aucun temps absolu : il n'est que l'ordre de la succession. Si, de même, on se représente que l'univers tout entier change de lieu en conservant les distances des choses entre elles, il n'en sera rien, parce que l'espace absolu est chose imaginaire et ne contient de réel que les distances des corps entre eux. En un mot, ce sont des ordres, non des choses. De telles suppositions viennent d'idées fausses. C'est pourquoi, à moins que le monde ne soit éternel, il est indifférent de dire qu'il a commencé à tel ou tel moment : et si nous n'en jugeons pas ainsi, nous tomberons dans l'absurde, et nous ne pourrons donner satisfaction à ceux qui argumentent pour l'éternité du monde. Il en suivrait en effet que Dieu a fait quelque chose hors la raison, car il n'est pas possible de donner la raison du commencement à tel moment plutôt qu'à tel autre, puisqu'aucune distinction n'est assignable. Mais de ce qu'aucune distinction n'est assignable, je conclus encore qu'il n'y a aucune différence. Il se peut donc que le monde soit né plus tôt, mais alors il faudra le déclarer éternel[1].

Que la matière exige naturellement l'étendue signifie que ses parties exigent naturellement entre elles un ordre de coexistence. Le nierez-vous ?

Il y a étendue continue lorsque des points sont ainsi disposés qu'il n'y en a pas deux entre lesquels il ne soit donné un point intermédiaire.

Vous voulez appeler mode substantiel le lien qui réalise les composés. Mais alors, vous entendez le mot mode en un sens tout autre que celui que nous avons accoutumé. Car il sera véritablement la base de la substance composée. Mais votre mode est chose durable, non une modification qui naît et périt. Il n'est cependant pas un mode des monades, puisque rien ne change en elles, que vous le posiez ou non[2].

Je ne dis pas qu'il y a un lien intermédiaire entre la matière et la forme, mais que la forme substantielle même du composé et la matière première au sens scolastique – c'est-à-dire les puissances primitives active et passive – sont inhérentes au lien lui-même comme essence du composé. Cependant, ce lien substantial est tel naturellement, mais non essentiellement. Car il exige les monades, mais ne les enveloppe pas essentiellement, puisqu'il peut exister sans elles, et elles sans lui.

Si ce qui réalise les phénomènes présupposait quelque chose outre les monades, le composé serait déjà réalisé contre l'hypothèse. Tout ce qui existe outre les monades et leurs modifications est une suite de ce qui réalise les phénomènes.

Les véritables substances composées ne sont pas non plus engendrées, si ce n'est pour le sens* ; car, comme je l'ai souvent dit, l'âme et aussi l'animal demeurent. Seuls les modifications et (parmi les substantiés) les agrégats naissent et meurent, c'est-à-dire les accidents ou les êtres par accident.

Et c'est par la raison des choses (même sans référence à la sagesse divine) que nous jugeons que nous ne sommes pas seuls à exister, parce qu'il n'y a aucune raison à privilégier un existant unique. Et vous-même ne pourrez convaincre autrement quelqu'un qui se prétendrait seul à exister tandis que les autres ne sont que les objets de son rêve. Mais il y a une raison au privilège des existants sur les non existants, c'est-à-dire pourquoi tous les possibles n'existent pas. D'ailleurs, même s'il n'existait d'autre créature que celle qui perçoit, l'ordre perçu montrerait la sagesse divine. Aussi n'y a-t-il là aucun cercle, bien que la sagesse de Dieu se montre aussi a priori, et non du seul ordre des phénomènes. Car du fait qu'il y a des contingents, il y a un Être nécessaire, et cet Être est intelligent, comme je l'ai montré dans ma *Théodicée.* Si les corps étaient de simples phénomènes, les sens n'en seraient pas pour autant trompés. Car les sens ne disent rien sur les choses métaphysiques. La véracité des sens consiste en ceci : que les phénomènes s'accordent entre eux, et que les événements ne nous trompent pas lorsque nous suivons droitement les raisons fondées sur les expériences.

La substance agit autant qu'il est en elle, à moins qu'elle ne soit empêchée ; et la substance simple aussi est empêchée, mais naturellement, et seulement par elle-même, de l'intérieur. Et lorsqu'on dit qu'une monade en empêche une autre, il faut l'entendre de la représentation de l'une dans

* *ad sensum*

l'autre. L'auteur des choses les a accommodées mutuellement, et l'une est dite pâtir lorsque sa considération le cède à celle de l'autre[3].

L'agrégat se résout en parties, mais non la substance composée ; celle-ci exige seulement des parties composantes, mais qui ne la constituent pas essentiellement, autrement elle serait un agrégat. Elle agit mécaniquement parce qu'elle comporte des forces* primitives ou essentielles, et dérivatives ou accidentelles.

L'Echo des monades, de sa propre constitution, est ce qui, sitôt posé, exige les monades ; mais il ne dépend pas d'elles. L'âme aussi est l'écho des choses externes, et pourtant elle est indépendante d'elles[4].

Puisque ni les monades ni les substances composées partielles tirées de la substance composée n'en sont l'essence totale, la substance composée peut disparaître tandis que demeurent les monades ou autres composants, et vice versa.

Si les corps étaient de simples phénomènes, ils n'en existeraient pas moins en tant que tels, comme l'arc-en-ciel.

Vous dites que les corps peuvent être autre chose que des phénomènes, même s'ils ne sont pas des substances. Je pense, moi, que s'il n'y a pas de substances corporelles, les corps sont ramenés aux phénomènes. Et les agrégats aussi ne sont que des phénomènes, puisque, en dehors des monades qui y rentrent, c'est la perception seule qui ajoute le reste, du fait même qu'on le perçoit ensemble. En outre, si seules les monades étaient des substances, il faudrait poser cette alternative : ou les corps sont de simples phénomènes, ou le continu naît des points, ce qui est absurde. La continuité réelle ne peut naître que du lien substantial. S'il n'existait rien de substantiel outre les monades, c'est-à-dire si les composés étaient de simples phénomènes, l'étendue elle-même ne serait qu'un phénomène résultant de la coordination d'apparences simultanées ; et de ce fait, toutes les polémiques sur la composition du continu prendraient fin. Et ce qui s'ajoute aux monades pour réaliser les phénomènes n'est pas une modification des monades, puisqu'il ne change rien dans leurs perceptions. Les ordres, donc, ou les relations qui joignent deux monades ne sont pas dans l'une ou l'autre de ces monades, mais dans les deux simultanément, c'est-à-dire, au vrai, dans aucune des deux, mais dans l'esprit seulement ; vous ne comprendrez pas cette relation, sauf à introduire un lien réel, c'est à dire quelque chose de substantiel qui soit le sujet des prédicats et modifications qui leur sont communs, c'est-à-dire les joignent ensemble. Car vous ne concevez pas, je pense, un accident qui serait simultanément en

* *vires*

deux sujets, et qui aurait si j'ose dire un pied dans l'un, un pied dans l'autre[5].

La quantité continue n'ajoute pas l'impénétrabilité (car elle est aussi attribuée au lieu) : mais bien la matière. Et vous et les vôtres établissez que la matière exige seulement l'impénétrabilité, laquelle ne fait pas partie de son essence.

La substance composée ne consiste pas formellement dans les monades et leur subordination, car elle serait alors un simple agrégat ou un être par accident ; mais elle consiste dans la force* active et dans la force passive primitives, d'où naissent les qualités, les actions et passions du composé, qui sont saisies par les sens, si l'on pose qu'elles sont plus que des phénomènes.

*Être modifié substantiellement*, dites-vous, signifie que les monades ont un mode qui fait d'elles naturellement le principe des opérations. Mais qu'est-ce, je vous le demande, que ce mode ? Est-il une qualité ? Une action ? Change-t-il les perceptions des monades ? Il n'en faut rien dire de tel ; en vérité, il est une substance, non un mode des monades, quoique celles-ci lui répondent naturellement. Les monades ne sont pas principes des opérations vers l'extérieur. Je ne sais ce qui vous pousse à faire de la substantialité du composé un mode des monades, c'est-à-dire en vérité un accident. Point n'est besoin de décider que les substances naissent et périssent ; bien plus, si nous en décidons ainsi, nous renverserons la nature de la substance, et nous reviendrons aux agrégats, c'est-à-dire aux êtres par accident. Ce que l'on appelle communément des substances ne sont en vérité que des substantiés. Aussi longtemps que les philosophes péripatéticiens ont cru à la génération et à la corruption véritables des substances, ils sont tombés dans d'inextricables difficultés sur l'origine des formes et autres problèmes qui tous se trouvent résolus par ma façon d'expliquer.

Vous l'avez dit : sitôt qu'on pose cette substance absolue qui réalise les phénomènes, on obtient la substance du composé : mais Dieu ne l'établirait pas par une opération régulière si les composants n'étaient donnés, je veux dire les monades ou d'autres substances composées partielles. Toutefois, ces composants n'en font pas formellement partie ; ils sont exigés, mais non point nécessairement requis[6]. Aussi peuvent-ils, par miracle, être absents ; c'est dire qu'ils ne sont pas formellement constitutifs ; ils le sont bien dans les agrégats, mais non dans les véritables substances. L'on dira : lorsque la substance composée est donnée[7] mais non pas les monades ou composants, nul ne dira qu'il y a là un composé. Je réponds : nul ne dira, à moins qu'il n'en soit parfaitement instruit, qu'il

* *vis* (dans les deux cas)

y a un miracle ; ainsi nul ne dira que le corps du Christ est présent dans l'eucharistie, sauf s'il sait parfaitement que cela a lieu par miracle.

Ne m'en veuillez pas de procéder sans suite, et, du coup, peut-être, de ne pas toujours vous donner satisfaction ; c'est que je ne puis me reporter à ce que j'ai déjà écrit. D'où parfois peut-être une apparence de contradiction. Mais une fois la question bien examinée, elle sera plus dans l'énoncé que dans les choses. Je ne sais si, où, ni comment, j'aurais dit que la modification d'une chose non étendue rend la chose étendue [8].

Toute perfection à mon sens relève de la ligne de la sagesse. Bien plus, la ligne de la sagesse tend à introduire le plus de perfection dont une chose est capable. Partant, si des perfections sont compatibles avec d'autres, elles ne seront pas laissées pour compte. Et telle est la perfection de l'harmonie préétablie, qui s'appuie en outre sur des raisons supérieures. D'autre part, la relation d'une monade à chaque autre fait qu'elles n'agissent pas les unes sur les autres, puisque chacune suffit à tout ce qui arrive en elle ; tout ce que vous ajouterez en elles est vain.

Vous demandez enfin en quoi ma substance composée diffère de l'entéléchie. Je déclare qu'elle n'en diffère point sinon comme le tout de la partie : l'entéléchie première du composé est une partie constitutive de la substance composée, à savoir sa force * active primitive. Mais la substance composée diffère de la monade, puisqu'elle est ce qui réalise les phénomènes ; or les monades peuvent exister même si les corps ne sont que des phénomènes. En outre, l'entéléchie de la substance composée accompagne toujours naturellement sa monade dominante ; de la sorte, si l'on pose la monade avec l'entéléchie, elle contiendra la forme substantielle de l'être animé.

Rien n'interdit que l'Echo puisse être le fondement d'autres choses, surtout s'il est Echo originaire [9].

Si les monades, rigoureusement parlant, échoient aux substances composées, vouloir les supprimer bien qu'elles leur soient naturellement liées réitère le scrupule de certains Grecs qui vont jusqu'à demander la suppression des accidents du pain et du vin [10]. Car enfin, il ne faut pas multiplier les miracles sans nécessité. Et en vérité les monades se rapportent à cette quantité que les Scolastiques eux-mêmes veulent voir conserver [11]. Ce n'est pas rien, que ce qui réalise les phénomènes soit tout entier présent dans une substance, et dans l'autre absent. En bref : de ces deux affirmations, qu'il y a une substance composée donnant aux phénomènes leur réalité, et que la substance ne peut naturellement naître ni périr, suivent toutes mes propositions ; toutefois il semble que l'on puisse, de la

* *vis*

première – c'est-à-dire du seul postulat que les phénomènes ont une réalité en dehors de ce qui perçoit – démontrer la philosophie péripatéticienne réformée. En effet, que la substance ne naît ni ne meurt se peut aussi bien tirer de cet argument que nous risquons de tomber ailleurs en d'autres difficultés. Suivent de là encore une différence formelle entre la monade et la substance composée, et derechef entre celle-ci et l'agrégat, et aussi l'indépendance de la substance composée par rapport aux composants que l'on dit la constituer, bien qu'elle n'en soit point l'agrégat. De là aussi nous disons que la substance, y compris la substance composée (par exemple celle d'un homme ou d'un animal) demeure la même numériquement, non seulement en apparence mais bien véritablement, quoique ses composants changent perpétuellement et soient en un flux continuel. Et puisqu'ainsi nous posons que les composants eux-mêmes se séparent de la substance naturellement peu à peu et par parties, que n'admettez-vous une séparation qui se fait par miracle, pour ainsi dire tout entière en une fois, par suppression de toute la substance composée, c'est-à-dire de ce qui réalise les phénomènes, dans l'élément terrestre, à laquelle a été substitué ce qui réalise les phénomènes dans l'élément céleste[12]. C'est pourquoi je ne pense pas m'éloigner de la doctrine des Écoles sur les substances corporelles, à ceci près seulement que je nie la génération et la corruption de la substance véritable, simple ou composée, car je n'en vois ni la nécessité ni l'explication ; et ainsi je délivre leur philosophie d'innombrables difficultés. Mais ce faisant je restreins la substance corporelle, c'est-à-dire composée, aux seuls vivants, c'est-à-dire aux seules machines organiques de la nature. Les autres choses sont pour moi de simples agrégats de substances, que j'appelle des substantiés, mais l'agrégat ne constitue qu'un *unum per accidens*.

A ce que vous avez dit des points de Zénon, j'ajouterai qu'ils ne sont que des terminaisons, et pour cela ne peuvent rien composer ; mais les monades seules ne feront pas non plus un composé, parce que d'elles-mêmes elles n'ont aucun lien*, et que chaque monade est comme un monde séparé. Mais c'est dans la matière première (car la seconde est un agrégat) c'est-à-dire dans ce qui est passif dans la substance composée, qu'est enveloppé le fondement de la continuité, d'où naît le véritable continu à partir des substances composées posées les unes à côté des autres[13], à moins que Dieu par action surnaturelle ne supprime l'étendue, en supprimant l'ordre qui se trouve entre ces coexistants que l'on pense se pénétrer. Et c'est peut-être en ce sens que j'ai dit que l'étendue est une modification de la matière première, c'est-à-dire de quelque chose qui

* *nexus*

formellement est inétendu. Mais ce genre de modalité est intermédiaire entre les attributs essentiels et les accidents, car il constitue un attribut naturel perpétuel, que seule une action surnaturelle peut changer.

Je croyais, et vous l'avais donné pour certain, que Lamindius Pritanus était Bernard de Trévise, noble vénitien ; mais un journaliste hollandais m'en a fait douter, qui a donné comme auteur Louis Muratori, connu par ses écrits de Comacchio pour le duc de Modène.

Quand j'ai comparé l'homme dans le moment de la conversion à la glace qui se brise, il faut l'entendre en fonction de la nature de chaque sujet[14]. La résistance que la grâce supprime en l'homme est relative à sa vie, puisqu'elle tient aux préjugés de l'entendement et aux passions de la volonté.

Je vous prie de bien vouloir saluer à l'occasion Monsieur de Cochenheim, de m'informer des affaires de Chine et du Japon, et aussi du R.P. Fonseca. Pour les livres, en l'absence de la Cour, les demandes sont remises à plus tard, d'autant que nous espérons le Roi et les principaux Ministres.

Je me suis demandé un jour ce qu'il faudrait dire à quelqu'un des vôtres qui voudrait supprimer comme superflue toute substance composée, c'est-à-dire tout ce qui réalise les phénomènes. Cela posé, la substance du corps lui-même consisterait en phénomènes constitutifs, comme les accidents consistent en phénomènes résultants ; de la même manière que la nature du blanc consiste en bulles, comme celle de l'écume, ou en quelque contexture semblable, dont la perception en nous est inobservée. Mais l'accident, par ailleurs, consisterait dans cette perception observée qui nous fait reconnaître le blanc. Partant si Dieu voulait substituer le noir au blanc, tout en conservant les accidents du blanc, il ferait en sorte que tous les sujets percevants (car la vérité du phénomène se définit par l'accord mutuel de ceux qui perçoivent) retiennent la perception observée du blanc, avec ses effets, c'est-à-dire la perception de ce qui résulte du constitutif ; mais ils auraient une perception inobservée, non point des écumes ou des petits sommets (c'est-à-dire de la texture qui fait le blanc) mais des creux, c'est-à-dire de celle qui fait le noir. C'est pourquoi toutes les perceptions observables du pain demeureraient, mais aux phénomènes constitutifs (que nous percevons aussi, mais de façon inobservable), se substituerait la perception universelle des phénomènes constitutifs, c'est-à-dire inobservables, de la chair. Adieu. Je vous prie, etc.

Hanovre, le 29 mai 1716.

P.-S. Pardonnez, je vous prie, le désordre de ma lettre. J'avais décidé de l'envoyer beaucoup plus tôt, mais diverses circonstances sont intervenues.

Quelles nouvelles de Monsieur Van den Driesch, que je croirais plutôt digne de votre bienveillance ? Je l'ai invité à honorer les vôtres, comme il se doit, et à se défaire de sa froideur. Il s'engage à le faire.

## NOTES DE LA LETTRE XXXVII

1. Transporter le monde avec tous ses éléments et toutes ses relations spatiales et temporelles est vain dès le moment où l'on admet que le temps et l'espace ne sont que des relations internes au monde, pensées à partir des éléments du monde (possible ou créé). Voyez le ve *Ecrit à Clarke* (§55-60).

2. Cf. Lettre prédécente, sur l'expression *être modifié substantiellement*. Leibniz pense le *vinculum* comme un être qui est en même temps une relation, des Bosses comme un mode qui serait en quelque sorte une substance. C'est le même malentendu que sur le problème de la transsubstantiation : faut-il la penser en termes de substance et accidents ou d'unité et multiplicité ?

3. Ceci est une autre façon de définir la notion de *causalité idéale*.

4. Ce paragraphe semble proposer une analogie : le lien est l'écho des monades comme l'âme est l'écho des choses externes. Mais les définitions sont inversées : la perception est le multiple dans l'un, et le lien est l'un dans le multiple (définition de la relation). Voyez Belaval, *Initiation*… (p. 248-249).

5. La relation n'est ni dans un terme ni dans l'autre, mais dans l'esprit de celui qui perçoit les deux termes ensemble : cf. *supra* XXXII, et *Nouveaux Essais* (II, chap. XXV). Le lien substantial est plus qu'une relation puisqu'il est, en-dehors du sujet percevant, lien réel des monades : mais il n'est pas non plus en aucune monade.

6. Cf. Lettres XXV, XXVIII (note 3) et XXXIV (note 3).

7. Leibniz écrit (je souligne) : « cum substantia composita *abest*, monades vero vel ingredienta *non adsunt*, nemo dicet *adesse* compositum » (*Phil.*, II, p. 518 ; la lettre manque dans le manuscrit, Gerhardt la reprend de Dutens, II, 321). Il faut à l'évidence supposer un lapsus, compte tenu de ce qu'il est écrit précédemment (p. 517) : « …ideo salvis monadibus, vel aliis ingredientis, substantia composita tolli potest, et vice versa », les monades peuvent demeurer en l'absence de la substance composée, et la substance composée en l'absence des monades (puisqu'elle se définit par le lien substantial). Il convient donc de lire à la page 518 : soit « cum substantia composita *adest*, monades vero *non adsunt* » – c'est le cas miraculeux de l'eucharistie : le lien du Corps est présent, mais les monades du Corps sont absentes, au profit de celles du pain ; soit « cum substantia composita *abest*, monades vero *adsunt* » : pas de lien, mais seulement des monades, il n'y a donc pas de composé, mais un agrégat, et les corps sont de simples phénomènes. Car si l'on garde le texte tel quel, « la substance composée est absente, et bien plus les monades ne sont pas présentes », il est clair qu'il n'y a rien : ni substance composée, ni agrégat.

8. Voyez la lettre précédente et la suite de cette lettre ; cf. note 13 ci-dessous.

9. L'Echo est *originaria* (quoique écho, et non source à proprement parler) pour ce qu'il est à l'origine du composé substantiel en tant que tel, qu'il produit comme un être nouveau par rapport aux monades ; il est donc comme la *fons modificationum* de la substance composée.

10. Il semble que Cyrille de Jérusalem laisse entendre que le pain et le vin ne sont que des apparences : car le corps est donné « en figure du pain », et le sang « en figure du vin » (Voyez P.Battifol, *L'Eucharistie, la présence réelle et la transsubstantiation*, in *Etudes*

*d'histoire et de théologie positive,* Paris, 1930, III, 3, p. 375) ; cf. *DTC*, art. « Accidents eucharistiques ».

11. Cf. saint Thomas, *Somme théologique*, III, Qu. LXVII, art. 2.

12. C'est encore le navire de Thésée... L'individu demeure le même quoique ses parties matérielles changent perpétuellement. Ce qui se fait dans l'ordre naturel peut se faire a fortiori dans le surnaturel qui dépend directement de la puissance de Dieu et de raisons supérieures.

13. La matière première comporte l'exigence d'étendue, mais celle-ci n'est effective que par la multiplicité des monades. *Juxta se posita :* l'expression, appliquée aux monades, est métaphorique, traduite dans le langage de l'espace, ce qu'autorise l'Expression.

14. *Théodicée,* Préface (*Phil.*, VI, 45).

# BIBLIOGRAPHIE RAISONNÉE

## ŒUVRES DE LEIBNIZ


- *Gothofredi Guillelmi Leibnitii Opera omnia in sex tomos distributa,* Dutens, Genève, 1768.
- *God. Guil. Leibnitii Opera Philosophica Omnia,* J.E. Erdmann, Berlin, 1840.
- *Leibnizens Mathematische Schriften* herausgegeben von C.I. Gerhardt, Hildesheim, 7 volumes, 1849-1863 (réimpresion Olms, 1962).
- *Die Philosophischen Schriften von G.W. Leibniz,* herausgegeben von C.I. Gerhardt, Berlin, 1879, 7 volumes(réimpression Olms, 1978).
- *Opuscules et fragments inédits de Leibniz,* par Louis Couturat, 1903 (rééd. Olms, Hildesheim, 1961).
- *Sämtliche Schriften und Briefe,* Hrsg. von der Berlin. Brandenburgischen Akademie der Wissenschaften und der Akademie der Wissenschaften in Göttingen – Berlin : Akademie Verlag. en cours de publication.
- *Textes inédits*, publiés par G. Grua, Paris, PUF, 1948, 2 volumes.
- *Lettres de Leibniz à Arnauld,* par G. Lewis, Paris, PUF, 1952.
- *Correspondance Leibniz-Clarke*, par A. Robinet, Paris, PUF, 1957.
- *Nouveaux Essais sur l'entendement humain*, par J.Brunschwig, GF., 1966.
- *Opuscules philosophiques choisis*, par P. Schrecker, Paris, Vrin, 1966.
- *Discours de Métaphysique* et Correspondance avec Arnauld, éd.Le Roy, Vrin, 1966 (rééd.1988).
- *Essais de Théodicée*, par J. Brunschwig, Paris, GF., 1969.
- *Discours sur la théologie naturelle des Chinois*, par Ch. Frémont, L'Herne, 1987.
- *Naissance du Calcul différentiel*, éd. et trad. Marc Parmentier, Vrin, 1989.
- *Leibniz korrespondiert mit China*, par Rita Widmaier, Klostermann, 1990.
- *La Réforme de la dynamique*, par Michel Fichant, Vrin, 1994.
- *Système nouveau de la nature et de la communication des substances,* et autres textes, par Ch. Frémont, GF., 1994.
- *Principes de la Nature et de la Grâce*, et autres textes, par Ch.Frémont, GF., 1996.

## SUR LEIBNIZ

J.R. ARMOGATHE, *Theologia Cartesiana : l'explication physique de l'eucharistie chez Descartes et Dom Desgabets*, La Haye, 1977.

Jean BARUZI, *Leibniz et l'organisation religieuse de la Terre*, Paris, Alcan, 1907.

– *Leibniz*, Paris, 1909.

Yvon BELAVAL, *Leibniz, Initiation à sa philosophie*, Paris, Vrin, 1969 (3e éd.).

– *Leibniz critique de Descartes*, Paris, Gallimard, 1960.

– *Etudes leibniziennes*, Paris, Gallimard, 1976.

Maurice BLONDEL, *De Vinculo substantiali et de Substantia composita apud Leibnitium*, Paris, Alcan, 1893 ; trad.par Claude Troisfontaines, Louvain-Paris, 1972.

– *Une énigme historique : le vinculum substantiale d'après Leibniz et l'ébauche d'un réalisme supérieur*, Paris, Beauchesne, 1930.

A. BOEHM, *Le Vinculum subtantiale chez Leibniz – Ses origines historiques*, Vrin, 1938.

Louis COUTURAT, *La Logique de Leibniz*, Paris, Alcan, 1901 ; rééd. Olms, 1985.

ETIEMBLE, *Les Jésuites en Chine : la querelle des rites*, 1552-1773, Coll. Archives, Paris, Julliard, 1966.

– *L'Europe chinoise*, Gallimard, 1988.

Augustin GAZIER, *Histoire générale du mouvement janséniste*, Paris, Champion, 1923.

Martial GUEROULT, *Leibniz, Dynamique et Métaphysique*, Paris, Aubier-Montaigne, 1967, 2e éd.

Karl-Moriz KHALE, *Leibnizens Vinculum substantiale*, Berlin, 1839.

Vittorio MATHIEU, *Leibniz e Des Bosses*, Turin, 1960.

Emile RAVIER, *Bibliographie des œuvres de Leibniz*, Paris, Alcan, 1937.

Jacques ROGER, *Les sciences de la vie dans la pensée française du XVIII è siècle*, Paris, A. Colin, 1963.

Bertrand RUSSELL, *La Philosophie de Leibniz*, trad. Ray, Gordon & Breach, 1970 (réimpression).

Michel SERRES, *Le Système de Leibniz et ses modèles mathématiques*, Paris, PUF, 1968, 2 volumes.

– *Hermès III, la Traduction*, Paris, Minuit, 1974.

– *La Naissance de la physique dans le texte de Lucrèce*, Paris, Minuit, 1977.

## DICTIONNAIRES

*Bibliothèque de la Compagnie de Jésus*, par les PP. Augustin et Aloys de Backer, I, Bibliographie, éd. Sommervogel, Paris, Alphonse Picard, 1890-1911.

*Dictionnaire biographique et bibliographique*, Paris, Dantès, 1875.

*Nouvelle Biographie Générale*, Firmin-Didot.

*Dictionnaire latin-français des Auteurs chrétiens*, A. Blaise et H. Chirat, Paris, 1962.

*Dictionnaire des noms, surnoms et pseudonymes latins*, Paris, Firmin-Didot, 1875.

*Dictionnaire de théologie catholique*, Vacant-Mangenot-Hamman, Paris, 1903. (cité DTC)

*Index scolastico-cartésien*, Etienne Gilson, Paris, Alcan, 1912 ; Vrin, 1979, 2e éd.

# INDEX DES NOMS PROPRES

# TABLE

Imprimerie de la Manutention à Mayenne – Janvier 2000 – N° 439-99
Dépôt légal : 1er trimestre 2000